李 捷◎著

域外专利侵权惩罚性
赔偿法律制度研究与借鉴

Research And Reference For The Legal System
Of Punitive Damages To Overseas Patent Infringement

中国政法大学出版社

2018·北京

图书在版编目（ＣＩＰ）数据

域外专利侵权惩罚性赔偿法律制度研究与借鉴/李捷著. —北京：中国政法大学出版社, 2018. 5

ISBN 978-7-5620-8277-4

Ⅰ.①域⋯　Ⅱ.①李⋯　Ⅲ.①专利侵权－赔偿－研究－世界
Ⅳ.①D913.404

中国版本图书馆CIP数据核字(2018)第108132号

出 版 者	中国政法大学出版社
地 址	北京市海淀区西土城路 25 号
邮寄地址	北京 100088 信箱 8034 分箱　邮编 100088
网 址	http://www.cuplpress.com（网络实名：中国政法大学出版社）
电 话	010-58908437（编辑室）58908334（邮购部）
承 印	固安华明印业有限公司
开 本	880mm×1230mm　1/32
印 张	10.25
字 数	250 千字
版 次	2018 年 6 月第 1 版
印 次	2018 年 6 月第 1 次印刷
定 价	49.00 元

序　言

众所周知，专利法律制度的问世，对之于促进科学技术的迅速进步以及推动经济的高速发展，起到了至关重要的作用。自我国《专利法》颁布实施以来，经过数次具有针对性的修改，已使得我国以《专利法》为核心的专利法律体系和专利司法程序日臻完善；与此同时，与专利侵权损害赔偿责任相关的法律制度，也有了大力发展。然而，如何对于专利权人财产权利进行充分维护、如何最大限度地弥补侵权行为对专利权人所造成的实际经济损失，仍是我国《专利法》所需进一步解决的重大问题。

本书作者在攻读博士研究生期间，积极研究欧美专利侵权案例，密切关注我国《专利法》的修改进程，并对在专利法中引入惩罚性赔偿法律制度的问题，进行了系统与深入的研究，研究的成果，则集中体现在本书中。难能可贵的是：本专著研究的内容具有前沿性、系统性，早于该领域其他青年学者对于专利侵权惩罚性赔偿法律制度的研究；研究对象也更为全面，并同时参照英美法系与大陆法系典型国家相关法律制度，进行了中外专利侵权惩罚性赔偿法律制度的对比研究，并力求通过研究，来对于专利侵权惩罚性赔偿法律制度的相关立法规定、制度适用条件、侵权赔偿的惩罚性标准等问题，作出独立评价与分析，以便能够结合中国国情，探求对中国有裨益的启示与借鉴。

必须特别指出的是：本书最大的创新之处，就在于通过对于"形式公平"和"实质公平"原则的辩证理解与具体运用，创造性地提出了符合我国国情的、更为合理与可行的、针对专利侵权行为的惩罚性赔偿法律制度的构想。

总之，从理论研究的层面来看，本书通过对专利侵权惩罚性赔偿法律制度的基本理论、制度属性、规范功能以及适用条件等具体内容的研究，不但有助于进一步丰富和发展我国知识产权惩罚性赔偿制度及知识产权保护制度的基本理论，而且还有将进一步促进我国传统民事责任法律制度的发展，并为建立新的民事责任赔偿法律制度提供理论依据；从现实意义的层面来看，本书通过系统地研究域外专利侵权惩罚性赔偿法律制度的理论与实践，论证了我国引进该制度的可行性，并通过对比研究与经验借鉴，来为我国专利法律制度的进一步完善，提供有价值的参考。

本人系作者的博士生导师，数年朝夕相处，情同父子，作者不仅待人真诚、严于律己，而且孝顺父母、尊敬师长。从其参与我所主持的多项科研课题以及学术论文的撰写，到其独立主持校级创新项目、独立发表论文并出版专著，我均见证了作者的成长与进步；作者顺利获得博士学位时恰逢其而立之年，这不仅是其人生与学术发展的重要时期，而且也是其收获事业成功的黄金季节。

借此之机，祝作者在其未来的人生旅途中，"长风破浪会有时，直挂云帆济沧海"！

是为序

导师　许浩明

中国政法大学国际法学院

教授、博士研究生导师

中国政法大学欧盟法研究中心主任

目 录

|序 言......1

|导 言
　　一、选题背景......1
　　二、选题意义......3
　　三、研究方法......7
　　四、创新之处......12

第一章 | 惩罚性赔偿的基础理论

　第一节　惩罚性赔偿的历史演进......16
　　一、古代法律体系中的惩罚性赔偿观念......16
　　二、近代英美法系中的惩罚性赔偿......19
　　三、现代美国法上的惩罚性赔偿......21

第二节　惩罚性赔偿的涵义及法律属性……23

一、惩罚性赔偿的概念……23

二、惩罚性赔偿的特征……26

三、惩罚性赔偿的功能……29

四、惩罚性赔偿的法律属性……36

第三节　两大法系对惩罚性赔偿制度的不同态度……38

一、英美法系的惩罚性赔偿法律制度……39

二、大陆法系对惩罚性赔偿制度的态度……43

第四节　与惩罚性赔偿相关的制度……50

一、对惩罚性赔偿的限制……50

二、与惩罚性赔偿相关的司法制度……54

第五节　本章小结……57

一、对惩罚性赔偿的演变进行了考察……57

二、论证了惩罚性赔偿法律制度的性质……58

第二章　专利侵权惩罚性赔偿的依据

第一节　专利侵权赔偿的基本内容……63

一、专利侵权赔偿的基础理论……63

二、专利侵权惩罚性赔偿的法律特征……67

第二节　专利侵权惩罚性赔偿的理论依据……73

一、专利侵权惩罚性赔偿的伦理学基础……73

二、专利侵权适用惩罚性赔偿的民法学基础……77

三、专利侵权适用惩罚性赔偿的经济分析……83

四、我国相关理论研究为研究专利侵权惩罚性赔偿

提供了理论指导……87

第三节　专利侵权惩罚性赔偿制度的实践依据......100

一、《版权法》中的惩罚性赔偿......100

二、《商标法》中的惩罚性赔偿......103

三、商业秘密权保护中的惩罚性赔偿......109

第四节　本章小结......111

一、论证了专利侵权行为、损害赔偿及惩罚性赔偿的

　　法律特征......112

二、论证了专利侵权惩罚性赔偿的理论依据......113

三、分析了专利侵权惩罚性赔偿制度的实践依据......114

第三章　域外专利侵权惩罚性赔偿的立法规定

第一节　专利侵权惩罚性赔偿的国际规定......115

一、TRIPs 协议的规定......116

二、《反假冒贸易协议》的规定......117

第二节　英美法系专利侵权惩罚性赔偿立法比较......118

一、美国专利侵权惩罚性赔偿的相关立法......118

二、其他英美法系国家专利侵权惩罚性赔偿的相关

　　立法......127

第三节　大陆法系国家专利侵权惩罚性赔偿立法比较......129

一、德国专利侵权惩罚性赔偿的相关立法......129

二、法国专利侵权惩罚性赔偿的相关立法......131

三、日本专利侵权惩罚性赔偿相关立法......132

四、我国台湾地区专利侵权惩罚性赔偿的相关立法......133

第四节　本章小结......139

一、分析了专利侵权惩罚性赔偿的国际规定......139

二、分析了英美法系国家有关专利侵权惩罚性赔偿的
规定......139

三、分析了大陆法系国家关于专利侵权惩罚性赔偿的
规定......140

第四章 域外专利侵权惩罚性赔偿的适用条件

第一节 专利侵权惩罚性赔偿适用条件的内容......142

一、适用惩罚性赔偿的主观要件......142

二、适用惩罚性赔偿的客观要件......148

三、当事人自行提出申请......150

第二节 美国专利侵权惩罚性赔偿的适用条件......151

一、主观适用条件......152

二、实证考察......161

第三节 其他国家和地区专利侵权惩罚性赔偿的
适用条件......173

一、德国专利侵权惩罚性赔偿的适用条件......174

二、英国专利侵权惩罚性赔偿的适用条件......174

三、澳大利亚专利侵权惩罚性赔偿的适用条件......176

四、加拿大专利侵权惩罚性赔偿的适用条件......177

五、我国台湾地区专利侵权惩罚性赔偿的适用条件......178

第四节 本章小结......179

一、确立了专利侵权惩罚性赔偿的适用条件......179

二、分析了美国的适用条件......181

三、分析了其他国家的适用条件......181

第五章 专利侵权惩罚性赔偿标准的度量

第一节 专利侵权惩罚性赔偿标准的确定原则和范围......184

　　一、确定赔偿标准的原则......184

　　二、赔偿标准的范围......189

第二节 域外专利侵权惩罚性赔偿标准的法律规定......196

　　一、TRIPs 协议关于赔偿标准的规定......196

　　二、美国专利侵权损害赔偿的规定......196

　　三、德国专利侵权损害赔偿的规定......199

　　四、日本专利侵权损害赔偿的规定......200

　　五、澳大利亚专利侵权损害赔偿的规定......201

　　六、我国台湾地区专利侵权损害赔偿的规定......203

第三节 美国专利侵权惩罚性赔偿标准确定的

　　　　法律适用......205

　　一、美国专利侵权赔偿规则的演变......205

　　二、现行美国专利侵权损害赔偿额的计算......207

第四节 本章小结......216

第六章 域外专利侵权惩罚性赔偿对于我国的启示

第一节 惩罚性赔偿法律制度适用条件的启示......221

　　一、适用原则......221

　　二、适用条件......222

　　三、故意的认定......225

第二节 惩罚性赔偿法律制度赔偿标准的启示......227

　　一、赔偿方式的选择性启示......227

　　二、域外专利侵权惩罚性赔偿计算制度的启示......229

第三节　惩罚性赔偿法律制度具体构建及适用的启示......237

　　一、惩罚性赔偿法律制度域外适用的启示......237

　　二、惩罚性赔偿责任与其他责任的协调......240

　　三、惩罚性赔偿法律制度构建的启示......243

第四节　本章小结......244

　　一、关于适用条件的启示......245

　　二、关于惩罚性赔偿标准的启示......246

　　三、关于制度构建的启示......247

第七章　我国专利侵权惩罚性赔偿制度的构建

第一节　我国确立专利侵权惩罚性赔偿制度的必要性和
　　　　可行性......249

　　一、确立专利侵权惩罚性赔偿的必要性......249

　　二、确立专利侵权惩罚性赔偿制度的可行性......257

第二节　我国专利侵权惩罚性赔偿的适用条件和赔偿
　　　　标准......260

　　一、适用条件......261

　　二、确定专利侵权惩罚性赔偿的依据......268

　　三、专利侵权赔偿的惩罚性确定......273

　　四、我国《专利法》第四次修改的具体建议......280

第三节　本章小结......285

结　论......289

参考文献......293

后　记......310

导　言

一、选题背景

　　早在 17 世纪初期，英国于 1624 年颁布的《垄断法规》（The Statute of Monopolies），一直被后世视为具有专利法含义的、史无前例的法律规定。截至目前，历经了近 3 个世纪的峥嵘岁月，专利法对于促进科技的进步与发展和文学艺术的百花齐放，尤其是在推动经济高速发展等方面均起到了至关重要的作用。作为知识产权的一个重要组成部分，专利权在我国的《民法通则》中被规定为民事权利的一种，专利权人即发明创造人以及该权利的被受让一方当事人，在一定期限内对其特定的发明创造，依法享有的独占的、排他的实施权，其他任何第三方单位或个人，在未经过专利权人或其受让人许可，抑或没有法律规定的其他例外的情况下，不能享有该专利权。随着经济的飞速发展，侵犯专利权所带来的巨额利益以及专利权人维权的种种困难，导致侵犯知识产权的案件如雨后春笋般层出不穷，对于知识产权的保护显得尤为迫切；具体到知识产权中的专利法方向，专利侵权赔偿法律制度可否引入惩罚性业已不再是一个新问题。

新中国成立以来的《专利法》从颁布伊始，通过三次修改，在法律体系和司法程序方面已相对完善，同时侵权损害赔偿责任相关的法律制度也有了相应发展，然后，对于专利权人财产权利的维护，以及如何最大限度地弥补侵权行为对专利权人造成的实际经济损失，仍是我国《专利法》未来不断完善的过程中应当考虑的问题。诚然，即便是在知识产权相关立法和实践层面相对发达的英美法系的代表美国和英国，乃至亚洲的日本等国家和地区也需要解决其国内出现的雷同问题。截至目前，我国现有《专利法》和最高人民法院的相关司法解释尚没有关于惩罚性赔偿的内容。有关专利侵权惩罚性赔偿的规定被正式写入《专利法》草案，正在征求意见，[1]即便立法机构通过我国《专利法》修订案并决定引入该法律制度，后期如何更好地不断完善该法律制度以使之更好地服务于我国法治体系显得尤为重要。

该制度始于英美法系国家，在大陆法系国家却显得相对陌生。早在 2008 年我国第三次专利法修改中，学术界就提出我国应该引入"惩罚性"赔偿原则，但因受到广泛质疑而被"摒弃"。第四次修改中，鉴于近年来几次全国人民代表大会代表们关于完善惩罚性赔偿制度的意见，[2]专利侵权惩罚性赔偿法律制度再一次成为

---

〔1〕 邢娜："论我国专利侵权惩罚性赔偿制度的构建"，华南理工大学 2014 年硕士学位论文。

〔2〕 在 2001 年 6 月 21 日和 2002 年 10 月 15 日的两次关于知识产权为主题的全国法院审判工作座谈会上，时任最高人民法院副院长曹健明都指出在缺乏法律依据的情况

学术和实务界关注的焦点。惩罚性赔偿法律制度是否具有可实施的必要性，其又能够在多大程度上弥补被侵权的专利权人，是否能够同时切实有效地遏制不法侵权行为的发生，需要通过系统的理论研究、充分借鉴研究域外已实施该法律制度的国家和地区的相关立法和实践经验，并结合我国的具体国情，从而对于我国是否有必要引入该法律制度给出合理的意见，并为构建符合我国基本国情的专利侵权惩罚性赔偿法律制度提供客观可行的建议。

二、选题意义

选题的理论意义：第一，通过研究专利侵权惩罚性赔偿法律制度，如对理论研究、适用条件、制度属性、制度功能等的研究，有利于进一步丰富和发展我国知识产权惩罚性赔偿制度及知识产权保护制度的基本理论。[1]第二，有利于进一步发展我国传统民事责任制度，为建立新的民事责任赔偿制度提供理论依据。第三，通过系统借鉴域外专利侵权惩罚性赔偿制度，从中得到启示，这有利于完善我国相关理论，为制度构建提供理论依据。

选题的现实意义可归纳为以下四点：

1. 有利于全面分析和借鉴域外立法和司法实践经验

作为政治、经济、军事、外交以及科技大国，美国之所以能

（接上页）下不适用惩罚性赔偿；最高人民法院于 2012 年 12 月 25 日发布的《关于知识产权审判工作情况的报告》中提到，要"建立惩罚性赔偿法律制度，增强对反复侵权、恶意侵权行为的制裁效果"；全国人民代表大会法律委员会关于《第 11 届全国人民代表大会第 2 次会议主席团交付审议的代表提出的议案审议结果的报告》中，确认辽宁代表团孙淑君等 30 位代表（第 108 号）提出的关于在产品质量法和侵权责任法中设立惩罚性赔偿的法律制度；第 12 届全国人大第 1 次会议秘书处，关于《第 12 届全国人民代表大会第 1 次会议代表提出议案处理意见的报告》中，杨桂生等 31 名代表提出关于《引入惩罚性赔偿立法，加大知识产权侵权赔偿强度的议案（第 369 号）》……

〔1〕　朱丹："知识产权惩罚性赔偿制度研究"，华东政法大学 2013 年博士学位论文。

成为科技强国，引领世界科学技术发展的大方向，是因为其重视关于知识产权法律体系的构建，同时也出于对本国发明创造的保护，在国际法层面尤其涉及知识产权的国际公约以及多边条约中有着举足轻重的话语权。美国对于知识产权这一领域产生的足够重视，伊始于美国自独立以来的第一部宪法，即《1787 年美国宪法》（U. S. Constitution of 1787），其中在 Article1，Section1 的第八个分句是关于作者与发明人权利的具体规定，该规定的内容是对美国国会的授权条款，规定美国国会有权为促进科学与实用技术的进步与发展，需通过给予作者和发明人，在一定期限内对于他们各自的著作和发现特有的权利。[1]该条款在立法环节以其合理性获得一致通过的条款，是在宪法修正案颁布前的宪法文本中唯一的包括"权利"（right）一词的条款。[2]美国将作者和发明人（即现在的著作权人与专利权人）的个人权利直接规定为宪法保护的具有独占性和排他性的专属权利，可见美国对知识产权的重视程度非同一般。美国于 1790 年颁布其第一步独立的知识产权部门法，即《1790 年版权法》（U. S. Copyright Act of 1790），[3]此法案规定对于恶意侵犯合法版权的行为应该承担高于法定赔偿金的赔偿责任，诸如此类的规定已开始带有惩罚性赔偿的意味。[4]美国

---

〔1〕 1787‑Constitution of the United States，Article1，Section1：8，'To promote the progress of science and useful arts, by securing for limited times to authors and inventors the exclusive right to their respective writings and discoveries'.

〔2〕 和育东："美国专利侵权救济制度研究"，中国政法大学 2008 年博士学位论文。

〔3〕 美国 1998 年《版权法》，对于作者发表并出版的"地图、图表以及书籍"享有 14 年的专属权利，期满之日前 6 个月内如若作者还健在的话可以继续延长 14 年为一个周期继续享有该专属权利。这部法律绝大部分内容引自英国 1709 年的《圣安妮法令》。

〔4〕 参见朱丹："知识产权惩罚性赔偿制度研究"，华东政法大学 2013 年博士学位论文。

自宣布独立以来就十分重视知识产权保护，在制度设置上，保护条款包括了加重知识产权侵权处罚在内等内容，而且为了预防侵权行为的发生，在《专利法》[1]和《商标法》[2]中引入了惩罚性赔偿的规定。英国和美国等英美法系国家在知识产权领域引入惩罚性赔偿制度已近300年，不仅立法较完备，而且司法实践丰富。论文研究有利于充分借鉴英美法系专利侵权惩罚性赔偿理论与实践，从而研究我国引进该制度的可行性。

2. 有利于研究我国构建此法律制度的环境、法治基础和制度模式

惩罚性赔偿制度在我国知识产权尤其是专利法立法与司法实践层面上尚处于思想萌芽状态，学理界的专家、学者们更多偏重于对惩罚性赔偿进行法律制度本身的研究，虽逻辑性地陈述了该制度发展过程，但并未完全针对专利侵权问题；虽有对域外知识产权立法概况以及惩罚性赔偿责任的评论，却缺少对于域外立法实践具体情况的有效对比；且对于该法律制度的作用和功能也未能达成共同的意见，仍有部分学者认为目前我国由于介入了刑事制裁，惩罚与遏制的目的自不必言表，缺乏立足专利法的进一步探索和研究。根据笔者当下收集的文献材料，目前国内尚无专门以专利侵权为研究对象讨论惩罚性赔偿这一法律制度的理论专著，也没有关于本选题的学位论文，更是难觅公开发表过在理论界产生较大影响的与本选题雷同（大多是关于知识产权惩罚性赔偿制度研究等选题）的学术论文。显然，我国现阶段没有专门针对专

---

[1]　即美国国会于1790年通过的"促进实用技术发展的法案"（Act 1790 to Promote the Progress of Useful Art）。

[2]　美国最早的《商标法》沿用的是英国1624年《垄断法案》（The Statute of Monopolies），在结合本国判例基础上充分发展后，于1870年正式由美国联邦颁布了第一部《商标法》（Trademark Act of 1870），是美国现行《商标法》（1948年颁布的《兰哈姆法》Lanham Act of 1948）的重要法律渊源。

利侵权的问题来深入研究该制度，对于该制度的研究尚停留在一般民事权利和民事赔偿责任范畴。笔者试图通过本选题，来对知识产权领域尤其人大代表们提议的针对专利侵权实施惩罚性赔偿的问题，充分展开理论结合司法实践的研究，通过借鉴和比对来给我国相关立法和法律制度的不断完善提供有价值的参考。

3. 有助于我国构建专利侵权惩罚性赔偿的法律制度

在处理专利侵权案件的时候，必然会涉及发展中国家生存权、发展权、人的生命权和健康权等价值载体，在发生冲突时应进行价值衡量，并最终确定保护的先后顺序。专利权惩罚性赔偿的法律制度，以实现对专利权人的专利权利依法进行无差别、无例外的保护的形式公平；但在考虑重大社会公共利益、健康权益、发展中国家生存与发展权益及社会弱势群体权益的前提下，对于合法的专利权益应当进行适度的保护以实现实质公平，即紧密结合我国基本国情和法治环境，构建体系合理、内容完备、操作便利的专利侵权惩罚性赔偿法律制度。目前学术界存在两种观点的对立：一方认为，目前我国对于专利侵权的处罚力度已经适当或者偏重，尤其是引入了行政处罚甚至刑事处罚；另一方则认为正是由于专利法中缺乏惩罚性赔偿法律制度，而不能够既保护知识产权又对潜在不法侵害起到遏制作用。看似是我国学理界就是否引入惩罚性赔偿法律制度于我国《专利法》尚未达成共识，实际上是我国理论和实务界对构建专利侵权行为的惩罚性赔偿法律制度的思路尚不够清晰。

4. 可以遏制恶意侵犯专利权的不法行为发生

"自进入21世纪以来，社会各界对于知识产权尤其是专利权越来越重视。任何一个企业，其所拥有的专利数量和质量，被视作是衡量其核心竞争力的重要标准之一，许多企业及科研机构无不斥重金、耗巨资研发专利技术，而专利技术之于国家的经济发展、科技创新皆有重要且不可替代的作用"。[1]然而，由于知识产权不同于物权，其自身的无形性以及可以换来高额的利益，同时也吸引了不少寄希望于通过侵犯知识产权而获取不法收益的不法之徒，势必增加了专利侵权行为的数量。为什么知识产权尤其是专利侵权在近现代会层出不穷、屡禁不止？即便有相关立法，甚至有行政处罚和刑事处罚的介入，我国知识产权保护力度仍相对不足。笔者认为有两个原因：首先，正如上面提及的，知识产权能够带来的高额利益，让不法分子不惜铤而走险；另外，我国目前对专利权人因侵权而造成的损失，仅通过传统补偿性的赔偿方式并无充分弥补专利权人其他方面的付出，甚至还会因为通过诉讼维权而产生更多的支出。对此，作为世界上最伟大的古希腊哲学家、思想家之一的柏拉图（Plato，Πλάτεων），他认为，如果我们保持理性，去惩罚违法人，其目的并非单纯为了惩罚正在发生的不法侵权行为，至少不全是为了惩罚现实的侵权行为，[2]而是一种具有惩前毖后作用的、主要目的是震慑潜在的侵权人，避免和有效遏制未来可能发生的类似侵权行为。[3]可见，惩罚性赔偿通过提高侵权成本来对潜在的不法侵权行为起到一定遏制作用。

三、研究方法

法学研究方法，是科学的一部分，所谓"科学"，简而言之就是那些能够被证明的东西。对此，德国著名法学家、法哲学家、新黑格尔主义法学派的代表人物卡尔·拉伦茨（Karl Larenz）曾说过，

---

[1]　李阳："专利侵权惩罚性赔偿研究"，黑龙江大学 2015 年硕士学位论文。
[2]　陈金钊："法学的特点与研究的转向"，载《求是学刊》2003 年第 2 期。
[3]　王本宏、范圣兵："论惩罚性赔偿在我国侵权法领域的适用"，载《安徽农业大学学报（社会科学版）》2002 年第 3 期。

"'法学'也是'科学',在于其能发展及应用其固有之方法"[1]。施瓦岑伯格（Schwarzenberger）也曾认为,谈论"方法论"应该是超越和智慧的积累,只有接近学术研究的最后阶段才有可能,而人类之所以能够成功地认识和改造世界,就是依靠正确方法的指引。那么所谓法学方法,就是认识法律现象和适用法律规范时可以遵循的基本程序和思维方式[2]。而国际法学的研究方法,即将国际范围内各主权国家的法律规范作为研究的出发点和归宿点,通过看各主权国家的有关立法规定的阐述,归纳或演绎国际范围内通识的习惯,制定和适用符合国际化标准的相关法律规范的方法;它是关于价值判断、利益衡量的立法方法,也是关于实证分析、法律解释的司法方法[3];它是将国际范围内典型国家的相关法律规范作为认识和分析国际化普遍现象、国际交往的基本工具,是用于评判国际规则的公平正义、国家交往的是非曲直的方法。[4]通过客观的法学方法研究国际法范围内各主权国家具体的法律实务问题,将会得到更为客观的结论,从而指导提出更为客观合理地解决问题的方法和路径。

1. 文献资料研究方法

该方法是进行法学这类社会科学学科研究的重要方法之一。本研究主要先从欧美代表国家的相关立法发展情况着手,查阅有关具体的法律规范、相关问题所涉及的法律规范,对相关文献资料、法律条文的收集整理、翻译、总结与分析。通过对相关文本

---

[1] 孙蕾:"论环境法学研究方法论之逻辑构成",载《求索》2013 年第 7 期。

[2] 潘德勇:"国际法方法的源流与发展",载《重庆理工大学学报（社会科学）》2010 年第 8 期。

[3] 王博:"不断涌现的国际法研究新方法",载《全国商情（理论研究）》2011 年第 13 期。

[4] 潘德勇:"国际法方法的源流与发展",载《重庆理工大学学报（社会科学版）》2010 年第 8 期。

规范进行研究，获得关于论证专利侵权惩罚性赔偿法律制度在我国实施的合理性的依据，并对于我国今后发展专利侵权惩罚性赔偿相关法律制度的不断完善汲取更多的启示和经验。

2. 历史分析法

该方法是针对问题具体分析方法的一种，但主要通过起源分析、历史演变分析，总结客观事物发展规律的方法[1]。只有采用历史的、客观的、变化的方法，不断分析事物所处的阶段及其各个阶段的联系，才能揭示其实质和方向性的发展趋势[2]。分析所有矛盾或问题产生的原因，我们不难发现其历史根源，从而为解决问题、化解矛盾提供依据[3]。具体到专利侵权惩罚性赔偿制度的研究，如美国该制度经过多次修改，适用条件及考虑因素也几经调整；如我国台湾地区对美国专利法高度借鉴，在专利侵权惩罚性赔偿制度上，经历了从颁布到废除，再由废除到颁布的历史过程，为我们研究该制度的立法背景、立法环境和内容的适应性提供了依据。

3. 比较研究的方法

比较研究的方法，即比较法（德语 Rechtsvergleichung），是国际法学研究方法中最为重要的研究方法之一，需要有明晰的对比对象，本文进行比较的内容较多，如代表性国家立法制度的比较、司法适用的比较、适用条件的比较、赔偿标准的比较、赔偿基数和惩罚性倍数的比较等，从而进行有针对性的材料收集和对比研究。本研究将主要除了针对域外不同国家或地区的立法规定进行

---

〔1〕 韩宝庆："地方公安高校教育质量分析及对策研究"，东北师范大学 2008 年硕士学位论文。

〔2〕 曹永根："防止外空武器化的法律途径"，哈尔滨工业大学 2010 年硕士学位论文。

〔3〕 冯剑："劳务派遣在中国的发展轨迹：从企业边界视角的一种解释"，西南财经大学 2012 年硕士学位论文。

法律比较研究，还从以下三个方面进行比较研究：一是对有代表性国家或地区的立法特点、发展沿革进行评价，从中发现共同点和不同点，以供我国立法借鉴；二是通过域外立法和司法情况与我国现行立法比较，查找我国存在的问题，发现我国在《商标法》立法中需要坚持和完善的方面，为专利法修改奠定基础；三是当前世界格局已呈一体化发展，尤其是经济全球化的进程不断推进，而与此同时，世界政治和文化间虽存在矛盾和冲突，亦呈现出相互理解和融合的积极趋势，显然，英美判例法系与大陆程序法系也在通过互相借鉴和吸收已经司法实践经验转化而相互促进、共同发展。本文对两大法系有关专利侵权惩罚性赔偿法律制度的基本原则、主要内容与特征、在专利侵权救济中的定位、基本地位与法律层级，进行横向的比较分析，有利于对构建符合我国国情的专利侵权惩罚性赔偿法律制度提出更为合理的意见和建议。

4. 实证分析法

实证分析法作为一种基本的法学研究方法，即如何将法学理论与司法实践相结合，通过司法判例分析，既可以发现立法规定的合理性，又可以检验法学理论的"真理性"。通过个案分析，还可以发现司法判决中是否正确使用了法律规则，是否符合相关法学理论。[1]基于专利侵权惩罚性赔偿规则源于1763年一宗英国民事案件的判决结果，在英美法律体系的国家由国家立法和司法判例共同构成，由于英美法系浓重的判例法色彩，故而，很多适用标准是经过相关判例积累形成，而不似大陆法系在专利立法中加以明确规定，因而实证分析的方法对于分析欧美判例以达到借鉴的目的显得尤为重要。笔者搜寻了很多包括两大法系国家的侵权纠纷案例，进行对比分析，研究案例中司法审判机构对于惩罚性

---

〔1〕 王利明：《判解研究》（第1辑），人民法院出版社2006年版，第211页。

赔偿的运用，进一步分析了惩罚性赔偿在个案中的功能和作用，通过案例分析来对这一法律制度的正当性以及可适用性进行研究，讨论我国是否应该引入这一制度并构建符合我国立法环境的专利侵权惩罚性赔偿责任法律制度。案例分析的方法能够让笔者学习和理解域外对于这一法律制度的司法实践经验，同时增强本文观点的合理性，并为后续构建我国的这一法律制度的设想和建议提高实用性与可操作性。

5. 司法规律与司法解释的研究方法

一方面，深入研究司法规律可以为司法改革提供学理支撑和理论指导，有助于凝聚改革共识与改革的力量，同时也是深化司法改革与推进司法文明建设的必经之路。通过参照所收集的欧美判例法国家具体对于专利侵权惩罚性赔偿法律制度在司法实践中的适用，研究早期确立该法律制度的欧美国家就该具体问题的司法规律，去指导我国在未来该制度的创设与构建。另一方面，关于司法解释的研究方法，是能够更逻辑性地全面对动态发展的法律制度及司法运用进行研究的研究手段，司法解释是针对事无巨细的法律问题进行查漏补缺的重要保障手段，研究司法解释能够更好地把握司法实践中层出不穷的新情况、新问题。对于（创设不久/即将引入）的专利侵权惩罚性赔偿法律制度，根据我国的实际情况，在具体适用过程中难免会遇到不期而遇的新问题，作为我国立法过程中取之不尽的宝贵资源，司法解释的研究将有助于我国更好地完善外来的法律制度并将其融汇于符合我国国情的法律体系中来，从而不断趋向于实现形式公平之外的实质公平。

6. 法律经济分析法

本研究作为国际法学专业国际经济法方向的博士研究生论文，还将适当运用法律经济分析的研究方法，将经济与法律充分结合起来，研究侵权惩罚性赔偿法律制度产生的经济效应，此研究方法不仅可以分析我国能够论证专利侵权惩罚性赔偿法律制度的可适用性，同时根据法的实质公平的最高价值理念来指导这一法律制度的在我国的合理改良与具体运用；依据经济发展决定论，论证我国应该采用高标准保护还是低标准保护以及此标准如何确定，对赔偿数额的合理性予以客观的分析。

四、创新之处

1. 对域外两大法系的数个国家的专利侵权惩罚性赔偿制度进行了系统论述

关于本选题，就研究内容而言，国内尚没有过多对于专利侵权惩罚性赔偿实施合理性的学术文章对此问题进行系统的梳理和总结，尤其是针对此问题的博士研究生学术论文更是凤毛麟角；就研究对象而言，国内尚没有过多同时参照英美法系与大陆法系典型国家相关法律制度进行过对比研究。英美法系很早就确立了专利侵权惩罚性赔偿法律制度，美国对此问题有很多经典判例可供参考和分析研究。本文以域外惩罚性赔偿原则理论的研究为基础，以域外该制度立法和司法实践为主要研究目标，以立法完备的美国为重点研究对象。研究内容主要是专利侵权惩罚性赔偿在域外两大法系典型国际的立法规则，以及该法律制度在域外国家和地区的具体司法实践情况；从专利侵权惩罚性赔偿的适用条件，到侵权赔偿的惩罚性标准；从适用条件的考虑因素，到惩罚性赔偿倍数的具体适用。本文针对以上内容进行了全面、系统的借鉴。

2. 对域外制度与本国实际相结合探求对于我国的启示

就研究内容而言，不仅单纯横向对比专利侵权惩罚性赔偿法律制度在各国的不同规定和发展状况，还要研究不同国家的法律层级和法律地位问题，不同于大陆法系上位法下位法的效力层级，美国其自身特点有州法和联邦法的区别；另外，关于"形式公平"[1]与"实质公平"[2]的问题，欧美发达国家多数保护专利权人的利益，大陆法系的德国注重人文情怀和伦理兼顾专利使用人的利益，中国由于国情需要考虑公共利益，这就涉及是保证法律调整对象的形式公平，还是要利用法的价值衡量功能去实现实质公平以期满足更为广大的利益群体的合理诉求的问题。本文分析域外专利侵权惩罚性赔偿制度不是目的，目的在于通过比较、评价获得有益的启示。笔者在相关立法规定、制度适用条件、侵权赔偿的惩罚性标准等问题借鉴上都进行了评价，结合本国国情探求相关裨益的启示。

3. 围绕两个"公平"提出了我国专利侵权惩罚性赔偿制度的构建设想

美国著名哲学家约翰·罗尔斯（John Bordley Rawls）认为形式公平是一种对原则的坚持，同时是对体系的服从，对于每个平等主体施以无差别、无例外的对待就符合形式公平。[3]随着知识产权领域内层出不穷的案件，对于专利侵权行为一律采用大陆法系普遍所采取的无差别、无例外的填补式补偿性赔偿的处理方式，形式上虽然满足了保护专利权的目的，但是否会而产生新的后续问题呢？又能否真正有效遏制专利侵权行为、让那些可以通过侵权行为获得巨额不法收益的潜在侵权方放弃侵权的念头呢？另外，由于难以充分合理地对权利人损失进行计算、仅对可以量化、具

---

　　〔1〕　形式公平是指程序法所体现的公平以及用于评价程序法的公平原则。形式公平是一种抽象公平，它不以制度本身的公平与否为准则，只力求制度的实现，因而是一种表面的公平。

　　〔2〕　实质公平是指实体法所体现的公平以及用于评价实体法的公平原则。它要求对每个平等主体根据不同身份、地位及优缺点区别对待，其着眼于内容和目的的公平性，兼顾了性与结果的平等与特殊性。

　　〔3〕　宋伟民、刘芳："经济法的公平：形式公平与实质公平的统一"，载《法制与社会》2008年第7期。

体化的实际财产损失要求赔偿，那么该如何弥补实际经济损失以外的诸如精神损失等部分呢？

国际经济法以社会本位出发，关注更为广大的社会公共利益，谋求和保证多数人的利益最大化，当涉及重大社会公共利益时，应当同时兼顾目的和结果的平等与特殊性。当然实质公平的实现也是建立在形式和内容的公平性的形式公平的前提基础之上的，因此，具有不同适用条件、有选择性的惩罚赔偿金倍数的惩罚性赔偿法律制度通过其独有的私法层面的警示和震慑性，进一步遏制不法侵害专利权的行为，同时充分保障重大社会公共利益、公共健康利益以及发展中国家生存与发展的权益及社会弱势群体利益。同时，惩罚性赔偿不同于刑事罚金和行政罚款，而是将赔偿金额直接赔付权利受损一方，从而最大限度补偿他们实现实质性的公平。可见，以两个"公平"为出发点去全面辩证地研究域外的惩罚性赔偿法律制度，有助于构建符合我国国情的、更为合理地针对专利侵权行为的惩罚性赔偿法律制度。

第一章

惩罚性赔偿的基础理论

基于本研究在于将惩罚性赔偿原则引入《专利法》，因此，既要研究引入的合理性和可行性，又需要对要引入的惩罚性赔偿原则的理论进行研究。而且惩罚性赔偿理论是关于专利侵权惩罚性赔偿的制度构建之基础，惩罚性赔偿原则的合理与否直接影响专利侵权惩罚性赔偿制度的有效性。[1]因此，本节从惩罚性赔偿的缘起出发，就惩罚性赔偿的涵义、性质、特征、功能等进行论证；对英美法系与大陆法系关于惩罚性赔偿的不同态度及它们间的争论焦点问题加以分析。

---

〔1〕 朱启莉："知识产权法引入惩罚性赔偿研究"，载《江西社会科学》2013 年第 8 期。

第一节　惩罚性赔偿的历史演进

如果要引入惩罚性赔偿原则到我国《专利法》中，其中一个重要前提是必须厘清惩罚性赔偿原则的形成前提、历史演进及其本身的正当性。惩罚性赔偿并非近现代才产生的新名词和概念，而是作为一种远古即已存在的法律责任形式出现的，早在数千年以前的奴隶制社会[1]以及封建君主制社会中，它就以传统民事损害赔偿责任的一种例外情况出现在特殊情况下。惩罚性赔偿在从18世纪后期开始的现代英美法系中，作为行之有效的具体法律规范，在不同领域逐渐开始被普遍适用；在19世纪中叶，尤其是在美国联邦法以及各自治州（除了少部分四个州以外）的州法律体系中，[2]惩罚性赔偿作为一种原则或制度之所以得以推行，且功能不断得到彰显，在于其实施以来发挥了不可替代的作用。

一、古代法律体系中的惩罚性赔偿观念

根据目前现存文献资料研究，关于惩罚性赔偿的观念最早出现于远古时期，有关资料显示其起源于公元前2000多年用阿卡德楔形文字篆刻于玄武岩石上的法典铭文《汉谟拉比法典》（The Code of Hammurabi）[3]以及《罗马法》（Diritto Romano）[4]中的关于倍数

---

[1]　徐楠轩："论惩罚性赔偿引入中国法"，湘潭大学2005年硕士学位论文。

[2]　朱利霞："论我国产品责任中惩罚性赔偿制度的完善"，吉林财经大学2013年硕士学位论文。

[3]　在汉谟拉比法典中，对于在神殿或宫殿、或由他人处所窃取牲畜，就得分别课予30倍或10倍的赔偿。

[4]　罗马法中规定，因被迫而做出损害自己利益行为的诉讼，被害人最高可以请求实际所受损害的4倍赔偿；至于因建筑物占有人投掷或倾倒东西到建筑物外而引起的

赔偿（multiple damages）的观念[1]；另外，在被称为犹太国律法书的《摩西五经》（Torat Moshe חָרוֹת-שְׁמֹ）[2]以及"古代宗教法律渊源之一的《圣经——出埃及记》（לֹארשׁי ינב תומש הלאו）[3]中也有着这种类似的"多倍赔偿规定"[4]，比如"但凡有人屠宰甚至贩卖盗窃他人而得到的牛羊等牲畜，需要赔偿失窃方人家五头牛或者四只羊"[5]。尽管早在远古时期便依稀有了惩罚性赔偿观念存在的痕迹，然而在数千年的漫长历史之中，在奴隶制社会向封建君主制发展，国家和朝代的更迭变换之中，能够供我们参考查阅的关于惩罚性赔偿的相关规定在各个成文法典中依然屈指可数，也仅有上述提及的区区几处而已，诚然，其在古代法层面的地位也仅仅是作为传统法律责任的一般例外存在，且极少数情况下才会予以适用。然而值得注意的是，有学者通过研究发现，在古代法层面还有一种关于加倍罚金的法律责任形式，也被学者们认为应当将其划归为是惩罚性赔偿责任形式的一种，例如，在古印度的《摩奴法典》（mānava-dharma-śāstra）[6]和古罗马的《十

（接上页）人身或财产损害，可以请求 2 倍损害赔偿。

〔1〕　林德瑞："论惩罚性赔偿"，载《中正大学法学集刊》1998 年第 1 期；林德瑞："论惩罚性赔偿金可保性之法律争议"，载《中正大学法学集刊》1999 年第 2 期。

〔2〕　摩西律中对于盗窃行为通常都给予倍数赔偿，例如一个人偷了一头牛或一只羊，然后卖掉或杀掉，加害人就得赔偿被害人五头牛或四只羊。

〔3〕　该文献记载，如果沙马鲁从塔木卡那里取得银子后赖账，那么，沙马鲁应按其取得之银 3 倍交还塔木卡；反之，如果塔木卡说谎，那么他应按倍收回之全数，6 倍偿还沙马鲁。

〔4〕　王立民：《古代东方法研究》，学术出版社 1996 年版，第 253 页。

〔5〕　Ronald A. Brand, "Punitive Damages and the Recognition of Judgments", *Journal of Netherland International Law Review*, vol. 43, （1996）, p. 145.

〔6〕　《摩奴法典》中规定："损害人家财产者，无论有意无意，应该赔偿，并向国王缴付与损害相等的罚金"；"损害皮革或皮袋、木制或土制家具、花、根或果实时，罚金应该 5 倍其价值"。（参见［法］《摩奴法典》，迭朗善 译，商务印书馆，1996 年版，第 197~198 页。）

二铜表法》（Law of the Twelve Tables）[1]中皆出现过类似于这种将本应处以的罚金翻倍来进行具体处罚的相关规定；在我国古代法上，也曾有"加责入官""倍备"以及"倍追钞贯"等加倍处以罚金的赔偿制度。[2]很多学者也正是基于这些类似规定，得出惩罚性赔偿在古代法中便已普遍存在的结论，笔者认为这种观点仍是值得商榷的，毕竟法律语言表达追求精确，不得似是而非的主观臆断。尽管实施加害行为的行为人在这些法律的责任制度方面都受到了明显高于甚至是成倍于其实际造成的损害的处罚，然而这种责任形式实质上与当代行政法的行政处罚的罚金形式极其相似，并不是具有明确的惩罚性的损害赔偿责任。因为实施加害行为的行为人最终是向时任国家的统治阶级或主管部门府吏们支付超出其所造成的实际损害的金额，而这笔罚金也并未受加害一方当事人最终所有，即这是一种"私对公"而非"私对私"所承担的相应的法律责任。[3]

---

　　[1] 公元前5世纪的《十二铜表法》中，第八表之私犯第9条："在夜间窃取耕地的庄稼或放牧的，如为适婚人，则处死以祭古神；如为未适婚人，则酌情鞭打，并处以加倍于损害的罚金。"第15条："凡以正式方式在窃贼家搜出赃物的，以现行盗窃罪论处；如以非正式方式搜出或在他处查获的，则处盗窃者3倍于赃物的罚金。"第16条："对非现行盗窃犯提起的诉讼，处以加倍于被窃物的罚金。"第18条："利息不得超过一份，超过的，处高利贷者4倍于超过额的罚金。"第19条："受寄人不忠实的，处以加倍于寄托物的罚金。"第20条："监护人不忠实的，任何人都有权起诉请撤换，其侵吞被监护人财产的，处以加倍于被吞财产的罚金。"第21条："土地出卖人虚报土地面积的，处以虚报额加倍的罚金。"

　　[2] 在汉代，就有"加责入官"之制。《周礼·秋官·司厉注》云："杀伤人所用兵器，盗贼赃，加责没入县官。"所谓加责，就是在原来责任的基础上，再加一倍。"加责入官"制度经过演化，在唐、宋时代形成了"倍备制度"，即加倍赔偿，在原来的损失要全部赔偿的基础上，再加一倍的赔偿。这种制度的适用，主要是盗窃赃赔。在明代，《明会典·律例·仓库》"钞法"规定设有"倍追钞贯"制度，就是加倍追罚，有惩罚性赔偿的意思。（杨立新：《疑难民事纠纷司法对策》，吉林人民出版社1991年版，第212页。）

　　[3] 徐楠轩："论惩罚性赔偿引入中国法"，湘潭大学2005年硕士学位论文。

在古希腊也是整个西方哲学乃至整个西方文化中最伟大的思想家、哲学家之一的柏拉图曾认为，对偷盗行为人被确认后，对被盗对象的赔偿不应该局限于偷到物品的价值，应该赔偿偷到物品价值的两倍。[1]究其原因，惩罚不法之徒的理性方式，其目的并非仅仅在于惩罚正在发生的违法行为，毕竟侵权行为已经发生，能够震慑潜在的侵权行为才是最高目的，[2]如此可以起到对不法之徒及其他人的震慑作用以减少或杜绝不法行为的发生。这么看来，古代的法典、律法、法令等形式的法对于惩罚性赔偿的相关明示或默示的规定，一般情况下，侵权承担加重赔偿的责任的前提就是加害人存在主观恶性。在《汉谟拉比法典》中便可以发现这样相关惩罚性赔偿的规定，大致内容是这样的：同为盗窃行为，由于当时社会宗教在国家都有一定的重要地位，偷盗窃取寺院内僧侣、教徒们饲养的动物牲畜，需要承担比一般社会上的盗窃行为更高的处罚，因为神明不容亵渎、在寺院行窃视为情节严重，按照失窃物价值的 30 倍进行处罚。由此可见，将侵权人的主观恶意作为惩罚性赔偿的归责条件，古而有之。[3]

二、近代英美法系中的惩罚性赔偿

真正意义上的惩罚性赔偿这一概念出现在近代的英国《普通法》（The British Common Law）中，1763 年的 Wilkes vs. Wood 案，被视为近代法上最早有记载的赔偿额超过实际损失额的判例。该案案情概况是，原告曾公开发表一本出版物，该出版物主要内容

---

〔1〕　Plato.，*Protagoras*，Oxford，Clarendon Press，p. 16. 转引自王立峰，《论惩罚性赔偿》，载于梁慧星主编《民商法论丛》（第 15 卷），法律出版社 2000 年版，第 57 页。
〔2〕　李冰："惩罚性赔偿制度研究"，郑州大学 2006 年硕士学位论文。
〔3〕　徐楠轩："论惩罚性赔偿引入中国法"，湘潭大学 2005 年硕士学位论文。

是针对时任英国国王对于国际战事以及执政方面的批评，作者言语方面充斥着鄙夷和不懈，国王获悉有人发表文章公然抨击其执政能力，故而恼羞成怒下令对此书作者的私人住宅进行查抄，并根据普通令状责令收缴其个人财物以期获取这本言辞对国王大不敬的出版物，后来未能如愿，国王并没查获此书。原告则以此向法院控诉国王非法侵入私人住宅，并获得法院支持，法院作出判决令国王对其进行赔偿〔1〕，然后由于其本人并没有任何实际损失，故而其所获得的赔偿额明显大于其所提出的精神损害，这种所谓的惩罚性的赔偿责任形式，后来被美国在司法审判程序中予以采纳和吸收。随后，美国法院于 1784 年处置的 Genay vs. Norris 案也富含惩罚性赔偿的意义，该案案情概况是，被告职业为外科医生，因与原告发生口角引发激烈冲突，调解不成，于是双方约定自行了绝，双方约定以互射子弹的枪械格斗方式决一生死，后被告经深思熟虑提议以比试酒量来分出高下，而被告趁其不备在原告的酒中掺杂了其事先准备好的一种医学使用的试剂，致使原告在饮用后身体出现严重不适〔2〕，后来法院认为被告人作为一名医疗工作者，明知其投放的医学试剂足以致人身体出现异常反应仍然实施加害行为，判处其对原告承担一切医疗费用并支付一笔额外的赔偿金，对于超出受加害一方当事人的必要医疗费用的部分，即为惩罚性赔偿的部分。此后的一段时间里，惩罚性损害赔偿主要适用于非法对人加以诽谤、诱奸、具有主观恶意地攻击、诬告他人、非法侵占他人资产、非法拘禁他人等给人造成财产损

---

〔1〕 王成：《侵权损害赔偿的经济分析》，中国人民大学出版社 2002 年版，第 179 页。

〔2〕 王利明：《违约责任论》（修订版），中国政法大学出版社 2003 年版，第 570 页。

害和精神损失等案件。[1]尽管所谓的惩罚性赔偿的适用范围看似有所扩大，然而同古代法上的具体的赔偿责任在形式上并无本质区别，更多的是一种主要赔偿责任的补充和例外情形，而非一种完全独立的法律责任形式，其最终目的也并非是考虑对受损害一方当事人最大限度的补偿，而是出于一种对加害行为人的惩戒，而且考虑加害人存在主观上的恶性。[2]

三、现代美国法上的惩罚性赔偿

美国对于惩罚性赔偿这种损害赔偿责任形式，自 19 世纪以后开始较多地在产品责任案例中加以运用，然后还是存在较大的争议。1967 年，关于美国当时红极一时的 Toole vs. Richardson-Merrell, Inc. 一案，是在产品责任领域真正意义上适用惩罚性赔偿的经典案例，惩罚性赔偿自此便在美国司法审判中尤其是产品责任领域获得了极大的认可。此案案情大致是，被告药品公司公开向患者出售一种降低人体胆固醇的专利药品，作为被告的药品公司明知在研发该专利药品的实验中发现服用该药品会产生副作用，即多数患者在使用后有一定概率诱发后天性白内障，但却未对外公开该药品服用禁忌和注意事项，审理法院经过法庭调查，判决惩罚性赔偿 500 000 美元，但是法院在再审后又将惩罚性赔偿金减为 25 000 美元。[3]惩罚性赔偿自此也在美国法层面开启了新篇章，不再是像这种损害赔偿责任创始之初充当特殊情况下的例外被加

---

[1]　David Owen, "Punitive Damage in Products Liability Litigation", *Journal of Mich. Law Review*, vol. 74, (1976) p. 1257. 转引自王利明：《惩罚性赔偿研究》，载《中国社会科学》2000 年第 4 期。

[2]　崔明峰、欧山："英美法上惩罚性赔偿制度研究"，载《河北法学》2000 年第 3 期。

[3]　陈聪富："美国法上之惩罚性赔偿金制度"，载《台大法学论丛》2002 年第 5 期。

以运用，其适用范围也逐渐开始从产品责任领域向其他经济领域扩散，美国司法实践当中对其适用的频度以及所处以的惩罚赔偿金的数额也都在不断提高。特别是在关乎社会重大公共利益，弱势群体生存权、发展权的产品质量领域，适用惩罚性赔偿的司法判例也与日俱增，所处罚的赔偿金额也不断增加，在此，以美国的烟草行业为例，1998 年美国 46 个州的政府以卫生保健费用上升较大对烟草公司提起诉讼，对于州政府的赔偿诉求，四大烟草公司经法院调解，同意在 25 年内向 46 个州赔偿 2060 亿美元[1]。而法院判决由烟草公司向吸食其生产香烟产品的用户承担损害赔偿责任的赔偿金额更创造了当时的天文数字，其中在 2000 年，佛罗里达州（Florida）数千名吸烟受害者集体向当地州法院起诉向烟草公司索赔，该州法院就裁定烟草公司赔偿 1440 亿美元。如美国最大烟草公司菲利普·莫里斯集团（Philip Morris Companies Inc.），其主要产品为驰名海外的万宝路（Marlboro）香烟，2002 年 10 月，美国加利福尼亚州洛杉矶法院（California，Los Angeles Court）判决其赔偿一名因吸烟而患上肺癌的女烟民 280 亿美元，创下个人赔偿金额的最高纪录[2]。美国联邦法院于 2004 年 9 月 21 日，开庭审理了美国各州政府联名起诉美国多家烟草公司，指控它们明知香烟制品中的低焦油和尼古丁能够使吸食者上瘾且对人的生命权和健康权都会造成威胁，却未在任何产品包装信息或宣传广告方面尽到提示的义务，反而是花重金拍摄公开宣传的广告来蛊惑更多公民甚至是青少年购买并吸食其产品。法院认为这些烟草公司在开发产品时，明知其中含有对人体有严重危害性的成分却未公开说明，且宣传内容亦竭力掩盖吸烟有害人体健康的

---

[1] 周海波："美国烟草巨案带来的反思"，载《经理日报》2004 年 9 月 29 日。

[2] 舟野："美国烟商输官司赔巨款"，载《法制日报》2002 年 10 月 8 日，第 4 版。

事实，该案，据不完全统计几家烟草公司需承担的赔偿金额多达2800亿美金。可见，惩罚性赔偿在现代意义的美国法律体系当中起到越来越重要的作用，它被用来处置严重危害社会公共利益、弱势群体生存权发展权、人的生命权与健康权的法律问题，通过提高适用频率并扩大适用范围，它俨然已经不再是依附于传统损害赔偿法律责任的特殊情况下的例外适用，而是可完全独立用于司法判决的法律责任制度，当遇到与财产权同样重要、与财产权同一位阶的保护对象时，惩罚性赔偿法律制度可以为了国家利益、公共利益被用来对抗宪法保护的财产权，切实保障法的最大价值量化、具体化的"实质公平"的实现。美国社会稳定以及经济腾飞大背景下也都有这一法律制度的身影，因此，对于惩罚性赔偿这一法律制度是非常值得更进一步深入研究的。

第二节 惩罚性赔偿的涵义及法律属性

一、惩罚性赔偿的概念

惩罚性赔偿，其最广义且普遍被接受的解释，是指司法审判机构针对司法个案做出的由实施加害行为一方当事人承担的超出被加害一方当时实际造成的损害数额的处罚判决。作为一项伊始于英美法系国家的民事赔偿责任法律制度，与其相对应的英文表达形式一般有"Punitive Damages"（惩罚性损害）、"Punitive Compensation"（惩罚性赔偿）、"Vindictive Damages"（报复性赔偿）以及"Exemplary Dameges"（示范性损害），可见，英文中对于惩罚性赔偿，字面上更强调"是具有惩罚性的"以及"损害"，在美国法律表达中，"Punitive Damages"和"Exemplary Damages"作为惩罚性赔偿的表达形式是可以相互通用的，而"Exemplary Damages"

在英联邦国家法律判例中的使用更为常见。

在《布莱克法律词典》（Black's Law Dictionary）中，所谓惩罚性赔偿，如果加害行为属于行为人主观恶意，行为具欺诈性、恶劣性，法院综合考虑各影响因素，判决被告的赔偿必须超过原告实际损失[1]。从以上概念看，惩罚性赔偿适用的条件主要针对侵权行为的性质，即原告是否具有实际财产损失、侵权行为是否具有主观恶意、欺诈性、轻率性等。[2]另外，《牛津法律大辞典》（The Oxford Companion to Law）对其定义是：一个用于代替损害赔偿金的法律术语，不仅对原告实施损害补偿，而且是对故意加害人的一种惩罚。[3]然而，此定义的重点并不在于对原告给予多少赔偿，而在于使侵权者得到惩戒。在传统民事损害赔偿责任中，一般适用"填平性的补偿原则"。而"惩罚性赔偿法律责任"属于补偿性原则的补充和例外，主要适用于构成故意侵权的处罚。对于本文所研究的专利侵权惩罚性赔偿法律制度当中的"专利侵权"的认定具有重要意义。在美国的《惩罚性赔偿示范法案》（Punitive Damages Demonstration Act）中给出的最简短的定义是：赋予侵权赔偿请求人的权利是获得侵权人支付的具有惩罚性和威慑性的金钱赔偿[4]。根据《美国侵权法重述》（American Restatement of Tort Act）第908条的规定："惩罚性赔偿体现在补偿性赔偿之外，是针对侵权人的恶劣行为，由侵权人向权利人交付的超过补偿性

---

[1] 莫路明："论商品房消费者权益的保护"，湘潭大学2004年硕士学位论文。

[2] 赵岚晴："美国惩罚性赔偿制度研究"，上海社会科学院2013年硕士学位论文。

[3] 李冰："惩罚性赔偿制度研究"，郑州大学2006年硕士学位论文。

[4] Michael L. Rustaci, "How the Common Good is served by the Remedy of Punitive Dai Triages", *Knoxville*, *The Tennessec Press*, (1997), p. 793.

赔偿的赔偿。"[1]

在英国理论界，部分学者将惩罚性赔偿称作"惩戒性赔偿"或者"示范性赔偿"（Exemplary Damages），指针对被告侵权行为的特别严重性，给予一种例外判决，其判决金额属于超出补偿性和名义性赔偿的判决金额[2]。可见，英国对于惩罚性赔偿也做了特殊规定，即对于诸如侵权等违法行为的情节有具体要求，应该存在性质恶劣、涉案金额数目过大等情节。但英国理论界对于惩罚性赔偿已同补偿性赔偿进行了明显的区分与界定，称其为补偿性以外的判处罚金额数。

根据以上定义可得出如下结论：在美国，侵权行为人枉顾权利人权利而存在，因存在主观恶性的侵权行为，而被判处高于其造成的实际损害的惩罚性赔偿，用来弥补受损害一方当事人的损失，惩罚性的赔偿金归被侵害人所有，由此可见近现代英美法系对于惩罚性赔偿这一法律制度的界定明显有别于古代法上将惩罚性赔偿金予以充公或缴纳给当权者的处罚形式。在英美法系国家，作为侵权救济的例外措施，惩罚性赔偿是与大陆法系国家补偿性赔偿截然不同的，大陆法系按照其"填平原则"，最终目的是尽量弥补受损害一方当事人的实际损失，而惩罚性赔偿处以多倍高额罚金以最大限度的赔偿受损害一方当事人的财产权以及财产收益权的损失，更重要的目的是起到事前震慑不法分子、遏制不法分子为了谋取利益而不惜铤而走险实施加害行为。尽管这一法律制度在美国联邦及各州司法实践中得到了普遍认可和运用，同时其适用范围也通过产品责任领域扩展到了"涉及人身伤害、医疗事

---

　　〔1〕　徐楠轩、连洁："食品安全法中惩罚性赔偿的适用"，载《行政与法》2009年第8期。
　　〔2〕　Mallor J, Roberts B, "Punitive Damages: Toward a Principled Approach", *Journal of Hastings L. j.*, vol. 31,（1999）pp. 639～670.

故以及行政权力滥用等"〔1〕涉及广大社会公共利益的众多领域内，但是其依然是在理论学术界存在重大争议的法律制度，尤其是大陆法系国家近年来对其不断展开研究与讨论。

二、惩罚性赔偿的特征

通过研究惩罚性赔偿的概念，不难发现，其与传统损害赔偿法律责任有着千丝万缕的联系，有很多异同之处，最突出的差异便是其具有传统补偿性惩罚的赔偿性，又兼具传统法律责任形式不具备的能起到震慑作用的惩罚性。因此，本文首先要对惩罚性赔偿与传统民事损害赔偿责任、行政法层面的行政罚款、刑事司法层面的刑事罚金进行对比研究，从而对惩罚性赔偿做出必要的界定，以还原、呈现其特有的属性和功效。

（一）与一般民事损害赔偿责任比较

与传统民事法律责任中的损害赔偿相比，惩罚性赔偿也是以一种"私对私"形式（即发生在平等民事主体间的，由一方对另一方承担责任的形式）承担法律的，二者有一定的相同之处，然而差别也是相对明显的。损害赔偿，作为一种重要的救济方式，在一般民事侵权的情况下，赔偿仅是在让被告停止侵权后对于实际损失的一种经济补偿，其"亡羊补牢"的本质决定了其不具备惩罚性赔偿的威慑作用。具体来讲，二者的性质决定了其本质的区别，大陆法系普遍认同的"填平原则"一直是补偿性的损害赔偿适用的大环境，损害赔偿责任中被告仅需按照依法归责原则就其对原告造成的直接损失承担赔偿责任，这种仅对实际损失进行最大限度弥补体现的是补偿性；而惩罚性赔偿责任对于被告人因

---

〔1〕 崔国斌："我国惩罚性赔偿制度之完善"，载《复印报刊资料（民商法学）》1997 年第 10 期。

其主观恶性而处以的高于原告实际损失的惩罚则更多是为了对与此雷同的潜在不法行为进行震慑和威吓，以求遏制不法侵害的发生，惩罚性不言而喻。另外，正如以上提及的，惩罚性赔偿的赔偿范围也明显大于一般民事损害赔偿，除了兼具一般民事损害赔偿对于被加害一方当时所实际收到的财产权进行弥补之外，惩罚性赔偿加倍处以的罚金也归原告所有，最大限度地弥补了其受宪法保护的财产权以及财产收益权（即同时考虑受损害一方当事人的可预期的长远利益），同时对于雷同的不法侵害行为加以震慑。

（二）与行政罚款以及刑事罚金比较

如前文提及，损害赔偿与惩罚性赔偿都是平等主体之间"私对私"的承担责任形式，那么，行政罚款以及刑事罚金则不同，是个体对国家和政府的承担责任方式，即与"私对私"相对应的"私对公"，因此惩罚性赔偿与行政罚款和刑事罚金从外在承担责任形式方面有着明显的区别。然后，就被告而言，即不法行为的实施一方当事人而言，无论是惩罚性赔偿还是行政、刑事层面的处罚都集中体现了惩罚性这一本质特征，三者的一大共同点是都可能对被告处以其实际主观恶性造成的实际损害的惩罚额度，即要承担高于其之于民事损害赔偿应承担的法律责任。比如，我国行政法层面的《产品质量法》第5章中，多处都使用了"并处违法所得一倍以上五倍以下的罚款"等规定，看到多倍罚金的形式往往会让人产生混淆，就赔偿对象而言，行政罚款包括刑事罚金的交付对象都是国家和政府，而惩罚性赔偿则是判定支付给受加害一方当事人，从这一点看，惩罚性赔偿还能够起到激励权益受损的当事人积极通过司法途径来维护自身合法权益的作用。另外，虽然与行政警告、拘留或者没收违法所得等行政处罚方式相比，行政罚款具有更大的灵活性与普遍适用性，也确实在产品质量、环境污染等问题治理方面起到了一定的积极作用，但是由于行政罚款的处罚力度有限（罚款数额过低、执行不够严格等），其并未发挥其应有的威慑作用，惩罚性赔偿对不法侵害一方当事人处以的是明显高于权益受侵害一方实际损失的赔偿额度，因而其对于不法侵害的处罚力度和威慑作用都是尤为实显的；而罚金作为一种财产刑，仅是以剥夺犯罪人财产为内容，同时作为轻微犯罪的替代刑，虽然是一种强制性惩罚措施，但具体实施这种判决需要触及非常具体的法律条文规定，即必须根据一定的犯罪情节，同时还需要考虑犯罪分子对于判处罚金的缴纳能力，主要作用也并不是震慑和控制不法行为。

（三）与补偿性赔偿比较

我国的民事惩罚责任形式更倾向于大陆法系的补偿性赔偿，有必要对其与英美法系普遍适用的惩罚性赔偿的关系进行进一步的界定。

首先，惩罚性赔偿与补偿性赔偿的区别主要有以下几方面：第一，功能和属性的不同。惩罚性赔偿原则除了具有补偿性赔偿的功能之外，[1]还兼具有效预防潜在不法侵权行为发生的作用即警示功能，体现了社会本位的属性。第二，赔偿效力不同。惩罚性赔偿是在补偿性赔偿的基础上对侵权行为加重处罚，不仅具有事后补偿效力，而且具有事前惩戒的效力，表现在对潜在侵权行为具有震慑和阻吓效力。[2]第三，可否约定的区别。补偿性赔偿原则体现了私法自治和合同约定，而惩罚性赔偿原则属于法定性，即依法实施。第四，归责原则上的区别。在归责原则的适用上，主要依据《侵权责任法》的规定，其具体法律规定为三大归责原

---

〔1〕 奚虹："专利侵权的惩罚性赔偿制度研究"，上海大学 2014 年硕士学位论文。

〔2〕 石睿："美德两国惩罚性赔偿之当前发展"，载《法制与社会》2007 年第 2 期。

则，即过错责任、无过错责任和公平责任等，[1]以上原则可视为实施补偿性赔偿的重要依据[2]。惩罚性赔偿不仅适用于过错责任原则，而且主要以侵权人严重过错行为和主观故意为前提。第五，确定赔偿金额依据的区别。根据补偿性原则，侵权赔偿的主要依据是权利人的实际损失，即在确定补偿性赔偿金额时，第一顺序先考虑权利人的实际损失。而在确定惩罚性赔偿金额时，既要重点考虑侵权人主观过错程度，还需要考虑到侵权人对侵权事实的态度、侵权规模、侵权时间长短、赔偿能力等因素。

其次，两者既有区别又有联系。惩罚性赔偿以补偿性赔偿为参照基础，具体表现在惩罚性赔偿金额是以补偿性赔偿金额为基数乘以合理倍数加以确定；惩罚性赔偿金与补偿性赔偿金存在着比例关系。

三、惩罚性赔偿的功能

总结英美法系的实践看，制定惩罚性赔偿原则的目的有三个：一是加大了侵权成本，通过削弱侵权人的经济基础，遏制其再次发生侵权行为，也防止其他人侵权；[3]二是从法律上支持权利人就侵权行为积极提起诉讼，激发受害人维护权益的积极性；[4]三是有利于对原告受到的侵权损失给予更充分的赔偿。[5]

---

〔1〕 于新波："注册会计师民事责任探讨"，载《中国注册会计师》2003 年第 2 期；江晓华："农产品责任的法律适用辨析"，载《长春理工大学学报（社会科学版）》2013 年第 10 期。

〔2〕 奚虹："专利侵权的惩罚性赔偿制度研究"，上海大学 2014 年硕士学位论文。

〔3〕 申振华："论我国消费者权益保护法中的惩罚性赔偿制度"，中国政法大学 2006 年硕士学位论文。

〔4〕 王永华："论农民消费者权益的特殊保护"，北方工业大学 2006 年硕士学位论文。

〔5〕 杨柳青："论惩罚性赔偿在我国环境侵权中的适用"，昆明理工大学 2009 年硕士学位论文。

在认识惩罚性赔偿的目的之基础上，不难看到惩罚性赔偿具有补偿受害者损失、惩罚侵权人和遏制非法侵权行为等多重功能。[1] 我国台湾部分学者也提出，惩罚性赔偿具有补偿实际损失、惩罚侵权行为人、救济权利被侵害一方、震慑潜在不法分子再侵权行为的发生，[2] 有人将其归纳为三大功能，即补偿功能、阻吓功能和报应功能。[3]

通过对比研究和总结发现，对于惩罚性赔偿的功能和作用，笔者认为可主要归纳为以下四个方面：

（一）补偿性功能（Compensation Function）

有些专家学者认为，在一般民事损害赔偿中受损害一方当事人之所以不愿意通过司法途径来维护自身合法权益，是因为在充分考虑了其所受实际损害以及诉讼等需要支出的成本后发现这种方法往往成本大于补偿。然而惩罚性赔偿明显高于受损害一方当事人实际遭受的损害，除了弥补被侵犯的财产权，还能够补偿其长远的财产收益权所能产生的预期利益，还能够从经济方面弥补受损害一方当事人的精神层面（比如宪法所保护的人格权尊严权）的损害，甚至包括那些难以举证的损失等。据资料显示，在美国涉及产品质量侵权责任的案例中，多数受害者并不能得到相应的赔偿，真正使自己遭受的损失得以赔偿的不足 25%[4]。也有学者认为，一般民事损害赔偿遵循"填平原则"，由于处罚力度不足，虽不能够完全弥补不法侵害给受损害一方当事人的全部损失，但

---

〔1〕 王利明：《违约责任论》（修订版），中国政法大学出版社 2003 年版，第 568 页。

〔2〕 陈旭洋："从比较法的角度看我国惩罚性赔偿制度的必要性"，载《犯罪研究》2011 年第 8 期。

〔3〕 何建志："惩罚性赔偿金之法理与应用——论最适赔偿金额之判定"，载《台大法学论丛》2005 年第 31 卷第 3 期。

〔4〕 林德瑞："论惩罚性赔偿"，载《中正大学法学集刊》1998 年第 1 期。

也不建议采用惩罚性赔偿，他们指出民事损害赔偿责任不能对比如精神损害以及事先难以预见的财产收益情况进行赔偿，是由于这些损害难以估算和防控，因此，仅仅依靠民事救济难以弥补受害人损失。此时，只有依靠刑法或司法判例加以解决，依据侵权行为与救济法律存在应然和实然的状态，寻求更加合理且现实的救济途径[1]。可见，对民事损害补偿性原则的完善，需要寻求民法上的突破，通过设立新的制度内容，如增加惩罚性赔偿原则，以此来弥补补偿性赔偿原则的不足[2]。

客观来讲，惩罚性赔偿在各种法律体系中，尤其是英美法系对其普遍适用的国家，其对于损害赔偿的补偿性是有目共睹的，并且通过前文的司法判例实际执行情况来看，其更是比一般民事损害赔偿的补偿作用更加明显，对于惩罚性赔偿的运用也体现了其力求最大限度地实现"形式公平"（一般民事损害赔偿，尤其是大陆法系国家参照的"填平原则"）难以面面俱到的"实质公平"，从而更好地维护个人的合法权益与法的公平正义。

（二）惩罚性功能（Punitive Function）

顾名思义，惩罚性赔偿作为一种民事责任形式，具有其他责任形式所难以企及的严厉程度，其最显著的功能，在于其惩罚侵权人主观恶意侵权的行为。因为被告人的不法行为一般存在枉顾权利人合法权利的心态，无视受损害一方当事人的人格权、尊严权，使受损害一方当事人除了财产权方面的损失以外还有一层精神层面的打击，如果实施惩罚性赔偿可以在一定程度上通过高额罚金使受损害一方当事人恢复心理层面的平衡，变相地起到了激励受损害方通过司法诉讼来维护其合法权益，也增强了社会公众

---

〔1〕　徐楠轩："论惩罚性赔偿引入中国法"，湘潭大学 2005 年硕士学位论文。

〔2〕　陈聪富："美国法上之惩罚性赔偿金制度"，载《台大法学论丛》2002 年第 5 期。

对于法的公平正义价值的信念。但是，由于刑事法律层面已经有详尽的刑事责任，因此若要将刑事责任的惩罚性功能引入民事责任的观念中，这对于很多学者来说是难以接受的，甚至被抨击为是一种奇怪的异论（a monstrous heresy）或反常（anomaly），因为它的出现使法律协调产生了扭曲和偏离。[1]所以，持此观点的学者们还认为惩罚性赔偿不宜推广运用是因为其是对固有法律体系的一种冲击，他们认为"赔偿"与"惩罚"，一个是私法层面，而另一个是公法层面，其功能不应该混淆，这种法律制度的普遍适用会造成传统法律体系的紊乱。不过，如果从法律的发展性观点看，通过法律拟制（legal fiction）的方式，为了保持法律的稳定性，让使一项现行的法律制度不被打破，而是让其产生新的功能，以满足社会需要，其实并非难事。[2]根据 19 世纪英国著名的法律史学家、晚期历史法学派的集大成者亨利·梅因（Henry J. S. Maine）的研究发现，所谓法律拟制，是指虽然有不变的法律文字，但可以改变法律运作的效果[3]。

　　通过对比研究不难发现，尽管"惩罚性赔偿"（Punitive Damages）具有"损害赔偿"（Damages）的本质属性，但其功能和作用实际上远远超出了一般损害赔偿的适用范围。也就是说，惩罚性赔偿实际上已经是一种在损害赔偿名义下所拟制转化的新制度。[4]如果一定要咬文嚼字，从字面意义上来讲，"惩罚性赔偿"同时蕴含公法层面的刑事惩罚性以及私法民事补偿性，这也的确是法律体系的一种突破。然而，如果放眼于法律动态发展的层面，惩罚性赔偿法律制度的存在与发展则对未来两大法律体系的融合与相互

---

〔1〕　林德瑞："论惩罚性赔偿"，载《中正大学法学集刊》1998 年第 1 期。
〔2〕　杜称华："惩罚性赔偿的法理与应用"，武汉大学 2012 年博士学位论文。
〔3〕　[英] 梅因，沈景一译：《古代法》，商务印书馆 1959 年版，第 34～35 页。
〔4〕　杜称华："惩罚性赔偿的法理与应用"，武汉大学 2012 年博士学位论文。

补充和完善提供全新的理念和思路。比如，在不同政治体制的国家，刑事司法对于不法行为的遏制作用和实际效果会受到一国的政策导向、现有的公诉资源储备以及执法力度等不同而有所影响，尤其是面对高精尖行业的经济犯罪，刑事司法过程中对于经济犯罪的取证需要专业团队的协调配合，经济违法活动中的不法分子利用其技术层面的优势往往也可以利用司法系统工作人员对其犯罪难以界定而游走于法律边缘从而避免刑事责任。由于这类人群的资源优势，"被调查人员一般被赋予比较充分的抗辩权利，且他们不会被限制自由，更不会被搜查、逮捕、拘禁；如果起诉也会比较谨慎，让被告有更多机会去准备；他们即使不自主应诉，也往往通过雇佣较优秀的法务团队，帮助自己应付法律质询"，[1] 就更显得无可置喙了。

综上所述，给予特殊犯罪人群的自身优势，对于经济犯罪来说，公诉形式也会难以充分发挥其惩罚作用。如果按照私法程序和民事赔偿责任来处置，基于个体间的举证责任相对较轻，个体间还可以通过协商达成和解，权益受损一方当事人申请的多倍惩罚赔偿金无异于以提高侵权成本的形式实现对不法侵害行为的惩罚，因而惩罚性赔偿的惩罚性功能是显而易见的，且在特殊情况下能够发挥传统民事赔偿责任以及刑事责任都无法起到的作用。

（三）震慑功能（Deterence Function）

中国民法学泰斗、中国政法大学终身博士生导师江平教授曾言，"法律不做软刀子，才会有震慑作用"。惩罚性赔偿法律制度除了通过惩罚金形式弥补受损害一方的财产损失以及精神层面的损害，还能够对于有类似想法、企图通过不法手段侵犯他人权利而谋取私利的潜在侵权行为给予震慑，从而起到遏制不法侵害行

---

〔1〕 徐楠轩："论惩罚性赔偿引入中国法"，湘潭大学 2005 年硕士学位论文。

为的蔓延的作用。英美国家司法判例中，对主观故意侵权行为实施惩罚性赔偿，通过加大侵权成本，以儆效尤，对于后续潜在的妄图采用同样方式谋取私利的不法行为进行震慑，比如前文提及的美国对于几大烟草公司实施惩罚性赔偿的判决，判处赔偿社会公众高额的赔偿金，后来烟草公司在生产包装的醒目位置都注明了吸烟有害健康等提示信息。与惩罚功能不同，震慑功能通常是通过事先采取措施，通过司法判例树立典范以起到遏制和减少后续不法分子实施雷同或类似的不法行为，而惩罚功能则是在不法行为发生以后，通过考察不法行为实施人的主观恶意的程度、处以惩罚性的高额赔偿金[1]来使其受到制裁。

正如江平教授所言，要起到震慑作用，首先应当让惩罚性赔偿这一法律制度"硬"起来，即使其震慑作用的效果能够得到充分发挥，然而下列的一些因素仍是重要的考量对象：第一，不法行为实施者应该明知其所实施的行为是被法律所禁止且会受到相应惩罚的；第二，侵权行为人既有能力实施侵权行为，又有能力改变或控制实施侵权，应该能够有理由避免惩罚性赔偿的处罚；第三，侵权行为人如果努力改变自身行为，也可能可以避免受到惩罚性赔偿。

惩罚性赔偿法律制度的震慑功能如果要充分发挥作用，就需要充分考量以上这三个因素，它们主要是针对不法行为实施者的主观恶性而言的。以产品责任案例来讲，如果对于那些因主观恶性忽视社会重大公共利益的生产者实施惩罚性赔偿的裁决，则法院很明确地向社会各界尤其是同类产品生产者们发出了这样的信号，即法律对于所禁止的行为会处以严厉的惩罚且有相当高的惩

---

〔1〕 黄理政："论我国产品责任惩罚性赔偿制度"，广东商学院 2013 年硕士学位论文。

罚标准。如再有对此视而不见或不引起足够重视的，经过严格程序和适用惩罚性赔偿的司法判决，就足以使意欲侵权人得到警示，对适用的判决标准及其严肃性知晓，以期达到对潜在不法分子的震慑作用。

（四）"私人诉讼"功能（Private Litigation Function）

惩罚性赔偿还有一个功能，在于其能够促使当事人通过司法途径来解决利益冲突，即能够让法律的具体规定可以具体实施和执行。社会观点认为惩罚性赔偿或许会让本不打算通过司法途径维护合法权益的原告获得了意料之外的高额赔偿金，但是正是由于这一法律制度的存在而使受损害一方当事人愿意来做原告，也将直接提升不法行为被制裁的可能性、同时起到震慑和遏制不法侵害行为的发生的作用。从受害人角度看，惩罚性赔偿制度的设置，意味着只要构成故意侵权，即对侵权人课以私人罚金（private fines），体现公平正义之目的[1]。因此，惩罚性赔偿的存在无形中赋予了个体（权利受损害一方当事人或其他社会组织和个人，比如后文中将会提及的专门从事专利诉讼的"专利流氓"等中介机构）拟制为公诉机关"检察官（attorney）"[2]身份对不法侵害性为提起诉讼，"为权利而斗争"[3]的现实意义即在于其能够鼓励

---

[1] 黄白："浅析惩罚性赔偿制度的引入"，载《法制与社会》2011年第24期。

[2] 公益诉讼理论中美国的私人检察总长理论独具特色。在1943年的纽约州工业联合会诉伊克斯案件中，法院指出，国会为了保护公共利益，可以授权检察总长对行政机关的行为申请司法审查，国会有权依法律指定其他当事人作为私人检察总长，主张公共利益。

[3] 我国人民遇到权利受侵害的情况，经常首先想到的是诉诸党政机关乞求主持公道或哭诉陈情，而不是自己通过诉讼去追究加害人的法律责任。法律或社会学者多将这种现象的出现归咎于中国传统文化，有一定道理，但不可否认，这种现象在一定程度上也与我国法律赔偿机制的过于保守有关。前文数个案例都表现出，在我国提起赔偿诉讼往往费力不讨好，法律救济的低效以致诱因不足，我们也难以期待一般人民都能勇于承担诉讼上种种有形无形花费而为权利积极战斗。毕竟像王海这类人并不多见。

公民能够充分利用法律制度的便利来维护其合法权益，而非有赖于其他形式的社会救济以及公权力的庇佑。

惩罚性赔偿法律制度让私人诉讼这一功能得以实现，不仅可以维护和弥补受损害一方当事人的损失，更有助于长远地维护社会重大公共利益免遭不法侵害。另外，针对那些不构成犯罪、检察机关无法介入立案侦查和提起公诉的不法侵害行为，惩罚性赔偿的存在还能够有效针对刑事责任适用范围以外的不法侵害行为采取有效措施。

四、惩罚性赔偿的法律属性

惩罚性赔偿的法律属性，不仅是学术界争论的热点，也是确认侵权赔偿是否具有可惩罚性的重要理论依据。在大陆法系国家，从古罗马时代开始，法律制度就存在公法和私法两种性质，而且此划分对该法律制度的适用意义重大。分析国际上对惩罚性赔偿性质的争论，学者们主要的观点有"公法责任说"、"民事责任说"以及"经济法责任说"。

（一）私法性质说

就笔者对现有文献研究而言，大部分学者认为，无论从一般民事责任还是从特别的民事责任考察，惩罚性赔偿制度都属于私法领域。赞成民事责任说的理由有：一是目前已经实施惩罚性赔偿制度的国家中，大部分国家是通过民法进行规定，区别于实施公法规范的国家；二是从诉讼角度看，惩罚性赔偿是由权利人作原告，一般适用于民事诉讼法；三是侵权惩罚性赔偿是一种特殊的民事责任，大陆法系国家大多执行填平性补偿原则，如被侵权人在司法实践中，主要请求全面补偿，仅以惩罚性赔偿为补充；四是从调整的社会关系看，惩罚性赔偿适用的权利人和侵权人之间是平等主体关系；五是从诉讼程序和诉讼结果看，诉讼程序的启动是以权利人请求为前提，否则法院不能按照惩罚性赔偿判决。惩罚性赔偿金的受益方是原告，区别于刑罚罚金或者行政罚款的收益归属。五是惩罚性赔偿虽然具有惩戒功能，但是其仍然属于民事责任。

大陆法系对民刑两法作出了严格区分，包括行政法、刑法等在内的公法主要对犯罪行为和不法行为进行惩罚；民法主要调节和平衡私主体之间的利益关系，其手段通过补偿和救济惩治侵权人。[1]我国也有学者赞成以上观点，认为惩罚功能体现在刑事责任的追究上，属于公法调节的对象。

（二）公法性质说

大陆法系国家的学者通常支持公法性质说。在大陆法系国家，法律被划分为公法和私法两种形式，惩罚性赔偿的法律责任属于公法性质，例如刑事责任中的罚金和对违法行为者执行的行政罚款，都是基于公共目的所做出的法律规范。民事责任主要体现在补偿性，要求侵权人就侵权行为的侵害恢复原状，难以恢复的赔偿权利人损失。[2]这一赔偿属于补偿性的，如果超出补偿性结果，超出部分将成为权利人的不当得利。因此，惩罚性赔偿制度具有类型刑法或者行政法的功能，属于公法性质。德国奥斯纳布吕克大学（Universität Osnabrück）教授克里斯蒂安·冯·巴尔认为，惩罚性赔偿不属于私法原则，因为他要求侵权人承担的是公法责任。[3]

---

〔1〕 金福海："论惩罚性赔偿责任的性质"，载《法学论坛》2004年第3期。

〔2〕 ［日］田中英夫、［日］竹内昭夫，李薇译：《私人在法实现中的作用》，法律出版社2006年版，第153页。

〔3〕 克里斯蒂安·冯·巴尔所著的《欧洲比较侵权行为法》中写道"私法上的惩罚是不可接受的，不能因为过错特别严重而判决更大的赔偿额。这是因为民事责任不具有惩罚功能，因此过错的严重性不能证明判决一个比损害之实际价值更大的赔偿是正当的。"

（三）混合性质说

此为折中性观点，认为民法和刑法的功能可以有机结合，具有双重性质，其侵权责任高于民法上的侵权责任，低于刑法规范的法律责任。[1]也有学者认为，惩罚性赔偿制度应该属于经济法范畴，其理由有：一是经济法本身就是混合法，既具有民法性，又具有刑法和行政法的性质；二是经济法的立法目的在于维护社会公共利益，惩罚性赔偿制度的设计目的也是基于社会重大公共利益考虑以实现兼顾目的和结果的实质公平，二者初衷也具有一定的一致性。[2]还有学者认为，给惩罚性赔偿确定法律属性意义不大，将其归入公法或私法都不妥。[3]在英美法系国家也对惩罚性赔偿的性质争议不断，但是，争论的结果显示，几乎不可能给惩罚性赔偿的性质准确定位。[4]

第三节　两大法系对惩罚性赔偿制度的不同态度

相对于大陆法系国家而言，我国《侵权责任法》第 47 条的规定首先引入了惩罚性赔偿制度[5]。但是，在我国最先适用的是产品责任领域。在学术界对该制度的研究主要体现在两个方面：一

---

〔1〕　Dorscy D. Ellis，" Fairness and Efficiency in the Law of Punitive Damages"，*S. California Law Review*，vol. 1， 2 （1982），p. 56.

〔2〕　金福海："论惩罚性赔偿责任的性质"，载《法学论坛》2004 年第 3 期。

〔3〕　程琳："惩罚性赔偿的法理与运用"，西南政法大学 2005 博士学位论文。

〔4〕　余艺："惩罚性赔偿研究"，西南政法大学 2008 年博士学位论文。

〔5〕　《消费者权益保护法》（1993 年）第 49 条首次在我国法律上引入了惩罚性赔偿金制度，但此制度主要适用于合同法领域。《侵权责任法》对惩罚性赔偿制度的引入才真正引发该制度与我国既有法发生剧烈冲突"。

是研究英美法系国家惩罚性赔偿制度的运行情况,[1]为我国引入该制度、设立该制度提供依据;二是研究惩罚性赔偿制度在我国的具体适用。将惩罚性赔偿引入我国知识产权法主要体现在《著作权法》和 2013 年实施的新的《商标法》,为引入《专利法》奠定了基础。其实,侵权赔偿的可惩罚性争论由来已久,两大法系一直存在着不同的态度,英美法系持积极态度,支持实施惩罚性赔偿制度;但是,大陆法系国家一贯持消极态度。

一、英美法系的惩罚性赔偿法律制度

在英美法系国家,惩罚性赔偿制度得到了发展。尽管对于惩罚性赔偿法律制度的实施当时仍旧存在诸多争议,但英美法系众多国家和地区特别是美国广泛认可了这一法律制度。惩罚性赔偿法律制度在英美法律体系确认之初,主要适用于精神损害赔偿层面,即我们现在法律中的人格权、尊严权,后来一直沿用到 19 世纪,其适用范围也逐渐扩大到诸如环境侵权以及产品责任等涉及重大社会公共利益的领域中来。

英美法系国家对惩罚性赔偿的态度主要体现在司法判决的案例中,其现代惩罚性赔偿法律制度的真正确立,可以追溯到"威尔克斯与伍德"(Wilkes vs. Wood)案例,因此有人说,此案例具有里程碑式的意义。1763 年英国法官卡梅登恩勋爵(Lord Camden)在 Huckle vs. Money 案[2]中做出的适用惩罚性赔偿的判决,这是英国

---

〔1〕 王利明:"美国惩罚性赔偿制度研究",载《比较法研究》2003 年第 5 期;朱凯:"惩罚性赔偿制度在侵权法中的基础及其适用",载《中国法学》2003 年第 3 期。

〔2〕 First case awarding exemplary damages was 'Huckle v. Money' (95 Eng. Rep. 768 C. P. 1763), a warrant was granted by Lord Halifax, Secretary of State, directed to four messengers, to apprehend and seize the printers and publishers of a paper called the North Briton, Number 45, without any information or charge laid before the Secretary of State, previous to the granting thereof, and without naming any person whatsoever in the warrant; Carrington, the first

普通法（English Common Law）首次对惩罚性赔偿的予以确认；美国最早确立惩罚性赔偿法律制度则是通过前文提及的关于 18 世纪 1784 年两个美国人解决私人恩怨，最后被告专职医生诺里斯（Norris）因向原告酒中投放医学试剂致使原告身体出现异常，被告被判决惩罚性赔偿的 Genay vs. Norris 案。[1] 1964 年，英国上议院（The Bitish House of Lords）的高等法官在审理一起涉及劳动法与侵权法的 Rookes vs. Barnard 案时,[2] 做出的惩罚性赔偿的判决，

（接上页）of the messengers to whom the warrant was directed, from some private intelligence he had got that Leech was the printer of the North Briton, Number 45, directed the defendant to execute the warrant upon the plaintiff, (one of Leech's journeymen,) and took him into custody for about six hours, and during that time treated him well; the personal injury done to him was very small, so that if the jury had been confined by their oath to consider the mere personal injury only, perhaps 20 damages would have been thought damages sufficient; but the small injury done to the plaintiff, or the inconsiderableness of his station and rank in life did not appear to the jury in that striking light in which the great point of law touching the liberty of the subject appeared to them at the trial; they saw a magistrate over all the King's subjects, exercising arbitrary power, violating Magna Charta, and attempting to destroy the liberty of the kingdom, by insisting upon the legality of this general warrant before them; they heard the King's Counsel, and saw the solicitor of the Treasury endeavouring to support and maintain the legality of the warrant in a tyrannical and severe manner. These are the ideas which struck the jury on the trial; and they have done right in giving exemplary damages. To enter a man's house by virtue of a nameless warrant, in order to procure evidence, is worse than the Spanish Inquisition; a law under which no Englishman would wish to live an hour; it was a most daring public attack made upon the liberty of the subject. The court in Huckle held that punitive awards not only compensated the plaintiff for harms such as mental suffering, wounded dignity, and injured feelings, but also served the purpose of punishing the defendant for egregious misconduct.

〔1〕　Genay v. Norris, 1S. C. L. 3, 1Bay6. 1784。

〔2〕　该案中，英国上议员提出了具体适用惩罚性赔偿的三种情形之一，即国家公职人员所实施的压迫、恶意或明显违宪的不法侵害行为，这实际上是通过给国家公职人员增加经济责任来使其承担国家赔偿责任的不足，此案是司法实践活动对于工会的一个重要转折点。尽管惩罚性赔偿法律制度自此确立了权威性，但是此案还是险些因为其对于经济侵权的决定而被 1965 年贸易纠纷法案所逆转。

由于做出的主体是权力高于英国最高法院（Supreme Court of the U-nited Kingdom）的上议院，从而确立了英国法院作出惩罚性赔偿判决的权力。[1]英国的这一判决之于惩罚性赔偿所产生的的影响，也导致了其他英联邦国家以及美国的纷纷效仿。例如在1966年，澳大利亚高等法院（High Court of Australia）在 Uren vs. John Fairfax & Sons Pty. Ltd. 案中也指出了，当实施侵害一方的不法行为是出于蛮横粗野、带有报复性的恶意时，或严重蔑视被损害一方当事人权利的情况时，被损害一方当事人可以申请要求被告不仅赔偿其实际损失，还要被告承担相应惩罚的赔偿责任。

然而，在该制度发展初期，也经历了不被接受和抵触的阶段，曾有法官在司法判例[2]中拒绝适用该法律制度，其认为超出实际损害的赔偿责任是对于现有法律体系的重大突破，是荒谬的理论，好像若干个正在蚕食着法律这华丽躯体的恶性肿瘤一般。[3]当然，经过几个世纪的发展，惩罚性赔偿在英美法系国家，无论是学术理论界，还是司法实务界对其的认可还是胜过抵制和排斥，他们认为惩罚性赔偿所具有的传统民事损害赔偿责任所遵循的"填平原则"（即补偿性赔偿）不具备的惩罚性功能，这一英美法系普通法未涉及的侵权法的基本功能。现如今，美国多达38个自治州相关立法将对被告人一些极其卑劣、令人愤慨的行为采取惩罚性赔偿；此外，还有印第安纳州及其他6个州也在其州立法中对于民事法律层面加入惩罚性赔偿与刑事责任中的惩罚性的二元并立予以了认可。另一层面，英美法系国家非常看重惩罚性赔偿给社会带

---

〔1〕 杨栋："外国法院惩罚性赔偿判决的承认与执行"，载《政治与法律》1998年第5期。

〔2〕 Fay v. Parker, 53N. H. 342. 1872.

〔3〕 Stephen Daniels &. Joanne Martin, "Myth and Reality in Punitive Damages", *Journal of Minne Law Review*, vol. 75, （1990）, p. 90.

来的震慑作用，通过在个案中运用惩罚性赔偿来对整个社会起到一定的教育和警示作用，让社会知道不法侵害行为将面临的巨额赔偿金的惩罚，通过提高不法侵害成本来遏制类似或雷同的不法侵害行为的发生，并以此来对社会公众循循善诱，使其按照公序良俗、以法律为准绳开展各项活动。英国著名的功利主义哲学家、法理学家，同时也是杰出的社会改革者和经济学家杰里米·边沁（Jeremy Bentham）认为，"法律应当根据任何一种行为本身是能够增加还是减少其利益相关的当事人的幸福趋向，来决定赞成还是反对这种行为"。[1]

综观英美法系国家对于惩罚性赔偿的运用，通过其惩罚性和震慑性不难看出它们对于该制度实施的社会效应尤为重视，但对于该制度的正当性方面却缺乏足够的论证，即无差别、无例外地适用惩罚性赔偿法律制度，其实惩罚性赔偿法律制度也有其适用的灵活性，如果充分考虑社会公共利益、弱势群体生存权发展权、在国际范围内充分考虑第三世界国家的利益，既可以保证该制度更为合理的适用，又能在满足形式公平的基础之上最大限度地做到实质公平。因为英美法系国家的社会普遍价值观是实用至上主义，即惩罚性赔偿法律制度需要很明显地在社会中通过其功能的实现来真正融入社会意识形态和法律体系中去。在 1852 年，美国联邦最高法院（Federal Supreme Court of the United States）一起案件所做出的判决则很直观地体现了这种实用至上主义的核心价值观，"一些域外学者对于适用惩罚性赔偿法律制度的合理性和正当

---

〔1〕 丁以升、李清春："公民为什么遵守法律？（上）——评析西方学者关于公民守法理由的理论"，载《法学评论》2003 年第 6 期；赵秉志、陈志军："社会危害性理论之当代中国命运"，载《法学家》2011 年第 6 期；丁南："论以普遍意志为根本的权利观"，载《政法论丛》2012 年第 4 期；谢慧："公平责任的法理探析"，载《法制与社会》2012 年第 30 期；赵秉志、张心向："刑事裁判功利性现象研究——兼论刑法规范的司法适用"，载《刑法论丛》2012 年第 3 期。

性尚存疑虑，倘若在这一个世纪里有数以万计适用惩罚性赔偿的司法判决出现，则以一种最恰当的方式证明这种原则的存在是不容置喙的"[1]。然而，这对于大陆法系国家在理论层面行不通的，它们更加重视通过制度本身的研究来寻找其正当合理性的理论依据。

二、大陆法系对惩罚性赔偿制度的态度

（一）大陆法系排斥惩罚性赔偿制度

大陆法系国家对惩罚性赔偿的态度自古没有大的改变，但其规定中并非没有惩罚性规定。早在古代法时期，古巴比伦王国的《汉谟拉比法典》（The Code of Hammurabi）经早先法学家们研究发现了若干规定，比如，"如果沙马鲁从塔木卡那里取得银子后赖账，那么沙马鲁应按其所取之银三倍交还塔木卡"[2]。可是，随着时间的推移，近现代大陆法系国家法律体系中却依稀难觅惩罚性赔偿的踪迹，同时大陆法系国家在国际法层面上一般还拒绝执行英美法系国家司法判例中关于适用惩罚性赔偿的判决结果。但是，仍有少部分对于域外判决结果的承认与执行，可以发现近现代法尤其司法实践中大陆法系对于这一法律制度也有了新的认识和理解。

具体来讲，在德国，相关立法中不存在惩罚性罚金的赔偿责任，理论层面很多学者也认为，任何偏离"填平原则"和补偿性赔偿的责任形式都将被视为"法律文化的毁灭和向石器时代的倒退"；[3]另外，司法机关也拒不执行域外法院判决中超出实际损害

---

〔1〕　David W. Robertson, " Punitive Damages in American Maritime Law and Commerce", *Journal of Maritime Law and Commerce*, vol. 28, （1997）, pp. 74~162.

〔2〕　张保红："论惩罚性赔偿制度与我国侵权法的融合"，载《法律科学（西北政法大学学报）》2015年第2期；王立民：《古代东方法研究》，学林出版社1996年，第253页。

〔3〕　［德］格哈德·瓦格纳，熊丙万、李翀校，王程芳译：《损害赔偿法的未来——商业化、惩罚性赔偿、集体性损害》，中国法制出版社2012年版。

的部分，如 1989 年柏林法院（Berlin Der Gerichtshof）关于 Solimene vs. B. Gravel & Co. Ltd. 一案的判决，认为"超出实际损害的部分不符合《德国民法典》（Buergerliches Gesetzbuch）第 328 条的公共政策要求"[1]。直到 1992 年 6 月 4 日，德国首次部分承认并执行了一起美国加利福尼亚州法院（California State Court）做出的惩罚性赔偿的判决[2]，这已实属不易，是德国法律对于这一法律制度认识和理解的重大突破。德国联邦普通法院（Der Bundesrepublik Deutschland Gewöhnliche Der Gerichtshof）认为只要有确凿证据用来证明惩罚性赔偿金的目的仍是符合德国民法的补偿性赔偿责任的补偿而非惩罚、震慑和预防不法行为发生的判决，即不与德国法的基本原则背道而驰。

　　在日本，受德国立法的影响，日本不仅没有引进惩罚性赔偿额规定，而且日本法院也不认可外国法院关于惩罚性赔偿的判决[3]。

---

　　[1]　Norman T. Braslow, "The Recognition and Enforcement of Common Law Punitive Damages in a Civil Law System: Some Reflections on the Japanese Experience", *Arizon Journal of International &. Comparative Law*, vol. 16, (1999), pp. 285~302.

　　[2]　1992 年 6 月 4 日，德国联邦普通法院对一项要求承认和执行美国法院惩罚性赔偿判决的申请作出了裁决。该案涉及美国加利福尼亚州法院对一起民事侵权案件作出的包括已付和预期医疗费用赔偿金、社会服务安置费、精神痛苦赔偿金和惩罚性赔偿金的判决，胜诉的美国原告申请在德国执行该判决，被申请执行人提出了四条反对意见，其中一条针对的是该判决中的惩罚性赔偿金，在该条反对意见中，被申请人辩称德国的公共秩序下不允许承认和执行外国法院惩罚性赔偿判决，德国联邦普通法院首先分析了惩罚性赔偿在美国法中的功能和作用，指出惩罚性赔偿在美国法有四种作用——惩罚侵害人、防止今后再发生此类行为、对受害人参与法律实施和改善社会法律秩序的行为进行奖励和对不足额的补偿性损害赔偿进行补充，其中惩罚和预防是其主要作用，而这与德国民事赔偿所注重的补偿性完全相反，德国联邦普通法法院最后虽然拒绝承认该判决中的惩罚性赔偿金，但承认与执行了判决中的其他内容。

　　[3]　东京地方法院在 1991 年和东京高等法院在 1993 年对同一个申请承认和执行美国法院判决的请求作出的一审裁定和二审裁决均拒绝承认和执行该判决（包括判决中的惩罚性赔偿）。但是东京地方法院在判决中认为，不应该因为日本法中未规定惩罚性赔偿或认为惩罚性赔偿的目的带有类似于刑罚的惩罚性，而以公共秩序为由拒绝承认与

学者认为，日本侵权损害赔偿理论中，不包括对侵权人惩罚性制裁的内容，如果在某些法条中存在，应该认为是民事责任和刑事责任不分的表现。[1]从完善法律的角度出发，有日本学者提出对惩罚性赔偿采取承认与执行分开考虑的原则，即在立法上认可惩罚性赔偿制度，在司法实践中谨慎使用。另有一些学者支持引入惩罚性赔偿制度，他们认为利用刑事处罚手段虽然可以遏制违法侵权行为，但是不足以补偿受害人的利益，提议在损害赔偿中设立一种"制裁性慰抚金"[2]来弥补受害人实际遭受的经济损失。

在瑞士，1982 年，萨尔甘地区法院（Sarganserland Der Gerichtshof）拒绝承认和执行美国德克萨斯州地方法院（Texas District Court）作出的一个涉及受损害一方当事人实际损失三倍的惩罚性赔偿金的判决。该法院法官认为，该判决与瑞士法的基本原则相违背，即赔偿不得超出不法行为实际造成的损害且民法层面不应具有惩戒、震慑的预防不法行为发生的功能。然而经过司法实践中不断积累经验，瑞士也出现了承认该制度的判决，在 1989 年，巴塞尔法院（Basel Der Gerichtshof）以对方法院关于 Trans Container Services vs. Sercurity Forwarders 一案[3]所做出的惩罚性赔偿的判决

（接上页）执行外国的惩罚性赔偿判决，并对那种主张不能在民事案件中作出惩罚性赔偿判决的观点提出质疑（该法院拒绝承认与执行该判决的理由不是基于惩罚性赔偿的性质与日本的公共秩序相违背，而是基于美国法院在证据的认定等方面有错误）。然而，东京高等法院还是根据传统的观点，以惩罚性赔偿具有类似于刑罚的惩罚性、超出了可予承认的民事判决的范围为由拒绝承认与执行。

〔1〕　参见日本最大判 1993 年さん月 24 日民集 47 卷ななしち号 303 項。

〔2〕　张保红："论惩罚性赔偿制度与我国侵权法的融合"，载《法律科学（西北政法大学学报）》2015 年第 2 期。

〔3〕　该判决中包括 12 万美元的实际损失赔偿金和 5 万美元的惩罚性赔偿金。巴塞尔民事法院认为，民法上的赔偿也可以用来进行惩罚，这并不与民事判决自身的民法性相违背；而且该惩罚性判决重在对侵权行为受害人进行补偿，对侵害人的惩罚居于次要地位。

的本质还是补偿性的而非完全的惩罚性为由，承认并执行了美国联邦北加利福尼亚州地区法院对于该案的判决。

通过以上三个大陆法系国家司法实践中对于域外惩罚性赔偿判决的承认和执行情况不难看出，大陆法系国家的司法审判机构并未因惩罚性赔偿与本国基本法律原则相违背而一概拒绝承认和执行英美法系国家的判决，而是采取更为严格的具体问题具体分析来进行个案审查，同时对公共秩序原则的适用也结合具体案件与本国的联系进行充分考虑，而进行"有条件地承认与执行外国法院的惩罚性赔偿判决，有的法院甚至还对民事赔偿可以用来惩罚侵权行为人表示认同"[1]。

我国已经在《侵权责任法》以及《商标法》等部门法中引入了这一法律制度，但是对于惩罚性赔偿的制度研究以及其与我国法律体系的融合问题仍需要循序渐进不断深入。以我国《侵权责任法》为例，目前的认定和适用都显得尤为慎重，需要满足一系列的必要条件，比如对其适用范围规定了仅限于产品责任领域，对于责任承担主体也明确要求是产品生产或经销商，对于主要要件的认定明确必须有主观故意，且规定不法侵害的后果必须造成严重的人身伤害，才能适度适用惩罚性赔偿。

（二）大陆法系排斥惩罚性赔偿的原因分析

包括我国在内的大陆法系国家之所以排斥惩罚性赔偿制度，原因主要在于两个方面：

第一，惩罚性不符合大陆法系侵权法的根本原则与价值观念的"校正正义"。校正正义也称矫正正义，因此，我们试图说明惩罚性赔偿制度的"正当性，则必须从根本上证明其是符合矫正正

---

[1] 杨栋："外国法院惩罚性赔偿判决的承认与执行"，载《政治与法律》1998年第 5 期。

义的"[1]；然而，惩罚性赔偿从形式上就无法满足矫正正义的基本价值要求。始于古希腊哲学家亚里士多德对于"正义"概念的划分，他将正义一分为二，其一为分配正义，是使每一个人得到其应得的份额，即"人人各得其所（原义为'各应得其所有，各宜得其所应得'，是普鲁士黑鹰勋章上的名言）"，同时"各尽所能，各得其所"正是马克思关于"各尽所能，按需分配"思想在社会主义初级阶段[2]的具体体现；而所谓"校正正义"就是当这种人人各得其所的基本秩序被打破或严重干扰的情况对其进行还原。矫正性的公正，生成在交往之中。交往或者是自愿的或者是非自愿的。它不按照几何比例，而是按照算术比例；[3]这类不公正是不均等的，裁判者用剥夺其得利的办法，尽量加以矫正以使其均等，均等的对象是得利和损失。[4]校正正义就是拨乱反正、纠正错误，从而使公平正义周而复始。那对于赔偿责任来说，校正主义就是当一方的不法行为直接造成了另一方合法权益受损害，那么则由其来弥补对方当事人的实际损失。推崇"校正正义"的大陆法系国家认为，要实现校正主义不仅要通过弥补受侵害一方当事人的损失来恢复原状，还要保证不法损害行为实施人不会因为要承担高于其实际损害所造成对方当事人的损失而失去本不应当失去的利益，这显然是大陆法系国家所无法认可的。

在法国，一向奉行赔偿与实际损害相对应规则，损害赔偿规

---

〔1〕 张保红："论惩罚性赔偿制度与我国侵权法的融合"，载《法律科学（西北政法大学学报）》2015 年第 2 期。

〔2〕 王晓刚："论'各尽所能，按需分配'与'各尽所能，各得其所'"，载《探索》2005 年第 3 期；王晓刚："'各尽所能，按需分配'与'各尽所能，各得其所'"，载《理论导刊》2005 年第 11 期。

〔3〕 易军："民法公平原则新诠"，载《法学家》2012 年第 4 期。

〔4〕 李博："浅论'矫正的正义'与和谐社会的公平正义"，载《重庆科技学院学报（社会科学版）》2011 年第 4 期。

则的设计目标是弥补受害人损失，侵权人所支付的损害赔偿金不能高于给权利人造成的实际损害，[1]即民法规定了禁止权利人取得惩罚性损害赔偿金的原则。《德国民法典》（Buergerliches Gesetzbuch）中规定：侵权人的损害赔偿义务主要包括恢复损坏状态，[2]即当受害人获得了其实际损失以外的赔偿金，则有不当得利之嫌，法的公平原则是不允许私人通过法律规定来谋取私利的。因此，德国联邦法院（Deutschland Der Bundesgerichtshof）认定惩罚性赔偿违反了公共秩序，因为《德国民法典》的第 249 条明确"禁止被侵害一方当事人反而因为被侵害而不当得利，对与其损害的赔偿部分仅限于其实际损失的部分"[3]。

大陆法系向来遵循"填平原则"来解决民事赔偿责任问题，补偿性的赔偿责任形式恰恰符合"校正正义"的基本要求，补偿功能是侵权法独有的功能，然而这种无差别、无例外地，或者说不多不少地去对实际损失进行补偿是"形式上的公平"，仅仅是追求个案判决结果的公平，却忽略了事物的不断变化和发展，如果从联系和发展的角度看待损害赔偿的问题，那么显然惩罚性赔偿的惩罚性、震慑功能更能够起到遏制类似不法侵害行为发生的效果，更有助于实现法的"实质公平"。

第二，惩罚性赔偿严重混淆了公法与私法的界限。大陆法系法律体系自古以来十分重视公法与私法的区分。前文提到过的意大利帝国（Regno d'Italia）的《约瑟夫·十二铜表法》（The Laws of the Twelve Tables）于公元前 5 世纪的时候便"将行政法、宪法

---

〔1〕 王立民：《古代东方法研究》，学林出版社 1996 年版，第 160 页

〔2〕 杜景林、卢谌：《德国民法典评注：总则、债法、物权》，法律出版社 2011 年版，第 94 页。

〔3〕 《德国联邦最高法院民事判决》（简称：BGHZ）第 118、312、338 条。

法规以及公共宗教仪式拒之门外"[1]。直到今天，公私法间的区别仍是大陆法系国家法制体系与秩序的基础。普遍观点认为，大陆法系如果引入惩罚性赔偿这一法律制度，公私法各自的功能以及彼此间的基本界限的泾渭分明也将会被破坏，将公法层面的惩罚和震慑功能引入私法层面的民事赔偿责任将不利于私权的保护；同时，大陆法系国家总结近代法制发展的重要标志就是民事与刑事责任的分离，因此实质上是公法作用的惩罚性是不能在私法中被量化、具体化的。1982 年，瑞士萨尔甘地区法院（Die Schweiz Sarganserland Der Gerichtshof）拒绝承认和执行美国一项判决时指出：原告得到的赔偿并不会令其比发生侵权损害之前处于更好的经济地位，并且惩罚性赔偿的惩前毖后式的几种功能也并不属于民法所有。[2]另外，美国犯罪学专家斯蒂芬·巴坎（Stephan E. Barkan）从公法角度分析也认为惩罚性也并非无所不能，他认为"唯有理解犯罪行为的社会根源，才能减少犯罪"[3]。大陆法系公法领域学者普遍认为惩罚性赔偿的惩罚性只是为了达到一种以牙还牙、以眼还眼的目的，但这种以暴制暴的恐怖手段是达到持续控制的最无力的手段。[4]再者，作为民事损害赔偿责任的一种，应当符合民事法律的基本原则，然而惩罚性赔偿制度加大对侵害行为实施人一方的处罚，间接造成被侵害一方当事人获取远胜于其

---

〔1〕 ［美］艾伦·沃森，李静冰、姚新华译：《民法法系的演变及形成》，中国政法大学出版社 1992 年版，第 207 页。

〔2〕 ［德］格哈德·瓦格纳，王程芳译：《损害赔偿法的未来：商业化、惩罚性赔偿、集体性损害》，中国法制出版社 2012 年版，第 41 页。

〔3〕 张远煌："现阶段报复社会性犯罪的主要诱因及因果链条解析"，载《河南大学学报（社会科学版）》2013 年第 1 期。

〔4〕 张保红："论惩罚性赔偿制度与我国侵权法的融合"，载《法律科学（西北政法大学学报）》2015 年第 2 期；［美］路易斯·罗恩、乔尔·赛里格曼，张路等译：《美国证券监管法基础》，法律出版社 2008 年版，第 28 页。

实际损失的赔偿，则打破了原本填平原则所追求的弥补实际损失的平等关系，双方地位不再平等，自然而然就不再属于民法所调整的范畴了，即突破了私法的界限。除非一方按照民法层面的意思自治原则自愿接受判决并履行惩罚性赔偿的义务，则一定程度还是符合正义性的。然而，这也仅是一种假设，侵权法层面履行惩罚性赔偿义务的主体显然难以心甘情愿，与民事违约责任不同，这种超出其实际造成损失的赔偿责任显然不是双方当事人本着平等自愿、诚实信用而实现的意思自治，即使违约赔偿金的数额明显高于造成的实际损失，这也是基于私法主体合理意思自治基础之上的，然而惩罚性赔偿金额的确立还要考虑主观恶性因素，其合理性和正当性仍有待于大陆法系国家不断推理研究，也成为大陆法系国家前期对这一法律制度普遍排斥的主要原因之一。

第四节　与惩罚性赔偿相关的制度

为了全面考察惩罚性赔偿理论，既需要研究惩罚性赔偿制度本身，有必要对与其相关的制度进行对比研究。在此，本文主要针对美国与之相关的限制制度和司法制度进行研究。

一、对惩罚性赔偿的限制

在美国作出对惩罚性赔偿的限制，主要体现在通过正当程序原则的考量提出惩罚性赔偿的限制。

据考察，在美国司法判例中，运用较多的是正当程序原则。首先，一般情况下，通过上诉到达美国最高法院的案件，几乎都依据正当程序原则。其次，在美国宪法修订中，援引次数较多的

也是正当程序原则。因此，此原则被称为美国法律精神的本质，[1]
以此原则作为保护美国公民权利的重要保障依据。[2]

正当程序原则起源于英国，早在英国爱德华三世（Edward III）
时代，就签发了第 28 号法令：要求所有案件的答辩必须经过法律
的正当程序，禁止剥夺任何人的财产权、人身权、继承权和生命
权。[3]

美国联邦法律（Federal law of United States）借鉴英国法律规
定，首次对正当程序作出了立法规定，即如果剥夺他人的生命、
自由或财产，必须经过正当的法律程序。[4]此后又规定：凡出生
在美国或归于美国的任何人，均属于美国公民。无论哪一个州，
都没有权利制定或实施对本国公民权利进行限制的任何法律；只
有通过正当的法律程序，才可以对公民生命、自由或财产的权利
进行剥夺；任何美国公民，均有权利获得法律的平等保护。[5]此
修正案，不仅进一步体现了以程序正义和实体正义为内容的正当
法律程序原则，而且强调此原则的执行不受所有州政府的立法干
涉。从此，确立了此原则作为美国宪法的"心脏"。

（一）惩罚性赔偿与程序正义

从 1980 年开始，美国法律界强烈要求引入惩罚性赔偿制度，
不少学者都撰文论述引进该制度的必要性。美国最高法院依据宪
法修正案的第 14 条规定，即关于法律适用正当程序原则，以此作

---

〔1〕　朱伟、董婉月：《美国经典案例解析》，中国法制出版社 1999 年版，第 68
页。

〔2〕　俞何平主编、谭君久：《当代各国政治体制：美国》，兰州大学出版社 1998
年版，第 54 页。

〔3〕　董春华："论美国惩罚性赔偿与正当法律程序"，载《兰州学刊》2010 年第
11 期。

〔4〕　参见美国 1791 年的宪法修正案第 5 条。

〔5〕　参见 1886 年美国国会提出了宪法修正案第 14 条。

为限制惩罚性赔偿的立法依据和限制州政府立法的依据。

如何适用惩罚性赔偿，最高法院针对审判程序指导各州法院在适用惩罚性赔偿方面的合理性，要求陪审团不可武断执法。如1989 年的 Browning ferries industeies of Vermont vs. kelco disposal inc. 案中，陪审团提出的裁决意见是实施惩罚性赔偿 600 万美元。被告不服一审判决，向第二巡回法院提起上诉，但被维持原判。对此判决，美国最高法院提出了不同意见，认为：第一，美国宪法规定，对保释金不得判决过多，惩罚金不得过重或过于残酷，否则，难以适用于惩罚性赔偿的案件；第二，陪审团做出的武断性判决，不符合正当程序原则的要求，即有悖于该原则对惩罚性赔偿限制的规定；第三，陪审团做出的惩罚性赔偿金，缺少必要的法律支撑。

上述案例可见，美国最高法院在最初对惩罚性赔偿于正当程序原则关系的认识上，仅仅作了程序上的审查，理由在于作出惩罚性赔偿判决的依据主要在于美国各州的侵权救济法，因此，最高法院对具体的案件的指导和判决结果的改变就显得力不从心。

（二）惩罚性赔偿与实质正义

从 21 世纪初开始，惩罚性赔偿中是否存在过度惩罚引起了讨论。这场讨论所针对的案件是 1996 年 BMW of norts America vs. Gore. 一案。其案情大致概况为，宝马车主原告 Gore 先生用 4 万美元购置了一台宝马汽车，此后不久就发现此汽车属于曾经被擦伤重新进行过喷漆处理，购车人之前并不知晓这一问题，因为宝马北美公司隐藏了此客观事实，因此购车人提起诉讼保护自己的权利。受理此案件的法院经过陪审团研究确定，由宝马北美汽车公司对购车人提供 400 万美元的惩罚性赔偿。宝马北美汽车公司对一审判决不服，向亚拉巴马州（Alabama）法院提起上诉，要求改判，但亚拉巴马州州法院经审理认为一审法院的判决并无不当，在维持其惩罚性赔偿结果的基础上，将赔偿金额减至 200 万美元。宝马北美汽车公司自身只是一个分销商，如此惩罚仍然认为过重，于是向美国最高法院提起上诉，请求改变一审和二审的判决结果。美国最高法院经审理认为，该案虽然可以适用惩罚性赔偿，但是，400 万和 200 万的赔偿数额极不合理，建议由亚拉巴马州法院重新审理作出新的判决。该案最终的判决结果是宝马北美公司向原告提供 5 万美元的赔偿金。

在该案审理中，宝马北美公司始终提出"三个准则"予以抗辩，即本案是否适用于惩罚性赔偿制度：第一，被告对原告所进行的汽车销售行为虽然有失当之处，但其恶劣程度是否足够构成需要实施惩罚性赔偿的判决；第二，如果说补偿性赔偿不足以补偿受害人，那么惩罚性赔偿的标准应该如何把握；第三，赔偿金问题，在民法和刑法中都存在赔偿金问题，该案的赔偿金如何与之权衡确定。

该案的审理，引发了各界对惩罚性赔偿应该给予限制的讨论，多数意见认为不仅应该给惩罚性赔偿的适用给予严格的规定，而且应该对惩罚性赔偿的实施给予必要的法律限制。

（三）对惩罚性赔偿限制的案例

在美国，目前现实存在的天价赔偿案件多数集中在与大财团、大型医药企业、大型烟草公司有关的案件，虽然从社会反映看似乎存在一些戏剧性的夸张，但其影响的确是巨大的，即我们所关注的涉及重大社会公共利益的问题和现象。

2007 年的 Philip morris USA vs. Williams. 案比较典型，审理过程曲折复杂。起因是 Mayo la Williams. 的丈夫因吸烟死于肺癌，于是她对烟草公司提起了诉讼，认为该烟草公司所作的广告宣传中，没有向消费者指明吸烟有害健康。在一审中，陪审团经过激烈讨论，将该案的补偿性赔偿和惩罚性赔偿分别确定为 82.1 万美元和

7950 万美元。被告不服判决上诉至州法院，州法院经审理，将上述两项赔偿分别降至 52.1 万美元和 3200 万美元。

针对上述法律程序，被告提出该判决不符合正当性法律程序要求，关键在于此侵权赔偿是否适用惩罚性，即使适用惩罚性赔偿，超出补偿性赔偿数额上百倍的依据在哪里。可见，在此案件的讨论中，学者们认为此案件涉及正当程序和平等保护的原则问题。

时至 2009 年，美国最高法院针对天价赔偿案件郑重宣布，此后法院不再受理此类案件，但对已经做出的判决从本质上予以维持。美国最高法院作出如此举动，一方面认可惩罚性赔偿对遏制侵权行为的发生确实发挥着不可替代的作用，另一方面，要求州立法机关应该就惩罚性赔偿判断标准作出规定。

二、与惩罚性赔偿相关的司法制度

在美国，虽然惩罚性赔偿制度的运用相当广泛，但是在实际应用中仍然受到历史的、民族的、社会的等国情因素的影响，与美国现有传统法律体系也存在着千丝万缕的联系，难以割裂和突破。

（一）陪审制度

美国宪法规定，在诉讼案件中，凡是发生 20 美元以上的争议金额，其裁决权利应该由陪审团行使，而且裁决结果不应该再由任何法院重新审查。[1]这一规定为保障陪审团在司法程序中的作用提供了宪法依据。依据宪法规定，《联邦民事诉讼规则》（Federal Rules of Civil Procedure，简称 FRCP）也提出，陪审团的审判的权利神圣不可侵犯。上述两项规定可见，美国的陪审团制度在司法

---

[1] 参见美国宪法修正案第 7 条。

程序中居于重要地位。虽然陪审团制度也招来多方面的指责，甚至是严厉的批评，但是并没有丝毫动摇其制度的实施，相比其他国家而言成为美国个性。据资料显示，在美国，陪审团参与审理的案件占到全美总案件数的 90% 以上。

陪审团制度既体现的是正义原则，又体现了公民意志的原则，一定程度上是公民普遍要求的体现，因此，对于民愤较大、呼声较高、社会反响强烈的案件，陪审团成员有可能作出严惩的判决，如出现相对补偿性赔偿较高倍数的惩罚性赔偿的判决，此时，纵然当事人认为陪审团的裁决存在不当，并就此提起上诉，一般情况下，能够改变裁决结果的希望也不大。然而，如果可以提出证据证明初审法院在审理中存在滥用自由裁量权的问题，可以向上诉法院提出意见。

（二）私人诉讼制度

在美国，私人诉讼既涉及民事领域，又涉及行政领域。所谓私人诉讼制度就是由私人作为自己的独立检察官参与诉讼的制度。在这一制度下，无论涉及私法保护人身权、财产权，还是涉及公法保护的投资欺诈、消费者权益被侵犯、社会环境遭到破坏等，惩罚性赔偿都可以作为重要的法律手段承担责任，利用有权制造天价惩罚性赔偿金的方式，对违法行为进行惩罚，以保障法律的成功实施。

虽然在世界人民的眼里，美国人动辄诉讼，事无大小都要找律师、上法院，但美国人维护自身权益的自觉行动也为世人所称道。正因为中国公民漠视自身权益，才常常在受到侵害权益时得不到应有的保护。在美国，只要建筑公司在施工中给一定范围内的居民生活造成影响，如建筑尘埃、建筑噪音等，即使很小的影响，也会被起诉并要求赔偿。美国的私人诉讼属于公共法律手段，即使其涉及的赔偿金额不大，也要维护权益，并且让侵权者认识到自身的侵权行为已经影响到他人或社会公众的利益，关键是维护全社会的公共利益。从现实情况看，具有典型意义的私人诉讼制度是滋扰公众诉讼与集团诉讼。所谓滋扰公众诉讼，指在道路通行、人身安全、身体健康、工作和生活便利及生活环境等方面干扰或影响到公众权利时所采用的诉讼。

（三）风险代理制度

美国风险代理制度的成功与惩罚性赔偿不无关系。有学者认为，美国风险代理制度的发展得益于惩罚性赔偿制度的引入。这一理由十分充足，作为谋生职业之一的律师，追求利益最大化无可厚非。现实生活中，代理费较低的案子律师不愿接，即使胜诉可能性较大，但是其程序和标的较大的案件几乎一样；有实力的大公司具有聘请优质律师的能力，即便它们并不具有胜诉的可能性。为了平衡这一矛盾，出现了律师风险代理制度，即律师事先只收少量费用或者不收取费用，等当事人官司赢了，有律师从赔偿中获得一定比例的收益。试想，如果此赔偿仅仅是填平性赔偿，原告不仅难以支付更多的律师费，而且赔偿数额有限，律师费难以得到保证。美国的惩罚性赔偿成为风险代理的动力，在补偿性赔偿的基础上，赔偿金额越高，律师代理费就越多。

由传统的大陆法系民法赔偿理论可见，赔偿就是对利益侵犯的救济，恢复原状或返还不当得利就是合理赔偿的实现。如在大陆法系国家，损坏了一支钢笔，法院判决的结果时再买一只同样的钢笔赔偿即可。但同样的案件如果发生在美国，不仅要赔偿一支新的钢笔，还要买一个比钢笔更高价值的铅笔盒赔偿给受损害者，这个铅笔盒就是对损害者的惩罚，让你再也不敢轻易损害别人的东西。

由于美国风险代理律师收费与惩罚性赔偿具有必然联系，因此推动了风险代理业务的快速发展。进一步分析可见，在美国，原本应由原告承担的律师费用通过风险代理被转嫁给了被告，原告和律师在追求惩罚性赔偿金方面目标一致，同仇敌忾。因此，思考天价赔偿案件，考察美国陪审团的裁决，就都容易理解了。

第五节　本章小结

本章内容系本研究的基础理论部分，包括惩罚性赔偿的基础理论、惩罚性赔偿的特点、两大法系对于惩罚性赔偿的不同态度。总结本章内容，对于究竟惩罚性赔偿属于什么性质的制度，在此做出回答，是为小结。

一、对惩罚性赔偿的演变进行了考察

首先，关于惩罚性赔偿的提法古而有之。古代的法典、律法、法令等形式的法对于惩罚性赔偿的相关明示或默示的规定，一般情况下，侵权承担加重赔偿的责任的前提就是加害人存在主观恶性。在《汉谟拉比法典》中便可以发现这样相关惩罚性赔偿的规定，大致内容是这样的：同为盗窃行为，由于当时社会宗教在国家都有一定的重要地位，偷盗窃取寺院内僧侣、教徒们饲养的动物牲畜，需要承担比一般社会上的盗窃行为更高的处罚，因为神明不容亵渎，在寺院行窃视为情节严重，所以按照失窃物价值的30倍进行处罚。由此可见，将侵权人的主观恶意作为惩罚性赔偿的归责条件，古而有之[1]。其次，近代真正意义上的惩罚性赔偿这一概念出现在近代的英国《普通法》（The British Common Law）中，1763年的 Wilkes vs. Wood. 案，这被视为近代法上最早有记载

---

[1]　徐楠轩："论惩罚性赔偿引入中国法"，湘潭大学2005年硕士学位论文。

的赔偿额超过实际损失额的判例。最后，惩罚性赔偿在现代意义的美国法律体系当中起到越来越重要的作用，它被用来处置严重危害社会公共利益、弱势群体生存权发展权、人的生命权健康权的法律问题，通过提高适用频率并扩大适用范围，它俨然已经不再是依附于传统损害赔偿法律责任的特殊情况下的例外适用，而是可完全独立用于司法判决的法律责任制度，当遇到与财产权同样重要、与财产权同一位阶的保护对象时，惩罚性赔偿法律制度可以为了国家利益公共利益被用来对抗宪法保护的财产权，切实保障法的最大价值量化、具体化的"实质公平"的实现。美国社会稳定以及经济腾飞大背景下也都有这一法律制度的身影，因此，对于惩罚性赔偿这一法律制度是非常值得更进一步深入研究的。

二、论证了惩罚性赔偿法律制度的性质

（一）确立了惩罚性赔偿的概念

在美国的《惩罚性赔偿示范法案》（Punitive Damages Demonstration Act）中给出的最简短的定义是：赋予侵权赔偿请求人的权利是获得侵权人支付的具有惩罚性和威慑性的金钱赔偿[1]。根据《美国侵权法重述》（American Restatement of Tort Act）第 908 条的规定："惩罚性赔偿体现在补偿性赔偿之外，是针对侵权人的恶劣行为，由侵权人向权利人交付的超过补偿性赔偿的赔偿。"[2]

（二）揭示了惩罚性赔偿的特征

本文首先要对惩罚性赔偿与传统民事损害赔偿责任、行政法层

---

〔1〕 Michael L. Rustaci, *How the Common Good is served by the Remedy of Punitive Dai Triages*, Knoxville : The Tenncssec Press, 1997, p. 793.

〔2〕 徐楠轩，连洁："食品安全法中惩罚性赔偿的适用"，载《行政与法》2009 年第 8 期。

面的行政罚款、刑事司法层面的刑事罚金进行对比研究，从而对惩罚性赔偿做出必要的界定，以还原、呈现其特有的属性和功效。

（三）分析了惩罚性赔偿的四大功能

通过对比研究和总结发现，惩罚性赔偿的功能或作用，笔者认为可主要归纳为以下四个方面：

首先是补偿性功能，这也是民法规定的基本功能。

其次，惩罚性赔偿作为严厉性程度最高的一种民事责任形式，其最显著的功能，在于其惩罚侵权人主观恶意侵权的行为。

再次，惩罚性赔偿法律制度除了通过惩罚金形式弥补受损害一方的财产损失以及精神层面的损害，还能够对于有类似想法、企图通过不法手段侵犯他人权利而谋取私利的潜在侵权行为给予震慑，从而起到遏制不法侵害行为的蔓延作用。

最后，惩罚性赔偿还有一个功能，即其能够促使当事人通过司法途径来解决利益冲突，能够让法律的具体规定得以具体实施和执行。

（四）论证了惩罚性赔偿的性质

大陆法系对民法和刑法作出了严格区分，包括行政法、刑法等在内的公法主要对犯罪行为和不法行为进行惩罚；而民法主要调节和平衡私权利主体之间的利益关系，通过其补偿和救济原告。[1]我国也有学者赞成以上观点，认为惩罚功能体现在刑事责任的追究上，属于公法调节的对象，对此，笔者并不完全认同。笔者通过对现有文献研究，发现多数学者普遍认为无论从一般民事责任还是从特别的民事责任考察，惩罚性赔偿制度都应该属于私法领域。笔者愚见，惩罚性赔偿责任形式是一种新型的、二元并立的，同时具有一种准刑罚性和民事责任性。首先，是其所具

---

〔1〕　金福海："论惩罚性赔偿责任的性质"，载《法学论坛》2004 年第 3 期。

有的准刑罚性，其理由如下：第一，尊严澄清理论认为惩罚性赔偿制度具有准刑罚性。[1] 所谓尊严澄清理论，有学者认为，纯粹私法对侵权赔偿的要求仅限于补偿权利人损失，弥补侵权错误；纯粹公法对侵权行为实施处罚，不仅让侵权行为人付出代价，而且对侵权人的严重错误给予惩罚，这一惩罚包含了对公共利益的保护。[2] 第二，大陆法系基于公法和私法的划分理论不承认惩罚性赔偿制度，因此，对专利侵权惩罚性赔偿制度理论质疑的核心在于，混淆公法与私法的界限。

其次，具有民事责任的基本属性。第一，侵权损害赔偿制度如何在具备救济功能的基础上，同时具备震慑和惩戒的功能呢？仅仅依靠补偿性赔偿制度难以实现对侵权人的惩戒功能，这也体现了笔者的主要观点，即实质公平实现的前提是满足形式公平，惩罚性赔偿法律制度在形式上符合程序规则，对受侵害一方当事人进行补偿，同时还重视结果，通过其警示和震慑作用防止侵权行为的再次发生。第二，民法领域引入惩罚性赔偿制度，为了最大限度弥补受侵害一方当事人（包含可计算的）实际损失甚至其他维权成本等，在满足尊重程序的形式公平基础之上力求实现实质公平，将损害赔偿金直接赔付给专利权人，区别于刑事罚金上缴国库，可以更充分地实现救济功能，同时也可以体现震慑潜在侵权人的目的。[3] 我国《侵权责任法》在立法原则中也对权利救

---

〔1〕 张鹏："知识产权惩罚性赔偿制度的正当性及基本建构"，载《知识产权》2016 年第 4 期。

〔2〕 Thomas B. Colby，"Beyond the Multiple Punishment Problem： Punitive Damages as Punishment for Individual，Private Wrongs"，*Minne Law Review*，vol. 87，（2003），pp. 583～635.

〔3〕 石佳友："论侵权责任法的预防职能：兼评我国《侵权责任法（草案）》（二次审议稿）"，载《中州学刊》2009 年第 4 期。

济功能作出了描述。[1]可见，惩罚性赔偿制度所具有的二元并立的准刑罚性以及民事责任性的基本属性，是符合惩罚性赔偿法律制度关于震慑和警示的作用的。[2]

---

[1] 张鹏："知识产权惩罚性赔偿制度的正当性及基本建构"，载《知识产权》，2016 年第 4 期。参见我国《侵权责任法》第 1 条的表述，我国侵权法承载着救济功能、维护行为自由功能、预防功能与制裁功能等。

[2] 王利明：《侵权责任法研究》，中国人民大学出版社 2010 年版，第 112 页。

第二章
专利侵权惩罚性赔偿的依据

专利侵权行为是否具有可惩罚性，即针对具体个案的专利侵权行为而实施惩罚性赔偿的可行性。本章首先探讨专利侵权赔偿的基础理论；其次，探讨专利侵权惩罚性赔偿及其法律特征；再次，从该制度的正当性出发，通过分析该制度的伦理学基础、民法学基础和经济学基础，探讨专利侵权赔偿制度的理论依据；然后，综述目前我国国内专家、学者们对于该选题的相关理论及实践研究；最后，研究目前域外知识产权领域已经启用的惩罚性赔偿法律制度，以此作为对于我国引入该制度的实践依据。

第一节 专利侵权赔偿的基本内容

一、专利侵权赔偿的基础理论

研究专利侵权惩罚性赔偿制度，有必要首先对现有专利侵权损害赔偿进行分析。专利侵权行为及其构成要素、损害赔偿原则、赔偿范围和损害赔偿的特点等都将为研究惩罚性赔偿奠定基础。行为决定责任，研究专利侵权行为是分析侵权责任和赔偿原则的前提条件。

（一）专利侵权行为的概念

从专利侵权损害赔偿制度体系看，专利侵权行为和侵权赔偿既是因果关系问题，又表现为行为发生的时间顺序问题，因此，按照先有侵权行为，才有侵权赔偿的顺序，在此，我们需要先行对专利侵权行为进行必要的界定。所谓专利侵权行为，是那些指未经专利权人许可、又无法定事由，对有效专利的实施行为。

我国法律体系虽然承袭程序法且长久沿用大陆法系的立法模式，但又不应该故步自封、盲目排外，而应该结合我国实际情况，不断吸取英美法系的立法模式。在《侵权责任法》中，已经详细规定了知识产权侵权行为。

（二）专利侵权行为的构成要件

为了分析专利侵权行为的构成要件，在此，我们选择一个真实的专利侵权案例，讨论其构成要件。

案例中，专利侵权的标的是家用产品即太古榨油机，该专利产品属于实用新型专利产品，在市场上有一定的知名度。被告是中山市北铃电器有限公司，它因主观恶意侵犯了此专利，即未经专利权人许可，擅自制造、许诺销售和销售专利产品。

为了维护专利权，原告首先申请广东省知识产权局追究被告的行政责任。经过调查和认定，知识产权局认定被告实施了专利侵权行为，要求被告停止侵权。在专利侵权行为认定中，知识产权局在对专利侵权行为认定时，考察了其三个构成要件：

1. 侵权的对象是有效的专利

有效的专利：一是在有效期内的专利；二是没有终止理由的专利，即依法缴纳了专利年费等；[1] 三是不存在与在先权利相冲突；四是不存在被国家专利机关宣布专利无效。本案中太古榨油机属于有效专利，依法应该受到专利法保护。

2. 被告实施了专利侵权行为

在专利侵权行为判断中，以侵权行为人的侵权事实为标准。本案中，被告肆意实施了专利制造权，以不正当的方式侵犯了原告的专利产品的市场份额，客观上存在侵权的事实和结果。

3. 专利侵权行为具有违法性

其违法性决定了专利侵权的性质。在本案中，被告未经原告许可实施了原告的专利技术，已经构成侵权成立。此行为直接违反了《专利法》规定，符合行为违法性的条件要求。

（三）专利侵权损害赔偿及其范围

1. 专利侵权损害赔偿的概念

由于专利侵权行为的存在，专利权的相关利益受到了损害，因此，就引出了专利侵权损害赔偿的问题。

民法中的损害赔偿，是指因为侵权人的侵权行为，给权利人的利益造成了一定损害，权利人请求侵权人针对侵权给予一定民事赔偿的责任形式。这一赔偿形式的实施，旨在通过要求侵权行为人向被侵权的专利权人支付一定数额的赔偿金，用来弥补因侵

---

〔1〕 张广良：《知识产权侵权民事救济》，法律出版社 2003 年版，第 78 页。

权行为给专利权人造成的损害。[1]

2. 专利侵权损害赔偿的特征

第一，专利侵权的赔偿责任区别于一般民事侵权赔偿。依据侵权责任法规定，侵权人所承担侵权责任一般包括排除妨碍、消除危险、恢复原状以及返还财产等形式。由于专利权具有特殊性，客体具有无形性，因此，专利侵权人难以承担排除妨碍、返还财产的责任，能够承担的法律责任和赔偿措施仅包括停止侵权、赔偿损失、恢复名誉和消除影响。

第二，专利侵权赔偿的损害具有难以确定性。一是专利作为一种无形资产，又是一种预期利益资产，其价值难以评估，直接影响损害的确定。二是之所以专利侵权赔偿的案件多数是用于法定赔偿，就是因为专利权人的实际损失和专利侵权人的侵权获利难以计算，这也正体现了专利侵权损害的难以确定性。

3. 专利侵权损害赔偿的原则

（1）全面赔偿原则

全面赔偿原则主要针对赔偿的范围而设立。在确定专利侵权损害赔偿数额时，其赔偿范围：一是非财产损失和财产损失，二是直接损失和间接损失，三是物质损失和精神损失。专利权既包括自己实施、许可他人实施和转让的财产权，又包括发明权等人身权；既包括专利权实施已经实现的经济价值，也包括专利有效期内专利权实施的潜在价值。因此，专利侵权人不仅侵犯了专利权人的财产权，而且也践踏了专利权人的人身权。由此分析，笔者认为，在处理专利侵权案件时应适用全面赔偿原则。

（2）不当得利返还原则

根据该原则，在处理专利侵权司法判例时，以侵权行为人因

---

[1] 王凌红：《专利法学》，北京大学出版社 2007 年版，第 68 页。

侵权行为而直接获利为依据来计算和度量专利侵权损害赔偿的数额。按照这个原则计算赔偿数额，仅涉及侵权人所侵权所得利益，不考虑专利权人遭受的损失。我国《专利法》以及德国和我国台湾地区的专利法中也可以发现类似规定。

然而，在分析中也可以发现这个原则的不足之处，因为侵权人所赔偿的从表面上看是侵权人的全部不当所得，但并非可以弥补因侵权给专利权人造成的损失，所以，在赔偿原则具体适用上，应该优先适用于全面赔偿原则，在全面赔偿原则难以适用时，才考虑适用此原则。

（3）法定赔偿原则

在专利侵权赔偿的实践中，确定赔偿数额需要寻找依据，即一是专利权人遭受的实际损失，二是侵权人因侵权所获得利益，三是专利许可使用费的标准或专利转让收入。以上三个方面都可以帮助确定侵权赔偿数额。但是，在实际案件处理中，常常出现三方面均难以查到的情形，缺乏依据又不能因此放弃赔偿，只有规定法定赔偿数额。《专利法》第 65 条关于专利侵权法定赔偿的规定就体现了这一原则。

（4）惩罚性赔偿原则

惩罚性赔偿是我国从 20 世纪 90 年代已经引进的一项侵权赔偿原则，我国《商标法》也已经引入该制度。我国现在正在修订的《著作权法》和《专利法》（第四次修改）也拟针对故意侵权行为而实施一种新增的损害赔偿的法律制度。所谓惩罚性赔偿，是指侵权人实施侵权行为的性质被确定为主观故意、恶意侵权，给权利人造成的损失较大，依法要求侵权行为人赔偿，不仅要弥补给权利人造成的实际损失，而且要在实际损失基础上追加赔偿。

此原则区别于补偿性原则，其意义：一是补偿性原则作用有限。如果对故意恶意侵权人仅仅使用补偿性原则，对权利人的一般损失给予补偿，不仅不能起到威慑侵权行为人的作用，而且对权利人也是不公平、不合理的；二是功能大小有别。通过实行惩罚性赔偿原则，既可以充分补偿权利人的损失，又可以具有遏制侵权发生和惩治不法行为的功能；三是作用延及的时间范围的区别。民事侵权的损害补偿以侵权行为给专利权人造成的实际损失为目标，属于法律要求侵权人进行的恢复性赔偿，即侵权人将损害状态恢复到侵权损害前的程度。但惩罚性赔偿的实施，可以让意欲侵权者望而却步，起到事前防范的作用。

虽然专利侵权的惩罚性赔偿原则意义重大，但是，并非所有的侵权赔偿都适用于惩罚性赔偿。惩罚性赔偿的适用，主要是基于对侵权行为是否是出于主观恶性及其严重程度的综合考量，如果主观恶性程度及其所造成的后果都比较严重，就需要对侵权人进行超过实际损失的补偿和赔偿；如果侵权行为非主观恶性或故意恶性侵权造成的损失较小，还是主要适用补偿性原则。

（5）协议解决原则

在一些专利侵权案件中，因为此类案件既复杂又专业，证据收集十分困难，其他原则均难以在案件处理中发挥作用，所以，协议解决原则就成为专利侵权案件解决的重要原则。此原则，不仅效率高，而且应用普遍。不仅我国如此，即使在美国，大部分专利案件也都是协议解决的。

二、专利侵权惩罚性赔偿的法律特征

在英美法系中，作为专利侵赔偿的主要责任形式，惩罚性赔偿与公法层面的处罚、填平性赔偿等都存在重大区别。在此，主要分析专利侵权惩罚性赔偿及其法律特征。关于专利惩罚性赔偿的概念，其实就是把惩罚性赔偿原则引入专利法。本节主要探讨其法律特征，并进一步认识该原则在专利法适用中的本质。

（一）专利侵权惩罚性赔偿依然是民法赔偿原则

首先，实行民法中的惩罚性赔偿，不能代替行政处理和刑事处罚。一是面对专利侵权，专利权人首先可以选择追究侵权人的行政责任，请求知识产权局进行处理，其处理措施包括没收非法所得和罚款等；二是对于假冒专利的行为，不仅要依法追究侵权人的民事赔偿责任，对构成犯罪的侵权行为，还可能从维护公共利益出发，追究刑事责任，如判处罚金。三是将惩罚性赔偿原则引入专利法后，某一侵权行为有可能被同时追究民事、行政和刑事责任。

对某一专利侵权人追究民事、行政和刑事责任，是否属于重复处罚。对此问题，有不同的观点，而且世界典型国家也有不同的规定，英美是主要代表。在美国，当惩罚性赔偿与追究刑事责任同时存在时，确定惩罚性赔偿标准时主要以刑事责任为依据，如亚拉巴马州，在 Green oil co. vs. Horth America Inc. vs. Gore 一案的判决意见，都作为确定惩罚性赔偿标准的依据，被告承担的刑事责任可以抵消惩罚性赔偿的处罚。其他案件判决中，也都存在惩罚性赔偿金额与刑事处罚罚金的协调。[1]在英联邦国家，在刑事责任与民事责任同时存在时，一般先行追究刑事责任，待刑事诉讼结果产生后再进入民事诉讼程序。

可见，当司法机关在处理专利侵权问题时，如果同时适用刑事罚金、行政罚款以及惩罚性赔偿，那么三者应该是竞合关系还是聚合关系呢？在此可以分别考察，第一，如果确定为竞合关系，那么追究责任选其一执行，怎么选择？惩罚性赔偿通常由专利权人提起民事诉讼，赔偿金额支付给专利权人；如果实施罚金，应

---

〔1〕 陈聪富："美国惩罚性赔偿金的发展趋势—改革运动与实证研究的对峙"，载《台大法学丛刊》1997 年第 1 期。

该收归国库。虽然两种处罚都起到了处罚和威慑的作用，但是罚金是刑事制裁，惩罚性赔偿是民事救济。第二，如果确定是聚合关系，三种责任并行，即对侵权人的三种责任同时追究，互不代替。

综上分析，笔者认为，罚金是种刑事制裁的方式，即使将罚金上交国库，也不能对专利权人实施充分救济，对权利补偿作用有限。因此，即便是追究了侵权人的刑事责任与行政责任，也不影响惩罚性赔偿的适用。惩罚性赔偿作为一种救济方式，是基于侵权人的主观故意而设置的，不仅是侵权人对专利权人的民事责任，而且也是侵权人对国家和社会的责任。为了避免对侵权人实施过度制裁，惩罚性赔偿确定应该依公法处罚为依据。[1]

在专利侵权损害赔偿体系中，惩罚性赔偿的地位和作用自然是不言而喻。对专利侵权损害赔偿体系中，补偿性赔偿和惩罚性赔偿都是重要原则。一般专利侵权主要适用于补偿性赔偿责任，而故意侵权则适用于惩罚性赔偿责任，具体是在传统的补偿性的民事赔偿责任不能有效保护专利权人且不能有效惩治存在主观恶意的侵权人的情况下适用。一般损害赔偿是依据专利权人损失进行补偿，体现了形式上的正义；引入惩罚性赔偿，不仅有利于处理专利故意侵权问题，而且有利于实现实质正义。

（二）专利侵权惩罚性赔偿的"准罚金性"

1. 与填补性损害赔偿的关系

填补性原则是传统民法上的一般原则，而惩罚性赔偿是社会进步和价值追求多元化的产物，也是民事责任表现形式的例外。[2]第

---

〔1〕 杨双："专利侵权的惩罚性赔偿责任研究：兼评《专利法》第四次修改草案征求意见稿对第 65 条的修改"，天津师范大学 2014 年硕士学位论文。

〔2〕 杨双："专利侵权的惩罚性赔偿责任研究：兼评《专利法》第四次修改草案征求意见稿对第 65 条的修改"，天津师范大学 2014 年硕士学位论文。

一，惩罚性赔偿是专利侵权赔偿的重要承担方式，其处罚力度大于补偿性赔偿原则。第二，补偿性原则的实施仅仅为了补偿侵权损害，具有填补性，最高补偿就是专利权人的损失；而惩罚性赔偿具有"准罚金"的性质，其具体赔偿金数额不应仅限于专利权人损失。第三，惩罚性赔偿虽然与补偿性赔偿都是侵权损害赔偿原则，但惩罚性赔偿原则并不能独立存在，必须以补偿性原则为基础，[1] 当补偿性原则适用并确定赔偿数额后，以此为依据，通过选择倍数确定惩罚性赔偿的数额。

2. 与许可使用费合理倍数、法定赔偿的关系

专利侵权赔偿有三种方式，即侵权收入、被侵损失和法定赔偿。前两种方式因为没有证据，一般采纳专利许可使用费的合理倍数作为赔偿标准来确定；法定赔偿是司法实践中，法官依据双方争辩行使自由裁量权。有学者认为，许可费的合理倍数和法定赔偿具有惩罚性。[2] 有资料显示，在具体的专利侵权司法判例中，侵权方都被判赔付两倍于专利许可使用费的金额，这样的赔付比例和倍数是否是惩罚性在侵权赔偿中的体现呢？[3] 是否超越了补偿性赔偿原则呢？

不可否认，在确定许可费倍数和法定赔偿时，考虑的因素有以下几点：一是专利权价值评估的科学性，不仅包括对专利现有价值的评估，而且包括专利的预期价值，即专利权人的竞争优势；二是所侵犯的专利类型、侵权性质和侵权情节轻重。总之，专利许可使用费的倍数赔偿和法定赔偿都属于补偿性赔偿。其结果就

---

〔1〕 谢哲胜："惩罚性赔偿"，载《台大法学论丛》2001 年第 1 期。

〔2〕 参见《最高人民法院关于审理侵犯专利权纠纷案件应用法律若干问题的解释》第 20 条第 3 款和第 21 条的规定。

〔3〕 易健雄、邓宏光："应在知识产权领域引入惩罚性赔偿"，载《法律适用》2009 年第 4 期。

是惩罚性赔偿的计算基数。

（三）专利侵权惩罚性赔偿的限制性

英美法系国家基于保护专利权人的合法权益，在司法判例中实施惩罚性赔偿。但是，惩罚性赔偿也不是绝对的，对其进行合理限制也十分必要。其限制主要表现在：

1. 适用范围上的限制

惩罚性赔偿作为民法上赔偿原则的例外，其并非一种普遍适用侵权损害的赔偿方式。[1]就其效力考察，惩罚性赔偿是一把双刃剑，一方面其实施强化了专利保护的力度，对意欲侵权人施以更大的威慑；另一方面，此加重处罚必然加重了企业的侵权成本，一些科技型中小企业甚至面临灭顶之灾。虽然我国从 2011 年开始已经成为专利申请大国，但毕竟不是专利强国，核心技术还掌握在发达国家跨国公司手中，因此，将惩罚性赔偿限制在一定的范围内十分必要。

2. 证据标准的限制

相较于一般的民事赔偿责任形式，惩罚性赔偿仍是一种不常采取的特例，因此，对专利惩罚性赔偿的证据标准做出了限制：

第一，证据标准的基础仍然以一般民事赔偿原则为基础。①专利权人关于补偿性赔偿的请求，专利权人必须证明被告专利侵权行为的客观存在，其举证分配责任适用于《专利法》的相关规定；②适用于民事诉讼中的"不告不理"原则。

第二，如果专利权人请求惩罚性赔偿时，按照侵权责任法规定原告举证原则，由原告提供证据证明被告主观上存在故意。

第三，惩罚性赔偿的责任与一般的民事责任的区别在于其具

---

〔1〕　许明月："资源配与侵犯财产权责任制度研究—从资源配的效果看侵犯财产权事责任制度的设计"，载《中国法学》2007 年第 1 期。

有"准刑罚"性，关于因果关系的证据必须具备"清楚而具说服力的证据""刻意漠不关心他人的权利而为不法行为"的要求。所谓"清楚而具有说服力"，是指该证据足以认定被告的不法行为属于对待他人专利权漠不关心。所谓"刻意漠不关心他人的权利而为不法行为"，是指被告实施侵权行为时故意对于他人专利权不予关注。[1]比如对专利侵权人的主观故意，原告必须举出有说服力的证据，证明被告属于明知专利权存在或故意实施专利侵权的可能性，而不属于被告的一般性疏忽。可见，我国专利侵权惩罚性赔偿证据的标准高于民事责任的证据要求。

3. 程序上的限制

基于惩罚性赔偿是对专利侵权人加重惩罚，因此，法律上从程序上对专利权人维权提供了保障，也为被告行使抗辩权提供了合法救济途径。在司法程序适用上，专利侵权的惩罚性赔偿只能适用于诉讼程序，而不能通过行政处罚和仲裁确定惩罚性赔偿。其理由如下：

第一，在一般民事纠纷处理中，依靠仲裁方式不仅程序简便，而且效率较高，裁决结果有效性强。但是，如果适用于惩罚性赔偿，就可能面临较大的风险。如果依据仲裁处理惩罚性赔偿，有可能阻却惩罚性赔偿制度的适用。

第二，专利侵权惩罚性赔偿是否适合行政处理程序，专利管理机关作为专利侵权的认定主体和专利侵权赔偿的调解主体，是否可以保证惩罚性赔偿的顺利实施？《专利法》第四次修改征求意见稿，赋予专利管理机关关于惩罚性赔偿数额的判定权，但是有学者对此持质疑态度，认为在程序法的适用上，应仅限于诉讼

---

〔1〕 关淑芳：《惩罚性赔偿制度研究》，中国人民公安大学出版社 2008 年版，第131页。

解决。

第二节 专利侵权惩罚性赔偿的理论依据

笔者希望通过对该法律制度的伦理学基础、民法学基础和经济学基础的分析，探讨制度存在的正当性。

一、专利侵权惩罚性赔偿的伦理学基础

（一）法律制度的伦理基础是正义

道德作为法律的底线，其伦理学基础莫不是以法律在道德上的正当性为核心内容。其正当性主要表现在正义，正义的法律才是良法，法律失去了正义，就失去了存在的基础。什么是正义？[1]曾经引发多学科的争议，各个学科都从自身角度给予了定义。柏拉图认为，"正义的本质是最好与最坏的折中"。[2]而作为其精神和思想衣钵的传承人，亚里士多德却有着不同的认识，认为"正义的行为包括真正的正义和对非正义的矫正"。具体来讲，一是要求

---

[1] "公平""正义""公正"既是价值观念，也是政策选择和制度安排，还是道德信条和行为准则；它们实际处于不可分割的联系之中，各自反映着不同层面的价值属性。中世纪经院哲学的哲学家和神学家圣托马斯·阿奎纳（Thomas Aquinas）认为正义是"一种习惯，依据这种习惯，一个人以一种永恒不变的意志使每个人获得其应得的东西"；瑞士神学家埃米尔·布仁尔（Emil Brunner）认为："无论是他还是它只要给每个人以其应得的东西，那么该人或该物就是正义的；一种态度、一种制度、一部法律、一种关系，只要能使每个人获得其应得的东西，那么它就是正义的"；有学者从英文角度来解释，指出正义是 Justice，侧重于价值观；公平是 Fairness，侧重于尺度。就国内来说，"公正""正义"和"公平"都可以翻译为"Justice"，没有任何区别。当然，也有学者认为"Fairness"更多地是指具体游戏规则的公平，而"Justice"则主要表现在理性层面上。在英文里面，"平等"则是"Equality"，意即均等、等同、均一、平均，这一般没有太多的异议。

[2] 柏拉图，郭斌和、张竹明译：《理想国》，商务印书馆 1986 年版。

正义必须是通过物质层面的利益以及精神层面的荣誉的分配上来体现正义的；二是针对平等主体间的私人交易发挥矫正作用的正义，在此意义上交易包括自愿和不自愿两种形式。[1]依照亚里士多德关于分配正义和矫正的正义之观点，如果社会资源在分配中出现不公正问题，就需要通过矫正，重新完成利益的分配。[2]

而报应主义的主要观点是，基于某种行为中付出与回报的对等即为正义，正义是一种善行，非正义自然就是一种恶行。[3]因此，伸张正义就是惩恶扬善。张文显教授认为，正义主要体现在社会体制公正以及基本社会结构构成的正义。[4]所谓社会基本结构，内容多元，既包括政治、法律和文化制度，又包括道德因素等。[5]"正义"最基本的内容就是道德上的"善"，既包括资源分配上的合理性、适度性和利益平衡，又体现了行为的合理性及与后果的对应。因此，通过公平正义理论来检验和论证惩罚性赔偿制度本身的合理性，也符合伦理学意义上关于正当性的普遍原则。那么，正当性原则在《专利法》中的具体适用：一是体现在专利权是一种私权，是专利权人基于发明创造成果的权利，依据正当性原则，理应依法受到保护，未经专利权人许可又无法定事由实

---

〔1〕［古希腊］亚里士多德，廖申白译：《尼各马克伦理学》，商务印书馆 2003 年版，第 143 页。

〔2〕 现实社会中人们追求的首要价值是公平和公正，因为这是每个人看得见摸得到的"应得"。但是社会中的人又是千差万别的，这就需要用正义原则加以校正。当所确立的社会规范模式或社会制度基本上是公平的时候，正义作为一个原则起保护这一秩序的作用；当现存的秩序是不公平的时候，正义就成为一个要求社会变更的改革原则。因此，公平总是相对的、有条件的和历史的，而正义恰是处理从公平到不公平再到新的公平的矛盾运动过程的基本原则和价值指向。

〔3〕 王海明：《伦理学原理》，北京大学出版社 2009 年版，第 207 页。

〔4〕 张文显：《法哲学范畴研究》（修订版），中国政法大学出版社 2009 年版，第 203 页。

〔5〕 王佳："专利侵权惩罚性赔偿制度研究"，天津商业大学 2015 年硕士学位论文。

施专利，将被视为侵权，依法被追究侵权责任；二是其正当性体现在合理平衡专利权人和社会公众之间的利益平衡，即当专利权人滥用专利权，对公共利益或专利合法使用人的利益造成损害时，将依法对专利权进行限制。

（二）公平正义是立法宗旨

任何法律制度的构建都必须以正当性为依据，专利侵权损害赔偿制度也一样，需要以其存在的正当性为基础。专利侵权行为是一种不当行为，其损害后果必然有违公平正义的要求，冲击分配正义。对此问题，法律决不能听之任之，需要通过法律规定来矫正侵权行为中的非正义性。可见，公平正义的立法宗旨如何在惩罚性赔偿法律制度中具体体现：一是要科学界定侵权行为是否存在，通过构成专利侵权行为的构成要件去判断，这是实施赔偿的基础；二是确定侵权行为的损害后果，这既是确定赔偿数额的依据，又是公平正义的体现；三是专利侵权损害赔偿制度属于事后救济制度，虽然大陆法系国家提出并实施了"完全补偿原则"，但是由于确定赔偿数额难度较大，因此是否能够实现完全赔偿尚具有不确定性，即使达到了完全赔偿的效果，也难以是侵权人吸取教训，因此，专利侵权惩罚性赔偿制度具有矫正侵权的作用。[1]

我国侵权责任法的基本功能是填补损害和预防损害，而且预防功能应该是主要的。[2]由此及彼，专利侵权赔偿制度的正义性：一方面，充分救济专利权人的损失，依法恢复原有状态；另一方

---

〔1〕 我国现行《专利法》的规定，专利侵权案件的损害赔偿遵循下述原则：专利权人的实际损失、行为人的侵权获益、专利权许可使用费的合理倍数、100 万元以下法定赔偿，四种方式有序行使，即只有在前者无法确定时，才得适用后者，体现的是补偿性赔偿原则。

〔2〕 ［德］马格努斯：《侵权法的统一：损害与损害赔偿》，法律出版社 2009 年版，第 272 页。

面，基于维护社会公正，对故意侵害专利权行为，如果仅适用补偿原则，难以实现对非正义的矫正，必须引入惩罚性赔偿，才能充分发挥侵权赔偿领域内的最根本的立法宗旨性的"实质公平"原则的作用。

（三）专利侵权惩罚性赔偿能够实现公平正义

将惩罚性赔偿引入专利法，不仅使实际赔偿超出了专利权人的实际损失，而且超出了专利侵权人因侵权所获收入。那么，此引入是否符合正当性的标准，引发了学术界的争论。有学者观点持否定态度，认为一旦将惩罚性赔偿制度引入我国《专利法》，那么专利权人势必会获得远远超出其实际损失的赔偿数额，其不当得利违背了正当性。笔者则不敢苟同，我国在专利法中引入侵权惩罚性赔偿制度，不仅符合道德上的正当性，而且恰恰实现了社会公平正义，其理由：

第一，伦理学上的公平正义具有相对性，绝对的公平正义是不存在的。[1]对专利侵权的非正义，如果实施等价赔偿原则，不仅难以对侵权行为起到预防的作用，而且有可能使侵权人以教训换经验，势必不能使专利侵权遏制。惩罚性赔偿补偏救弊，符合人类正义观。[2]

第二，专利权具有私法与公法保护的双重属性，其双重属性

---

〔1〕 这符合马克思主义的公平观的主要思想，首先，站在历史唯物主义的立场上，指出公平是具体的，具有历史性和相对性；其次马克思认为公平是由生产方式决定的，由生产方式决定社会公平；第三马克思认为消灭剥削阶级，消除阶级社会是实现公平的根本方式；最后马克思认为共产主义社会是公平的最终归属。

〔2〕 从逻辑学的角度讲，绝对的东西很难实现，"过犹不及"的事例到处可见；而相对的东西比较符合实际，只要在矛盾双方之间达成一个相对公平合理的平衡，才能取得双赢的效果，从而促使本来陷入矛盾的事情向着良性的方向发展。坚持"实质公平"原则，惩罚性赔偿法律制度才能同时兼顾保护专利权人的利益，同时惩前毖后，通过惩罚侵权行为人来对于潜在的侵权行为起到有效地遏制。

主要体现在专利权限制的规定中，如强制许可制度、专利先用权制度、专利权用尽制度及法定许可使用制度等，这些无不是基于维护社会公共利益所做出的限制规定。可见，专利法不仅着力保护专利权人的利益，而且专利侵权有损公共利益，这些规定同样适用于对专利侵权行为的矫正。

第三，专利侵权可以划分为过失侵权和故意侵权，而且两种侵权性质迥异，如果实施同样的侵权救济措施，显然有失公平。对过失侵权采用补偿性原则，对专利权人的损失予以救济，符合正当性。但是，对于故意侵权、恶意侵权仍然采用补偿性原则，显然又不符合公平正义的要求。因此，对主观恶性的故意侵权，适用惩罚性赔偿，不仅合乎伦理，而且还反映了该制度本身在伦理层面的正当性。

二、专利侵权适用惩罚性赔偿的民法学基础

大陆法系对公法和私法具有严格区分，民法学适用于平等主体之间关系的调整，而惩罚性措施属于公法任务。那么，专利侵权惩罚性赔偿制度是否以民法学为基础，[1]在此，笔者试通过以下几个方面进行分析。

（一）侵权责任法突出预防作用

侵权法的预防作用，是指依据侵权法确定侵权人承担民事责任，以此防止侵权行为的再次发生，从而引导人们自觉维护法律

---

〔1〕《中华人民共和国民法通则》第4条规定，民事活动应当遵循公平原则。而外国民事立法对公平原则大多有明文规定：例如，《法国民法典》第1135条规定，契约不仅对其中表述的事项具有约束力，而且对公平原则、习惯以及法律依其性质赋予债的全部结果具有约束力。《德国民法典》第315条第1项和第317条第1项规定，给付应由合同的一方或者给付第三人确定的，有疑义时，必须认为是依照公平裁量确定的。

的严肃性，维护正当的市场和经济秩序。[1]为此，我国《侵权责任法》开门见山，规定了立法目的，[2]通过对侵权责任的规定，以预防侵权行为的发生。虽然追究侵权责任的形式多样，但本法预防功能的体现是追究损害赔偿责任。

损害赔偿是侵权行为人向被侵权人予以合理的经济赔偿，在民事侵权责任中处于重要地位。但对于具体侵权赔偿方式的选择，笔者认为：

首先，对于过失侵权，即侵权人并无主观恶意地侵犯了专利权，根据调查核实，情况属实、情节较轻且造成影响不是特别严重的，应该适用补偿性赔偿责任，来体现侵权责任法的预防功能，主要是基于：第一，过失侵权的前提是专利侵权人非主观故意或恶意侵权。有学者认为，专利侵权人将非法所得全部支付给专利权人，可以说已经血本无归，足以惩罚其侵权行为，对侵权人来说已经是灾难性的打击；第二，侵权人过失侵权属于一般侵权行为，不是明知侵权却铤而走险，因此，实施补偿性赔偿足以使侵权人接受教训，起到了预防再次发生侵权的作用。第三，侵权人面对因侵权而"劳无所获"，又非主观意愿，已经痛心疾首，适用补偿性赔偿责任，已经对意欲侵权者起到了警示作用。

其次，补偿性赔偿责任的效力也有微不足道、难以保障公平正义的情况，即出现故意甚至恶意侵犯专利权的行为，就需要对侵权行为实施一方加重处罚才能使侵权法的预防功能发挥作用，理由如下：第一，侵权人明知将实施的技术是法律保护的专利技术，为了达到自身目的，仍主动地实施侵权行为，故意实施专利

[1] 王利明、周友军、高圣平：《中国侵权责任法教程》，人民法院出版社2010年版，第85页。
[2]《中华人民共和国侵权责任法》第1条明确规定："为保护民事主体的合法权益，明确侵权责任，预防并制裁侵权行为，促进社会和谐稳定，制定本法。"

技术，因主观原因构成了专利侵权行为，同时侵犯了他人的合法权益；第二，故意侵权属于目的明确的侵权行为，其目的就是为了获得非法收入，在目的方面明显区别于过失侵权；第三，故意侵权属于隐蔽性的侵权行为，因为侵权的主动性，所以侵权人事先就考虑如何通过隐匿或毁灭证据以逃避法律的监督，隐蔽性十分强，在产品投放市场之前不易被发现。鉴于此，如果对此类侵权人仅追究补偿性赔偿责任，很难起到威慑和惩戒的作用。此时，对故意侵权、恶意侵权、严重侵权的专利侵权行为，迫切需要引入惩罚性赔偿原则，具体到司法实践中，对于严重侵犯专利权的行为人，除了要依照完全补偿原则承担赔偿责任外，还应该承担惩罚性的赔偿数额。笔者研究认为，只有对侵权人予以经济惩罚，才能防止侵权行为的发生。由此可见，在专利侵权赔偿制度构建中，只有引入惩罚性赔偿，才能发挥侵权责任法要求的预防功能。

（二）专利权兼具私法与公法属性

关于专利权的法律属性，即财产权和私权，在世界各国立法上基本一致。在 TRIPs 协议的序言中明确指出，知识产权属于私权。这一规定已为各成员国所认可，我国作为成员国之一当然概莫能外，从《专利法》颁布实施以来，专利权一直作为民事立法层面独立的民事权利得到保护，我国的《民法通则》也专门对"知识产权"[1]的法律属性、确认原则、保护措施等作出了规定。然而，专利权虽然是一种民事权利，但与民法意义上的传统私权比较有其特殊性：一方面，传统的财产权，或与生俱来，天然享有，或因劳动创造的成果而享有该成果权，以上权利的享有不需要法定条件的规定，但是，专利权并非发明人完成发明创造就可

---

〔1〕 中华人民共和国《民法通则》第五章第三节"知识产权"，包括第 94、95、96 和 97 条，其中第 95 条规定："公民、法人依法取得的专利权受法律保护。"

以享有专利权，还必须通过申请、公开技术特征和审查通过才能获得专利权；另一方面，传统的私权，无论是转让还是权利消灭，都不会影响社会公众利益，因此，国家法律、政策等都不会多加干预，而专利权从产生到实施，从许可使用到权利终止，从转让到权利无效宣告等，每一次行为，专利存在形态的每一次变化，都会影响到专利权人、专利使用人和社会公众甚至国家的利益，因此，国家在专利权申请、保护、应用和限制等方面都有制度安排。可见，专利权既具有私权属性，同时又具有社会属性。

专利权的社会属性，客观上要求专利侵权赔偿制度的设计时考虑社会整体利益。大陆法系国家曾经排斥将惩罚性赔偿引入专利法，但是因为考虑到专利权的社会属性，为了保护社会大众利益，部分国家逐渐接受了专利侵权惩罚性赔偿的观点。我国在产品质量法和消费者权益保护法的制定中，就体现了维护社会整体利益的导向性。

由此可见，在我国现行《专利法》中引入惩罚性赔偿法律制度，不仅可以加大力度来追究专利侵权行为人的侵权责任，而且还能提升对专利权人合法利益的保护力度，同时维护了公共利益。因此，惩罚性赔偿的功能和作用符合维护重大社会公共利益的初衷和目的，这也为我国引入该法律制度提供了又一正当性基础。

（三）仅依据私法难以充分保护专利权

专利权作为知识产权，对其保护较之于传统财产性权利更容易被侵犯，同时具有保护难度大、难以举证、诉讼周期长等特点，仅依靠民法的救济途径难以使专利权得到充分的保护。之所以说专利权具有难保护性，是因为：

第一，专利权存在易侵犯性。专利权的客体是发明创造，是发明人具有创造性的智力劳动成果。一是专利作为一种技术方案，易复制、易传播、难控制；二是发明人按照专利法规定，如果要获得专利权，就必须公开专利技术，这一公开的程度是足以让同领域的普通技术人员顺利实施，也为侵权提供了方便；三是在专利权人难以顾及的地域实施专利技术，又具有侵权的难发现性。

第二，在专利侵权中，客观上存在侵权成本低，非法利润较高，势必助长专利侵权。在专利权授予条件中，公开专利技术是最基本的条件。因此，专利侵权人获得专利技术相当容易，只要属于同行业技术人员，获得专利技术就具备了实施专利技术的条件。专利侵权人不需经历研发过程，不需要进行研发投资，也不需要支付许可使用费，直接实施专利技术，自然成本低廉，甚至获得了无成本的专利技术。一旦实施侵权，其产品成本也低于专利权人或许可使用人，其不当得利如果难以制止，则会严重侵犯专利权人利益。

第三，举证难也是制约维权的重要因素。一是专利侵权人的侵权情况通常会处于保密状态，不可能自我暴露，公之于世，相反会采取措施，因此侵权具有较高的隐蔽性；二是由于专利侵权产品的销售地域的特殊性，专利权人一般难以发现侵权专利产品的存在，甚至不可能发现，这就为专利侵权的持续性提供了可能。三是即使在市场上发现了专利侵权产品，也难以取得专利产品的销售量、销售利润，这也给赔偿数额的确定带来困难。举证故意侵权的难度更大。在此情况下，如果经过法院判决，专利权人仍然难以得到充分赔偿，专利侵权人不能得到应有的惩罚，专利侵权行为是不能得到遏制的。为了有效惩罚专利侵权行为，我国迫切需要引入惩罚性赔偿制度。

（四）专利权的公法保护不足

传统财产权的保护，在我国不仅适用于民法，也可以通过刑法、行政法进行保护。适用于行政法、刑法保护的条件，主要在于侵权行为超出了民法可以规制的界限。如出现了盗窃和非法侵占等，就构成刑事犯罪。针对专利侵权，虽然对假冒专利行为纳入了《刑法》规制，但是，在假冒专利之外还存在更多的侵权行为，这些行为中，对于过失侵权可以适用于补偿性赔偿，但对于存在主观恶意的故意侵权如何处理？从立法价值和取向看必须做出选择，一方面，扩大我国《刑法》的适用范围，将故意侵权也纳入《刑法》进行规制，另一方面，在现行民法规定侵权赔偿中加大力度，引入惩罚性原则。选择《刑法》规制存在问题，因为专利即使在有效期，依然存在不确定性，法律赋予任何人可以提请专利无效的宣告。如果适用《刑法》对严重侵权行为人施以刑事处罚，而后又宣布了专利无效，将势必面临法律困境，因此，对专利侵权人的处罚不能扩大刑法适用范围。有学者观点：基于实用新型专利和外观设计专利没有规定实质审查条件，加大了专利有效的不确定性，我国暂不对专利侵权的刑事责任作出规定是合理的选择。[1]

针对专利侵权，如果扩大刑法适用范围不能实现，那么，可否通过行政保护体现公法保护的效力呢？从行政执法现实看，笔者认为仍然难有好的效果：一是行政机执法人员的执法水平不高，很难应对专利侵权的专业性强、侵权认定的复杂性，还容易出现执法不公的问题；二是专利行政机关职能有限，目前所具有的调解效力、行政处罚效力十分有限，实际效能自然难以保证专利权人的权益；三是专利行政执法机关虽然具有没收非法所得、行政罚款等手段，但并不能使专利权人获得相应的经济补偿，势必压制专利权人维权的积极性，仍然不足以解决公法保护不足的问题。因此，在处理专利侵权判例时，部门法律的相对独立性以及公法

---

[1] 王迁：《知识产权法教程》（第2版），中国人民大学出版社2009年版，第384页。

保护力度难以从本质上遏制侵权行为发生，再一次证明引入侵权惩罚性赔偿制度到《专利法》中的正当性。

综上所述，专利权与传统财产权相比属于一种特殊的民事权利，因此，对于此特殊权利，应该允许在传统民法理念之外创设一种特殊的保护制度。可见，专利侵权惩罚性赔偿制度与民法体系不仅不存在冲突，而且具有互补性。[1]基于此，笔者认为专利侵权惩罚性赔偿制度在民法领域立法层面是具有正当性的。

三、专利侵权适用惩罚性赔偿的经济分析

如果从经济学角度对专利侵权惩罚性赔偿制度进行理性分析，首先，假设专利权主体具有经济理性，都以最大利润为最高追求目标。专利侵权人在选择侵权目标时，对侵权成本和侵权获利进行了比较分析，选择侵权之前已经确认侵权获利大于侵权成本。专利权人面对侵权也要分析维权成本和获得赔偿，试图通过诉讼途径挽回损失。

（一）侵权行为人的侵权成本

所谓侵权成本，即侵权行为实施人实施侵权行为所要付出的代价、产生的费用，包括：获得专利的成本、实施侵权的机会成本和因侵权收到的赔偿及惩罚性赔偿。获得专利的成本是指专利侵权人结合自身实际，查询、收集和分析专利技术资料的费用，有学者认为此成本可以忽略不计，但这笔费用是客观存在的。实施侵权的机会成本是指专利侵权行为人在实施该专利的同时必然错过其他机会，如投资了侵权专利占用了包括资金在内的资源，就会丧失其他投资机会。侵权赔偿也即惩罚成本，是指一旦专利

---

〔1〕　徐瑄："关于知识产权的几个深层理论问题"，载《北京大学学报（哲学社会科学版）》2003年第3期。

侵权行为被控告，专利侵权人必然受到侵权赔偿的处罚，如民法赔偿。关键是惩罚成本具有必然性和偶然性，虽然前两种成本构成必然发生的成本，但所有的侵权行为并不都存在必然的惩罚成本，这具有较强的偶然性。如果侵权行为不被发现或不被专利权人追究，专利侵权成本极低。可见，只有提高偶然成本，才能保证较高的侵权成本。如何提高侵权行为实施人的侵权成本以期有效遏制侵犯专利权的行为，可供选择的方式只有两种，一是引入惩罚性赔偿原则，提高赔偿标准；二是基于赔偿标准的提高，支持专利权任依法维权的积极性，从而提高专利侵权起诉的机率。

（二）专利权人的维权成本

在专利侵权行为发生后，专利权人是否选择提起诉讼，一个重要的考虑因素就是维权成本的高低。专利权人的维权成本，主要由诉讼成本和时间成本两部分构成。

1. 时间成本

鉴于目前司法机关在处理专利侵权诉讼的周期普遍较长，专利权人往往总会遭遇"赢了官司却输了市场"的窘迫和无奈。在专利侵权上的快速反应与侵权诉讼中漫漫长路形成了鲜明的对比。如宁波燎原灯具公司，2003 年 3 月获得一项道路用灯的外观设计专利，同年 6 月市场就出现了侵权产品，侵权速度之快让专利权人始料不及。[1]虽然原告及时进行了起诉，但几经举证、确认的周折，当法院作出判决时，该专利产品已经进入淘汰期。十分典型的赢了官司输了市场，造成了难以弥补的时间成本。时间成本的硬性因素很多：一是专利法的特殊性和专利的不确定性使侵权案件在审理上旷日持久，专利侵权人可以依法多次请求宣布专利无

---

〔1〕 童兆洪：《民营企业与知识产权司法保护》，浙江大学出版社 2016 年版，第 60 页。

效，使案件拖沓许久而难以裁决；二是专利侵权举证困难，通常举证过程费时费力，加上法院对证据的确认，也加大了时间成本；三是随着科技发展，技术更新速度加快，专利及产品的实际有效期逐步缩短，也使时间成本增大。

2. 诉讼成本

专利权人面对侵权怠于诉讼或放弃诉讼的重要原因就在于诉讼成本偏高。主要表现在：一是举证困难，自己难以取证时，多数时候需要聘请律师事务所或公证处人员参与取证，律师费、公证费、旅差费不一而足，所花费的费用居高不下；二是专利侵权的隐蔽性又源源不断地给取证制造难度，又加大了诉讼成本；三是个别审理法院法官素质不高、作风拖拉，甚至"非礼不理"，制造麻烦，进一步加大了诉讼成本；四是现实中由于举证困难、赔偿额度难以精确计算，对专利权人的实际损失难以完全补偿，也相对地加大了诉讼成本，实践中就形成了"赔钱胜诉"的现象。专利权人面临诉讼周期长、取证困难、赔偿不足等诸多问题，[1]因此，当专利权人的遭遇专利侵权后，往往会首先权衡利弊和综合考虑因侵权行为而遭受的损失、维权所需耗费的成本以及维权成功所能获得的实际补偿，只有当维权所获得的补偿明显大于侵权损失和维权成本，权利人才会寻求司法途径来维护自身合法权益。

3. 惩罚性赔偿制度对当事人决策的影响

笔者以下将通过一个模拟分析来探究惩罚性赔偿法律制度对于专利侵权行为人以及专利权人的影响：假定某专利侵权人侵权成本 100 万元，专利侵权收益 500 万元，与此对应，给专利权人造

---

〔1〕 和育东、贺永胜："知识产权侵权引入惩罚性赔偿的经济理性"，载《北京化工大学学报（社会科学版）》2012 年第 3 期。

成损失 500 万元。按照偶然成本原理，如果专利侵权行为被确认、侵权损失需要赔偿的概率 40%，那么按照补偿性赔偿原则，专利侵权成本的结果为：100 万元+500 万元 * 40% = 300 万元。可见，专利侵权人虽然受到侵权赔偿的判决，但他仍然存在收益，其侵权获利：500 万元-300 万元-100 万元 = 100 万元。值得一提的是，并非所有的专利侵权都可以被发现或被追究责任。这就是专利侵权面积不断扩大、屡禁不止的原因。

如果在上述分析中引入惩罚性赔偿制度，专利侵权人不仅要承担补偿性赔偿责任，而且要承担加重惩罚。[1]在此，假如法院确定的惩罚性倍数为 2 倍，那么专利侵权人实际赔偿的结果：500 万元 * 40% * 2 = 400 万元；专利侵权人侵权成本即为：100 万元+400 万元 = 500 万元。从上述结果看，专利侵权人面对此入不敷出的经营结果，必然不会选择其行为模式。

对于专利权人而言，其是否选择维权取决于维权的收益是否可以抵偿维权成本，如果收益大于成本，自然作出维权的选择。保护专利权人的利益是《专利法》的立法目的之一，其主要手段是通过对专利侵权人的惩罚以达到保护专利权人的目的。诺贝尔经济学奖得主加里·贝克尔（Gary S. Becker）早在 20 世纪中期就曾提出一个富有哲理的观点，他认为：侵权人受到法律制裁和法律制裁力度之间存在着一定的替代性。[2]适用惩罚性赔偿制度，不仅提高保护水平，加大惩罚力度，而且通过加大侵权成本，从根本上遏制了专利侵权的发生。

---

〔1〕 郑谦："论惩罚性赔偿在我国知识产权领域实行的可行性——以著作权法为例"，载《法制与社会》2011 年第 34 期。

〔2〕 Becker. G, "Crime and punishment: an economic approach", *Journal of Political Economy*, (1998), p. 60.

四、我国相关理论研究为研究专利侵权惩罚性赔偿提供了理论指导

(一) 我国相关理论研究的主要观点和存在不足

目前，一些国内专家学者们对于专利侵权惩罚性赔偿的问题也进行了相关的理论研究，有学者指出，我国专利法领域现行侵权赔偿原则主要体现了补偿性，与现实专利侵权行为普遍存在相比，保护不力、惩罚不力的问题显现，有必要引入惩罚性赔偿制度，合理确定可惩罚性的适用条件和倍数等，以最大限度地发挥制度优势[1]；亦有学者通过结合经济学原理，进一步研究针对专利侵权的惩罚性赔偿法律制度，根据专利权存在的特殊性，从分析专利侵权行为的特点入手，分析构成故意侵权的动机，为确定是否适用于惩罚性赔偿提供依据，并提出了我国构建专利侵权惩罚性赔偿法律制度的设想[2]；另有一些学者，在梳理 TRIPs 协议以及英国、美国等英美法系国家，德国、法国、日本等大陆法系国家立法和司法实践经验的基础上，认真总结了其对我国的启示，提出了我国应该借鉴的意见[3]。有一些域外学者，详细阐述了惩罚性赔偿的适用条件以及赔偿金的计算方法等问题[4]。

国内外对于该制度的理论研究，主要存在以下观点：第一种观点，作为诞生于英美法系的专利惩罚性赔偿法律制度，突出关

---

[1] 陈燕萍："知识产权领域惩罚性赔偿制度的中国式选择探析"，载《科技与法律》2012 年第 5 期。

[2] 祝建辉、缪小明："专利侵权适用惩罚性赔偿制度的经济分析"，载《情报杂志》2006 年第 11 期。

[3] 何培育、曹珂："两岸专利侵权法律责任的比较与借鉴"，载《科技管理研究》2009 年第 9 期。

[4] 邢娜："论我国专利侵权惩罚性赔偿制度的构建"，华南理工大学 2014 年硕士学位论文。

注的是该制度的震慑和威胁功能,但是,大陆法系国家针对侵权的救济,主要强调公平确认侵权损失、合理补偿损失与恢复侵权前状态。因此,学界否认在民法责任中引入惩罚性赔偿,认为其缺乏法理基础,大陆法系国家没有将惩罚性赔偿写入法律正是这一观点的体现[1]。第二种观点,在经济全球化发展的大势所趋下,大陆法系和英美法系的融合大于区别,其立法理念、司法规则正在不断渗透,因此,大陆法系国家虽然没有进行专利侵权惩罚性赔偿的立法,但是在司法判决中,我们依稀可见惩罚性赔偿的影子。第三种观点,认为在专利法领域,补偿性赔偿已经不能维护专利权人的合法权利,难以发挥制止侵权、震慑侵权的作用,只有引入惩罚性赔偿原则,才能使专利保护制度更加完备。第四种观点,认为惩罚性赔偿毕竟是专利侵权赔偿的例外情形,因此,惩罚性赔偿的适用存在着严格的前提条件和适用范围。

目前,国内学者对域外专利侵权惩罚性赔偿及其制度的研究,从无到有,从少到多。笔者对现有的文献包括学位论文、期刊论文、课题报告、相关著作等进行了查阅,发现以"惩罚性赔偿"为选题的博士、硕士研究生学位论文屈指可数,且主要是针对制度本身的研究,还没有专门以"专利侵权惩罚性赔偿"为研究对象、同时充分借鉴域外两大法系国家和地区法律规定及适用经验的博士学位论文。

现阶段国内研究现状,关于民事侵权赔偿责任问题的理论研究尚显不足,比如对于惩罚性赔偿制度有利于大陆法系国家之外的深层次原因探析不足、对于惩罚性赔偿的性质和功能认识普遍不一致,他们仅从逻辑发展层面研究,认为惩罚性赔偿这一法律

---

[1] 朱丹:"知识产权惩罚性赔偿制度研究",华东政法大学 2013 年博士学位论文。

制度之所以源于英美法系、在英美法系经过不断发展而普遍适用，是由两种法系的异同决定的，英美法系更加认可该法律制度的威慑作用能够起到很好的衡平效果，而大陆法系奉行公平原则，故而认为无差别、无例外地适用惩罚性赔偿会产生其他法律以外的后果和作用。另外，他们对于大陆法系国家引入惩罚性赔偿法律制度的正当性和必要性的研究亦不深入，对于适用针对侵权惩罚性赔偿法律制度的前提条件，现有研究多是针对民事侵权以及笼统提及知识产权侵权，并没有具体到专利侵权，更没有对专利侵权的认定等具体问题进行深入的进一步研究；当前主要对引入该法律制度持否定意见的专家学者普遍认为，这一法律制度与传统民事侵权赔偿责任的填平原则的基本价值理念相违背，这一法律制度的引入，甚至会使民事法律关系与行政法律关系以及刑事法律关系产生混淆，毕竟惩罚功能一直是行政法以及刑事司法领域的内容，存在于私法层面是一种极大的挑战。

再者，当前结合我国国情的侵权惩罚性赔偿的法律制度构建的建议和设想也存在可实际操作性等方面的不足，正如前文的文献综述部分的陈述，很多学者的学术研究成果是理论层面的分析和比较，尤其对于侵权惩罚赔偿的度量问题缺乏进一步深入研究，主要还是由于没有结合经济学进行分析，只强调惩戒和警示作用而不考虑社会重大公共利益以及弱势群体生存权与发展权问题，实施高额的惩罚性赔偿也有悖于法的最高价值所在的实质公平原则；可是，如果单纯从经济学角度分析，只注重成本与收益的平衡，而忽视法律制度自身的特点，势必难以对今后潜在不法侵权行为起到充分地遏制。华东政法大学何敏教授的博士研究生朱丹博士，在其学术论文中归纳性地谈及了世界范围内典型国家知识产权领域惩罚性赔偿问题，但该作者用了较大篇幅论述了关于民事一般侵权惩罚性赔偿法律制度，当然其出发点是知识产权大领域中涉及民事侵权问题如何进行惩罚性赔偿的制度研究，[1]并没有独立的章节将各国的专利侵权问题单独进行论述，但其文章无论是框架结构还是核心观点都有可取之处。朱丹博士也提出美国是最早将惩罚性赔偿制度引入知识产权领域的国家，不仅在版权法、专利法和商标法中作出了规定，而且司法判例中普遍采用了惩罚性赔偿法律制度。[2]通过研究，朱丹博士也总结出对于那些故意侵害（包括直接故意、间接故意）专利权的行为，美国仅对赔偿金额问题有较为明确的规定，但并未对适用惩罚性赔偿的条件作出相应规定。朱丹博士还通过研究德国有关法律法规发现，德国实质上并不承认专利侵权惩罚性赔偿法律制度，而是采取追究专利侵权人的刑事责任来防止专利侵权，但德国关于专利侵权刑事责任的规定并不能起到惩罚性赔偿责任的作用，反而容易产生一些副作用。[3]可见，朱丹博士还是相当认可专利惩罚性赔偿法律制度的作用。

另外，何敏教授的另一位研究生张庆会，[4]在其学位论文中通过分析美国专利法以及专利侵权相关法案的几次修改，给专利侵权惩罚性赔偿法律制度进行了明确的界定，就是源于美国对于专利权和专利权人的高度保护以及相对应的补偿性赔偿不足，其实际适用也随着美国有关专利法案的几次修改更为严格，其创设的目的始终是更为有效地保护专利权。通过研究美国相关法律制度，该作者认为对于该制度的具体适用需要综合考量很多因素，

---

〔1〕 朱丹："知识产权惩罚性赔偿制度研究"，华东政法大学 2013 年博士学位论文。

〔2〕 同上。

〔3〕 朱丹："知识产权惩罚性赔偿制度研究"，华东政法大学 2013 年博士学位论文。

〔4〕 张庆会："我国专利侵权惩罚性赔偿法律制度研究"，华东政法大学 2013 年硕士学位论文。

结合美国判例法体系法官根据案情自由裁量的权力很大，而我国的法律体系则需要依靠最高院司法解释来对其进行完善，该作者观点是可以引入我国进行适用，但需要结合我国国情对其进行改革与重构；同时，该作者还通过列举德国在处理专利侵权问题上亦突破《德国民法典》明确规定的补偿性原则适用惩罚性赔偿的这一转变，认为中国应当汲取德国关于"任何人不应从其错误行为中获利"这一自然正义观念，将惩罚性赔偿法律制度引入到我国专利法律体系当中来处理专利侵权问题。

（二）我国相关理论研究的主要成果

南开大学法学院张玲教授及其研究生纪璐，在合著学术文章中将专利侵权惩罚性赔偿这一问题在美国专利法的发展作为研究对象，重点分析了惩罚性赔偿标准的在长期司法实践中的不断严格的变化过程；分析了美国专利法发展过程中的几大经典案例如1991 年"Quanum Corporate vs. Tandon Corp"（"昆腾困境"）案及1992 年"Read Corporate vs. Portex，Inc."案；她们认为造成"昆腾困境"的矛盾之源乃是是否会因为咨询律师而被认定为构成故意侵权，该文作者证明故意侵权的举证责任更多地被分配给了专利权人，加强了对律师客户保密特权的保护；并结合案例说明了 3 倍于补偿性赔偿的惩罚性赔偿适合适用于故意和重大过失专利侵权；该作者观点强调，当侵权赔偿实际数额远小于侵权获得的利润时，大陆法系国家一直奉行的侵权补偿性赔偿很难遏制现实侵权，更难震慑潜在的侵权人的侵权欲望，因此，认为尽快构建惩罚性赔偿法律制度是必要的；并在最后结合中国司法实践中的实际情况提出由法院根据案情自由裁量赔偿额，以发挥民事责任惩罚、遏制专利侵权行为的功能，从而有效地保护专利权人的合法利益的设想，可见其通过研究美国专利惩罚性赔偿法律制度认为该法律制度可以适用于我国。

吉林大学法学院马新彦教授以及其博士研究生邓冰宁，[1]他们合著并发表的学术文章对于惩罚性赔偿法律制度高度认可，他们共同认为惩罚性是"面纱"，威慑功能背后的赔偿才是能够实现被侵权一方正义诉求的有效途径。该作者认为填补式的惩罚性赔偿旨在填补被侵权方可见损害背后的无形损害，所谓惩罚性的翻倍赔偿，是由于无法用金钱衡量可见损害背后的无形损害，故而在合理范围之内施以可见损害的合理倍数予以填补式的惩罚性赔偿。可见，两位作者将惩罚性赔偿法律制度界定为一种救济法，认为其与生俱来的损害填补功能使得惩罚性赔偿法律制度在救济法的框架下具有广泛的适用空间与合理存在的正当性。

北京化工大学知识产权研究领域和育东教授及其他两位国家知识产权局研究人员，[2]通过研究得出初步结论，一致认为虽然我国单行法规以及最高院的在指导个案方面的相关司法解释虽然就一些侵权问题的赔偿法律制度蕴含着惩罚性，但实际目前我国知识产权尤其是专利权领域没有严格意义上的惩罚性赔偿法律制度。文中作者通过研读现行相关知识产权立法、侵权责任立法以及相关司法解释，论证了我国并没有严格意义上的专利侵权惩罚性赔偿法律制度（对比研究现有的非法获利赔偿、按照许可费或稿酬倍数计算的赔偿、法定赔偿等），故而在今后专利法以及侵权法方面的补充规定均系引入英美法系衍生的这一法律制度。而后作者较为有见地的从经济学角度出发，论证了侵权惩罚性赔偿这一法律制度对于我国知识产权的保护是否适应我国经济发展水平的问题；同时又从民事侵权责任的角度考虑引入知识产权侵权惩

---

〔1〕 马新彦、邓冰宁："论惩罚性赔偿的损害填补功能——以美国侵权法惩罚性赔偿法律制度为启示的研究"，载《吉林大学社会科学学报》2012 年第 3 期。

〔2〕 和育东、石红艳、林声烨："知识产权侵权引入惩罚性赔偿之辩"，载《知识产权》2013 年第 3 期。

罚性赔偿是否妥当。他们论证最后的观点是，引入该法律制度，不但可以有效解决民事赔偿数额较低的现状和不足，还可以起到替代民事制裁、弥补刑事惩罚的不足、挤压过于强势的行政责任等作用。

重庆理工大学知识产权学院胡海容和雷云副教授，[1]也联合发表了学术文章表达看法，他们认为填补性的侵权补偿性赔偿对于潜在的侵权行为起不到预防功能，同时是由于我国现行《专利法》中并没有综合考虑侵权成本与侵权收益、救济成本与救济收益以及知识产权本身的特征等因素，作者认为引入惩罚性赔偿将会是解决专利侵权问题的有效途径之一，但也指出应当审时度势地对于惩罚性赔偿法律制度的适用条件要作进一步的限制，同时对于其适用标准也要进行必要的度量、力求量化和具体化进行对惩罚性赔偿的适用、严格限制惩罚性赔偿适用的条件、逐步细化惩罚性赔偿适用的标准。

华中科技大学袁晓东教授主持的国家自然科学基金项目"专利分散对我国战略性新兴产业自主创新的影响机理及政策选择研究"中的成果论文《美国专利侵权惩罚性赔偿法律制度及其启示》，首先陈述了美国专利法在1793年的专利法案中确立了侵权惩罚性赔偿的法律制度并经历了1800年、1836年以及1952年的三次变革，由于专利侵权的惩罚性赔偿金额对专利权人以及侵犯专利权双方具有一定影响，因而在历次法案改革过程中都是备受争议的内容之一，不同于大陆法系，美国承认判例具有普遍适用的法律效力，因而是否贯彻执行三倍赔偿金额法官可以先前判例进行裁量，该作者还是比较认可美国的专利侵权惩罚性赔偿法律

---

〔1〕　胡海容、雷云："知识产权侵权适用惩罚性赔偿的是与非——从法经济学角度解读"，载《知识产权》2011年第2期。

制度。但是，袁晓东教授在论述美国专利侵权惩罚性赔偿法律制度的运行时，谈及了美国如雨后春笋般产生了很多被贬义地称为"专利钓饵"的专利经营公司，专门通过有效的诉讼策略、旨在获取高额的惩罚性赔偿金，他认为这样一来美国专利侵权惩罚性赔偿法律制度的功能也因此从震慑专利侵权人的侵权行为以及保护专利权人合法权益变成了专利钓饵们获取高额利润的手段，明显有违创设该法律制度的立法宗旨，故而袁晓东教授对于演变过程中的美国侵权惩罚性赔偿法律制度也持否定的观点，在结论中其也提到中国专利法修改对于该法律制度的引入应该明确故意侵权的认定，严防专利钓饵现象。

北京大学法学院朱凯教授，[1]与其他学者以惩罚性赔偿的赔偿额度为切入点不同，他的文章重点通过论述侵权法的基本功能的演变与发展来证明其观点惩罚性赔偿法律制度对于侵权责任来说具有显著的重要性，域外的侵权法早期十分重视对被侵权一方保护的事先预防，对于被侵权一方所遭受的经济损失的补偿尚不足以起到对侵权责任的抑制作用，因而最大限度的惩罚性赔偿所起到的威慑功能才是维护社会整体利益的有效途径。由于作者在完成文章之前我国尚无专利侵权惩罚性赔偿的法律制度，所以作者在最后也对于如何借鉴和引入英美法系的该法律制度提出了个人的立法建议，其认为惩罚性赔偿法律制度是一柄双刃剑，需要进行规范化适用以使其在合理限度内充分发挥其作用。

中国法学杂志社编审、研究院朱广新博士，[2]参照我国修改后的新《消费者权益保护法》关于惩罚性赔偿法律制度的规定，

---

〔1〕 朱凯："惩罚性赔偿制度在侵权法中的基础及其适用"，载《中国法学》2003年第3期。

〔2〕 朱广新："惩罚性赔偿制度的演进与适用"，载《中国社会科学》2014年第3期。

来分析惩罚性赔偿法律制度在其他领域诸如食品安全、侵权责任等方面适用的合理性。朱广新博士认为我国目前现行民事法律规范中对于惩罚性赔偿的规定存在体系上的缺陷；认为惩罚性赔偿这一法律制度的功能或目的就是惩罚潜在的侵权一方且对他们可能实施的侵权行为加以威慑，而不是仅仅补偿被侵权一方所受的损失；和其他主张惩罚性赔偿法律制度威慑功能的学者观点不同，朱广新博士认为损害赔偿法律制度的基本要求是损害必须是客观存在而不能是主观臆断的，既包括对一项权利（法益）本身的侵害也包括对权利侵害的后果，但不包括其他学者提及的可见损害之后的无形损害。朱广新博士认为法律上的惩罚应该是为了维护公共利益而创设的，是一种破除常规的特殊惩罚制度以完善其他部门法在维持公共利益上的不足。可见朱广新博士对于惩罚性赔偿法律制度在于特殊领域的适用尤其需要考虑公共利益，对于专利权这种法所保护的私权利，想要实现实质的公平需要在形式上满足私权利保护的前提下要更多地考虑公共利益。

广东金融学院法律系唐珺博士[1]认为我国在知识产权尤其专利法领域引入惩罚性的侵权赔偿法律制度具有十分充分的正当性、合理性并加以论证，但其认为结合我国当下经济发展状况以及我国社会主义初级阶段的基本国情，引入该法律制度但其具体适用方面不应该扩大范围而应当予以一定的限制。特别是对于归责原则及其衡量标准惩罚性赔偿的倍数上限，具体案件中惩罚性赔偿金额的确定规则等方面应当对具体问题进行具体分析，根据我国国情需要设计专利侵权惩罚性赔偿法律制度。

---

〔1〕　唐珺："我国专利侵权惩罚性赔偿的制度构建"，载《政治与法律》2014年第9期。

　　天津大学文法学院副教授刘晓纯博士，[1]对于该有关专利侵权惩罚性赔偿法律制度的适用问题也通过发表文章形式表达个人见解，他指出确立专利侵权问题的惩罚性赔偿法律制度的必要性，是基于传统民法理论中被大陆法系国家在侵权赔偿问题方面，普遍适用的补偿性赔偿原则在实践中存在的不足，另外惩罚性赔偿原则有助于在提高侵权成本方面对潜在侵权人起到震慑作用、有助于避免专利侵权个案出现的以"惨痛代价"胜诉的局面以及作为当事人之间救济的本质属性。但是，如果在我国专利法中进行适用，仍需要对惩罚性赔偿责任进行必要的限定，刘教授认为应该防止权利滥用和肆意扩张而应该有明确的具体的适用规定，要尽可能区分侵权人主管的过错情况，即确定专利侵权中的侵权行为是否是故意而为之，另外关于赔偿数额应当适度以免打破法律所追求的公平与正义。

　　中南财经政法大学曹新明教授，通过其发表的学术文章，有的放矢地论述了我国知识产权相关立法中，增加惩罚性赔偿责任的现实背景、采用惩罚性赔偿责任的理论依据、适用惩罚性赔偿的基本条件，并提出了关于惩罚性赔偿责任相关制度的架构设计。和其他学者一样，曹新明教授认为惩罚性赔偿法律制度的重要性不言而喻，能够提高知识产权尤其是专利权的保护力度、打击针对专利权的故意侵权行为，他还认为，专利惩罚性赔偿制度的构建还应该与我国经济发展、科技发展水平相适应。[2]

　　吉林大学法学院副院长、博士生导师李建华教授及其博士研

　　〔1〕　刘晓纯："侵权责任法视角下的专利侵权赔偿原则研究"，载《知识产权》2011 年第 9 期。

　　〔2〕　曹新明："知识产权侵权惩罚性赔偿责任探析：兼论我国知识产权领域三部法律的修订"，载《知识产权》2013 年第 4 期。

究生管洪博,[1]不同于其他学者的观点,他们联合发表的学术文章对于民事侵权、知识产权尤其是专利侵权前面加上了一个特殊的定语加以修饰,即大规模的侵权行为,主要针对那些不仅侵犯专利权人个人的利益,更为严重的是直接或间接损害了社会公众的整体利益,这种视角是不同于当前大多研究该问题的学者们的。将惩罚性赔偿法律制度适用于大规模的侵权行为顺应了上位法本位的发展趋势,考虑更为广大的公共利益,是法的称量价值的体现、是寻求实质公平的体现。但他们最后还是认为应当根据我国基本情况,同时在具体分析两大法系的优势和不足的基础上,结合大规模侵权自身的特殊性,构建出适合我国实际情况的适用模式。

国家知识产权局专利局专利审查协作中心研究员左萌,针对我国《〈专利法〉修改草案(征求意见稿)》中提出的相关问题,结合美国、韩国、德国、TRIPs、ACTA方面的相关规定,探讨了我国引入专利侵权惩罚性赔偿的必要性,并以可能存在的问题作为其观点来加以佐证。他的总体观点是,尽管惩罚性赔偿法律制度能够加大对专利保护的力度以彰显我国对于专利保护的决心,但事实上惩罚性赔偿法律制度如何在实践过程中处理好形式公平与实质公平仍是一个需要学术界、实务界共同为之努力解决的难题。具体而言,左萌认为:首先,侵权判定通常会涉及大量的证据,是一个相对复杂的过程,现有的专利行政体系下管理专利工作的部门并不一定具备、兼顾侵权判定以及故意侵权判定的能力,也不一定有充足的人力资源来处理大量的侵权案件;其次,关于侵权的行政决定不一定能让双方当事人都服从,一旦进入后续司

---

〔1〕 李建华、管洪博:"大规模侵权惩罚性赔偿制度的适用",载《法学杂志》2013年第3期。

法审查程序，侵权判定的效率将大大降低；再次，由于专利方面较强的专业性，对于专利侵权行政决定进行管理专利行政复议的行政部门是否都能够胜任该项工作也是一个难题。最后，其从专业角度尤其是知识产权管理层面综合论证，认为我国尚不应该引入惩罚性赔偿法律制度来解决专利侵权问题。

重庆大学法学院博士生导师李晓秋教授[1]对欧美专利侵权惩罚性赔偿这一法律制度能否被引入并在我国予以实施进行了研究。该作者对目前学界的"引入"和"摒弃"两种集中观点进行了对比研究，认为这是一个有一定合理性基础但尚存在诸多不足的问题，其认同支持引入论学者们对于其他国家和地区的有关专利法和侵权法的研究，尤其是对于专利侵权行为、专利权客体、现行的补偿性赔偿以及惩罚性赔偿特点的研究，但该作者认为，这些学者们忽视了补偿性赔偿的基础作用，只是将研究重心着眼于惩罚性赔偿的作用，而对于惩罚性赔偿的构成、适用基础和适用条件的研究不甚完善。同时，该作者认为持相反观点摒弃论的学者剥离了刑法与民法的内在联系，一味将刑事惩罚和民事补偿两个概念完全对立，他们认为引入惩罚性赔偿法律制度势必会造成救济体系的紊乱，该作者认为他们对于拟修订的新《专利法》第65条的分析等问题的研究不够充分，较为片面的回答也不足以驳斥对方观点。该作者首先应用比较法研究该制度在不同法律体系以及国际条约中的发展情况，又结合我国拟修订的新《专利法》第65条为中心进行理论反思与制度检讨，最终给出了自己的观点，即专利惩罚性赔偿并非加强专利保护的大势所趋，其认为一个专利法律制度能否真正促进技术创新有赖于针对专利权保护范围和

---

〔1〕 李晓秋："专利侵权惩罚性赔偿制度：引入抑或摒弃"，载《法商研究》2013年第4期。

手段的精心构造，应该立足于本土基本国情与经济发展状况、遵循一定的国际变化与时代潮流，现代化的法律制度构建不等于"西化、美化"式的制度引入。

另外还有学者专门从经济学角度来论证该问题，比如徐昕和尹彦合译《惩罚性损害赔偿：一个经济分析》一文中，[1]作者以惩罚性赔偿的遏制现实侵权和震慑潜在侵权的功能为切入点，通过分析与补偿性赔偿的关系来运用经济学的分析方法给出具体的赔偿金额的计算方式，并结合惩罚性赔偿法律制度的适用条件来阐述其核心思想。他们的理论观点主要可以归纳为以下几个方面：首先，惩罚性赔偿的适用前提，通常是由于侵权行为人因要逃避其侵权行为给权利人造成损害而应承担的赔偿责任，故而需要通过对侵权行为人实施惩罚性赔偿以保障其震慑和遏制作用。其次，所谓的惩罚性赔偿，按照经济学的视角，实质就是承担所有损害的赔偿额减去传统补偿性损害赔偿的部分，可见，惩罚性赔偿是对传统补偿性赔偿的补充以最大限度的弥补权利人的全部损失。再次，对法人实施惩罚性赔偿可能无法实现其惩罚的预期目的。因为由法人支付惩罚性损害赔偿通常并不会导致对应受惩罚的雇员实施更重的惩罚，相反却会惩罚该法人的股东和消费者。[2][3]最后，科学合理地运用惩罚性赔偿，从经济学角度来讲有助于维持有序的市场交易。他们从经济学角度考虑专利侵权的惩罚性赔偿问题，会尽量避免走到最后的诉讼程序，他们认为惩罚性赔偿法律制度的存在，尤其是其震慑和遏制作用能够促使专利权人与

---

〔1〕 Polinsky, A. M., & Shavell. S, "Punitive damages: an economic analysis", *Social Science Electronic Publishing*, vol. 111 (4), (1998), pp. 869~962.

〔2〕 朱丹："知识产权惩罚性赔偿制度研究"，华东政法大学 2013 年博士学位论文。

〔3〕 同上。

侵权行为人尽量通过权衡市场交易成本与诉讼成本，自愿协商并最终形成对权利的转让或支付使用费形式的有偿许可使用。这种观点是不考虑惩罚性赔偿在法律层面的意义，而只通过对投入产出及成本收益而得出的结论。

第三节 专利侵权惩罚性赔偿制度的实践依据

欧美在版权法、商标法和商业秘密专有权保护中，也已经启用了侵权损害的惩罚性赔偿制度。这些制度的运行，不仅为专利法引入侵权惩罚性赔偿制度提供了实践依据，而且通过比较考察，可以更进一步认识专利侵权惩罚性赔偿制度的本质。我国《商标法》《著作权法》和《商业秘密保护》中引入了侵权损失惩罚性赔偿，研究它们的立法概况和司法实践，为我国在《专利法》引入惩罚性赔偿制度以及制度构建提供了实践依据。

一、《版权法》中的惩罚性赔偿

如前所述，对我国而言，惩罚性赔偿制度是一种舶来品，也不具有普世价值，是一种特殊情形下设定的有条件的民事赔偿制度。因此，将这一制度引入我国，必须实施本土化改造，使之与我国国情相适应。在结合我国实际的立法过程中，认真借鉴先进国家的立法经验是十分必要的。

（一）美国相关立法经验

《美国版权法》对侵权损害赔偿规定了三种方式，即侵权造成的实际损失赔偿、侵权人非法所得的退还以及法定赔偿。针对惩罚性赔偿，其一，《美国版权法》对著作权的侵权损害惩罚性赔偿没有规定合理基数和合理倍数进行确定，而是通过法定赔偿予以实现。其二,《美国版权法》规定,只有因为故意侵权才适用于法定赔偿制度,而且著作权人针对实际损失赔偿、侵权获利赔偿和法定赔偿三种方式进行选择。[1]其三,法定赔偿的适用条件是侵权行为属于故意;法定赔偿的具体实施,由陪审团依据作品价值和实际侵权情节最高判赔 15 万美元;对于非故意侵权行为,每部作品的法定赔偿额适用 750 美元至 3 万美元;[2]如果侵权人能够提供证据,证明自己对著作权存在的情况不知晓,那么,法定赔偿可以降低至不低于 200 美元。其四,在美国,著作权侵权赔偿的确定并非以侵权是否造成损失来确定,换言之,即便侵权行为人没有给权利人造成实际损失,即使侵权人没有获得利益,也可以执行法定赔偿。[3]关于确定具体法定赔偿数额的依据,美国在立法上没有作具体的规定,最高法院也没有给出计算方法,该权利由审理法院和陪审团在 200 美元至 15 万美元之间自由裁量[4]。因此,陪审团在行使自由裁量权时,可以依据侵权后果、侵权动机和裁决效果确定法定赔偿金额。

《美国版权法》将专利权故意侵权行为的法定最高赔偿确定为 15 万美元,其实带有惩罚性赔偿的性质,能够起到震慑潜在侵权者的作用,体现了惩罚性的功能。对于这一规定,美国国会认为是一种高赔偿的规定,是版权法领域的惩罚性赔偿制度。

(二) 加拿大相关立法经验

《加拿大著作权法》明确规定了惩罚性赔偿在著作权侵权中的

---

〔1〕　参见《美国版权法》第 504 条 (c) 款第 (2) 项。

〔2〕　参见《美国版权法》第 504 条 (c) 款第 (1) 项。

〔3〕　参见 F. W. Woolworth Co. v. Contemporary Arts, Inc., 344 U. S. 228, 232 – 33 (1952).

〔4〕　刘自钦:"著作权惩罚性赔偿制度在中国大陆的具体运用:从美国经验和中国实际出发",载《澳门法学》2014 年第 10 期。

适用。首先，规定对著作权侵权实施损害赔偿或利润赔偿。[1]其次，在法定赔偿规定中，将侵权性质划分为商业目的和非商业目的，商业目的侵权适用于 500 加元至 20 000 加元的法定赔偿；如果是非商业目的的侵权，法定赔偿适用于 100 加元至 5000 加元的法定赔偿。[2]最后，上述规定的赔偿，不影响著作权人请求惩罚性赔偿。可见，在加拿大，法定赔偿和惩罚性赔偿可以同时适用。

（三）德国相关立法经验

德国知识产权立法和司法实践中，没有引入惩罚性赔偿法律制度，而是仍然坚持传统民事损害赔偿的补偿性原则。对侵权情节和侵权后果严重的侵权行为，德国在实施民法救济的基础上，追究侵权人严重侵权的刑事责任，以惩治侵权人，维护知识产权所有人的权利。值得关注的是，德国虽然在《著作权法》中没有提及惩罚性赔偿，但是，德国联邦最高法院在一起音乐著作权侵权案件中，判决侵权人按照作品许可使用费的二倍支付赔偿。[3]此案例又表明德国著作权法侵权赔偿的司法实践中，已经存在惩罚性赔偿判决行为。

（四）我国台湾地区相关立法经验

我国台湾地区的"著作权法"对美国《版权法》进行了高度借鉴。虽然从法条上看，没有使用"惩罚性赔偿"的概念，但对

---

〔1〕 参见《加拿大著作权法》第 35 条第 1 项。

〔2〕《加拿大著作权法》第 38 条第 1 项规定："［法定赔偿］根据本条规定，版权所有人可以在最终判决作出前的任何时候，选择对单独承担侵权责任的单一侵权责任人，或者共同承担连带责任的两个或两个以上侵权责任人适用法定赔偿金，以代替第 35 条第 1 项规定的损害赔偿或利润赔偿。（1）如果是为商业目的侵权，对于侵权所及的每部作品或其他版权客体的诉讼，法院可在不少于 500 加元且不超过 20 000 加元的范围内，公正合理地确定赔偿金，并且（2）如果是为非商业目的侵权，对于侵权所及的全部作品或其他版权客体的诉讼，法院可在不少于 100 加元且不超过 5000 加元的范围内，公正合理地确定赔偿金。"

〔3〕 范长军:《德国专利法研究》，科学出版社 2010 年版，第 227 页。

著作侵权区分侵权性质不同做出了具体规定[1]：对著作权人难以证明存在实际损失的，法院可以在 1 万元～100 万元新台币范围内判决赔偿；如果侵权损害存在且属于故意侵权所致，法院可以判处 500 万元新台币的最高赔偿[2]。可见，我国台湾地区通过提高法定赔偿数额实施了惩罚性赔偿。

二、《商标法》中的惩罚性赔偿

我国在新的《商标法》中引入了侵权惩罚性赔偿制度。在此结合我国适用情况，基于大陆法系国家和我国台湾地区并未把惩罚性赔偿制度引入商标法，因此主要与美国的立法规定进行比较研究，既为我国商标法修改和作出补充规定准备条件，又为专利法引入惩罚性赔偿提供依据。

（一）美国相关立法规定

《美国法典》（United States Code）第 15 编第 22 章第 3 节第 1117 条规定：

1. 侵犯注册商标的赔偿

已经合法注册的商标遭到侵权，或者违反本编第 1125（a）条或（d）条，或者故意违反本编第 1125（c）条，如果权利人提起诉讼被法院受理，根据本编第 1111 条、1114 条的规定和民法规定的公平原则，权利人有权获取：一是被告在侵权中获得的经济利益；二是侵权给原告造成的所有损失；三是诉讼中发生的一切合理费用。以上三个方面，需要法院依据双方提供的证据加以确定，如果原告可以提供侵权人的实际销售额，可以作为法院认定侵权获利的依据；如果侵权人提供了销售成本的证明，法院可以据此

---

〔1〕　参见我国台湾地区"著作权法"第 88 条第 3 款。

〔2〕　陈聪富：《月旦小六法》，元照出版有限公司 2011 年版，第 283 页。

减少侵权获利的确认。最终法院在确定损失或获利的基础上，可以做出判决，即由被告向原告支付不高于三倍的赔偿。这一不高于三倍的赔偿金，并非罚金，仍然属于民事补偿金。除此之外，考虑诉讼中原告支付了包括律师费在内的合理费用，法院还被告向原告支付此合理费用。

上述规定，仅适用于主观故意侵权，不适用于主观过错，也不适用于假冒商标的侵权行为。

2. 故意侵权的赔偿

在根据本条（a）项规定，如果侵权人违反商标法相关规定，[1]存在假冒商标或标志行为，[2]应当承担赔偿责任。法院审理依据商标权遭受损失和侵权人不当所得，可以做出三倍赔偿的判决。适用三倍赔偿的侵权行为主要有两种：第一，明知商标已经注册并合法存在，故意在商品生产、销售和许诺销售中假冒了该商标；第二，帮助侵权人假冒他人商标的间接侵权行为。除了判决三倍赔偿，法院依据从判决之日起至被告实际支付赔偿金之日的时间，判决被告向原告支付利息。[3]

分析上述规定可见：①在商标领域，惩罚性赔偿主要适用于假冒商标的侵权行为，其侵权行为还体现在其标志商品已经实施销售、许诺销售行为；②在商标具体侵权行为中，侵权人存在主观过错，明知（know perfectly well）注册商标客观、合法存在而故意假冒其商标；③在确定惩罚性赔偿金计算基数时，主要根据侵权人的侵权获利和商标权人因侵权造成的经济损失，两者数额大者为基数；④针对侵权获利或侵权实际损失的选择，没有顺序规定，就取数额较大者作为计算惩罚的基数；⑤在确定侵权获利或

---

〔1〕 参见《美国法典》第 15 编第 1114 条（1）（a）款和第 36 编第 220506 条。

〔2〕 参见《美国法典》第 15 编第 1116 条（d）款。

〔3〕 参见《美国法典》第 26 编第 6621 条（a）（2）款。

实际损失后，这既是补偿性赔偿的数额，又是实施惩罚性赔偿的基础，以此为基础确定三倍以内的赔偿，具体倍数由法官自由裁量；⑥被告除了支付惩罚性赔偿金外，还应向原告支付律师费、旅差费等合理费用；⑦对于商标邻域的间接侵权行为也适用于惩罚性赔偿的范围。

从形式上看，美国的商标法对权利人保护充分，但是，从商标侵权的具体情况看，商标权人的商誉损失难以计算，恢复原有信誉也十分困难。如何赔偿权利人的信誉损失给商标侵权赔偿制度提出了挑战，有待于在惩罚性赔偿的适用中酌情考虑。

（二）在我国《商标法》中的适用

关于惩罚性赔偿制度，我国商标法主要从适用条件和赔偿金额作出了规定。

1. 适用条件

从我国新商标法就惩罚性赔偿规定了两个适用条件：一是对主观条件的确认，即侵权人存在主观恶意；二是对客观条件的确认，即侵权情节严重。这一原则性规定，还需要作出具体解读。

（1）恶意是否包含侵权中存在重大过失。我国商标法明确规定，惩罚性赔偿的适用主观恶意。所谓恶意，既包括侵权人的主观故意，又包括侵权行为的可谴责性。但是，在此所确认的主观恶意不包含重大过失，其理由：

第一，就赔偿责任考察，惩罚性与补偿性具有本质区别；惩罚性与补偿性的适用要件也存在区别，惩罚性适用于主观恶意，补偿性适用于过失侵权，过失侵权包括一般过失和重大过失。可见，重大过失不应被纳入适用惩罚性赔偿的范围。

第二，我国虽然在《商标法》中引入了惩罚性赔偿，但适用条件与发达国家相比更加严格。因为我国商标权保护水平不够高，在知识产权领域仅在商标法刚刚引入了惩罚性赔偿制度，如果将重大过失纳入惩罚性赔偿的范围，就会使司法实践处于困境。

第三，就惩罚性赔偿适用的主观条件考察，我国《著作权法》《专利法》的修改草案中规定为"主观故意"；而我国商标法中规定为"恶意"，其程度高于"故意"。其实在此之前，我国知识产权领域曾出现"恶意"一词，"恶意"即居心不良；"故意"属于明知不可为而为之。[1]由此可见，恶意与故意都属于主观意识问题，恶意比故意更加严重。[2]

（2）情节严重的因素分析。在商标法的具体条款中，并不曾对侵权情节严重作出具体规定，也没有列出情节严重的具体范围，如何在实施细则中加以细化是我国立法界的重要课题。

笔者认为，认定情节严重需要考虑四个因素：一是商标侵权人的侵权次数与侵权时间。如果商标侵权人不间断地非法使用他人的商标权，而且使用时间相对较长，就符合情节严重的认定；二是商标侵权给商标权人造成的实际损失。商标侵权人的侵权行为必然会给商标权人造成损失，如果损失严重，如商标权人的市场占有率下降、在客户中商誉严重受损、销售合同的签订遇到困难等，就可以确认为侵权情节严重；三是商标侵权人非法获利较大。如商标侵权人所获利益超过了商标权人，则可认定为情节严重；四是是否造成了较大的社会影响。如果商标侵权行为造成的社会影响较恶劣，使用商标的商品属于食品、药品等与人民生活密切相关的产品，可能威胁公共安全，也可以被认定为情节严重。

（3）商标权人的请求也是适用惩罚性赔偿的前提条件。商标

---

〔1〕《商标法》第 41 条第 2 款规定："已经注册的商标，违反本法第 13 条、第 15 条、第 16 条、第 31 条规定的，自商标注册之日起五年内，商标所有人或者利害关系人可以请求商标评审委员会裁定撤销该注册商标。对恶意注册商标的，驰名商标所有人不受五年时间的限制。"

〔2〕 曹新明："知识产权侵权惩罚性赔偿责任探析——兼论我国知识产权领域三部法律的修订"，载《知识产权》2013 年第 4 期。

权人请求适用惩罚性赔偿，是司法审判中适用的前提。如果商标权人对故意侵权不提出适用请求，法律要求法院不得主动适用。这一规定，是由惩罚性赔偿的民事责任性质所决定的。[1]只有商标权人提出了适用请求，法院才可以做出惩罚性赔偿的判决。英国《民事实务规则》第 16.4（1）（c）条也存在类似规定。[2]

2. 惩罚性赔偿金的计算模式

我国目前现行各项法律法规中，关于惩罚性赔偿金的计算模式，主要有以下两种：

第一种是固定金额模式。在《消费者权益保护法》和《食品安全法》中，对侵权者的惩罚均采用了固定金额模式。

这种模式既有优点也有缺陷，其积极作用在于：一是计算方法简单明了，既不需要确定赔偿基础，又不需要选择倍数；二是该方法省去了法官的自由裁量，法官仅需要考量侵权行为是否适用惩罚性赔偿。其消极作用：一是这一计算模式的灵活性不够，难以全面考虑商标侵权人的主观恶意程度、侵权行为的性质等因素；二是从形式上看，这一计算模式难以发挥对商标侵权人的惩罚作用。

第二种是无数额限制模式。考察这一模式，应该先分析我国《侵权责任法》的相关规定，虽然提出了惩罚性赔偿的规定，但法条中的规定十分原则，具体如何确定惩罚性赔偿金，法条中不仅没有就具体金额作出规定，也没有从惩罚基数和惩罚倍数上进行相应规定，更没有对影响因素进行明确规定。[3]

本模式与固定金额模式相比，也存在优缺点。其主要优点正

---

〔1〕 陈燕萍："知识产权领域惩罚性赔偿制度的中国式选择探析"，载《科技与法律》2012 年第 5 期。

〔2〕 参见 Cassell &. Co. Ltd. v Broome and Another［1972］AC 1027，1040.

〔3〕 鄢琦昊、黄娅琴："我国惩罚性赔偿金计算标准研究"，载《企业经济》2012 年第 11 期。

是固定金额模式的缺点，在惩罚性赔偿金确定中，可以依据侵权行为性质和侵权损害作出合理判决。但是，这一模式也存在难以弥补的缺点：一是本模式完全依靠法官自由裁量，容易出现不准确判决，从美国判例看，曾经出现畸高畸低的惩罚性赔偿金判决；二是本模式对法官的专业水平和职业道德水平要求较高，以确保法官的自由裁量权合理行使。在法官自由裁量权行使中，美国曾经出现这是否违背宪法的争论，因此，在惩罚性赔偿金确定时，在程序条款、确定标准、考虑因素等方面做出了限制，但是，我国未规定对法官自由裁量权的限制，因此，在我国适用这种模式存在一定风险。

3. 新《商标法》中规定的计算模式

就惩罚性赔偿性的计算，我国新《商标法》中采用的是弹性金额模式。《商标法》规定，首先，依据商标权人因侵权所遭受的实际损失、商标侵权人侵权获得的利益和商标许可使用费确定补偿性赔偿金额，[1]以此作为惩罚性赔偿的计算基数，其惩罚性体现在，在此基础上提高一至三倍。在此幅度内，由法官行使自由裁量权确定惩罚性赔偿额度。

对于上述模式，也有学者提出了质疑，认为三倍的上限十分有限，不足以实现惩罚性功能，与惩罚性赔偿制度的立法宗旨不符。[2]建议仅规定惩罚性赔偿的最低限额，不设立最高限额。[3]笔者认为，这一观点与我国国情不符。

---

〔1〕 杨丽娜："关于完善我国知识产权损害赔偿计算方法的建议：以德国知识产权损害赔偿计算方法 die drei fache Sohadenshere chungsmethede"为参照，载《法制与社会》2013 年第 3 期。

〔2〕 陈丽平："惩罚性赔偿应只设下限不设上限"，载《法制日报》2013 年 9 月 24 日第 003 版。

〔3〕 赵师权："论外国法院惩罚性赔偿判决的承认与执行"，载《商事仲裁》2016 年第 1 期。

三、商业秘密权保护中的惩罚性赔偿

我国针对商业秘密的侵权赔偿责任，有着明确的规定，即适用补偿性赔偿原则。在司法实践中，不仅不能使商业秘密权人的利益得到有效保护，而且难以遏制侵权行为。域外的立法和司法实践经验值得我国借鉴。

（一）美国相关立法规定

1.《统一商业秘密法》的规定

美国在 1970 年就颁布了《统一商业秘密法》（Uniform Trade Secrets Act），1985 年进行了修正，其中对侵害商业秘密的惩罚性赔偿[1]作出了明确规定：

（1）侵权赔偿的确立。在商业秘密处于有效状态时，如果商业秘密被他人滥用，原告有权获得赔偿。侵权赔偿金主要取决于因滥用给权利人造成的损失；如果侵权损失难以计算，可以依据商业秘密的合理使用费计算。

（2）惩罚性赔偿金的计算。如果商业秘密侵权存在主观故意和恶意滥用情形，法院可以在上述确定的赔偿金的基础上，给予二倍的惩罚性赔偿。[2]

解读上述规定可见：第一，惩罚性赔偿金的计算以补偿性赔偿数额为基数，最高倍数以二倍为限。第二，补偿性赔偿金确定的考虑因素，一是因侵权给权利人造成的实际损失；二是侵权人侵权所获利润；三是依据商业秘密的合理使用费进行计算。[3]第

---

〔1〕　参见《统一商业秘密法》第 3 条。

〔2〕　参见 Uniform Trade Secrets Act § 3 (b)，14 U. L. A. 634 (2005).

〔3〕　PA. CONS. STAT. ANN. § 5302 (2004)，See Gretchen L. Jankowski，PRIMER ON PENNSYLVANIA TRADE SECRET LAW FOLLOWING ENACTMENT OF THE UNI-FORMTRADE SECRETS ACT，Pennsylvania Bar Association Quarterly，October，2004，pp. 4.

三，对影响补偿性赔偿金的因素，在具体适用上未规定顺序安排，权利人在诉讼中可以请求适用对自己有利的计算方法和计算依据。第四，规定了适用惩罚性赔偿的前提条件，即侵权人存在主观故意和恶意侵权。

2.《惩罚性赔偿示范法案》的规定

惩罚性赔偿法律制度在知识产权领域的适用，除了由美国的统一法律委员会（Uniform Law Commission）于1979年发布的《统一商业秘密法》，还包括1996年颁布的《惩罚性赔偿示范法案》（Punitive Damages Demonstration Act），该法案对适用惩罚性赔偿的构成要件作出了规定：一是被告的侵权行为一经确定，即依法承担赔偿责任；二是规定惩罚性赔偿的目的在于防止相似行为的发生；三是适用惩罚性赔偿的构成条件是侵权人主观上存在故意，漠视他人合法权利；四是适用惩罚性赔偿的判决条件是原告承担举证责任，需要有证据证明被告明知权利人采取了保密方式，仍然滥用其商业秘密的行为。[1]该法案虽然未作为正式法律具备效力，但也为司法实践提供了参考。

3. 美国《统一商业秘密法案》的具体运用

该法案虽然对惩罚性赔偿的数额作出了规定，但在美国各州并未得到很好的贯彻执行，多数州并不予以执行法案作出的上限规定，只有俄亥俄州（Ohio）规定了可以在补偿性赔偿的基础上最高适用三倍的惩罚性赔偿，科罗拉多州（Colorado）和弗吉尼亚州（Virginia）等却规定了二倍的比例。[2]

---

〔1〕 参见美国1996年《惩罚性赔偿示范法案》第5条。

〔2〕 Gretchen L. Jankowski, PRIMER ON PENNSYLVANIA TRADE SECRET LAW FOLLOWING ENACTMENT OF THE UNIFORMTRADE SECRETS ACT, Pennsylvania Bar Association Quarterly, October, 2004, p. 5.

4. 美国《统一商业秘密法案》司法适用的例外

需要指出的是，在特殊情况下，即使商业秘密侵权行为构成故意和恶意，也并非适用惩罚性赔偿。例如，Olson vs. Nieman's Ltd. 一案，陪审团认定被告的侵权行为构成了故意和恶意行为，应该适用惩罚性赔偿，但是法庭否决了原告的请求，其理由：一是商业秘密侵权人未获得利润或者获得利润较少；二是商业秘密侵权人履行补偿性赔偿的判决，已经将净资产的一半支付给了原告，所承担的赔偿已具惩罚性。

（二）我国台湾地区

我国台湾地区"营业秘密法"规定，在侵犯商业秘密行为适用的惩罚性赔偿中，商业秘密所有权人依据"民法"第 216 条规定行使请求权[1]；如果确定侵权人属于故意侵权，有审理法院决定实施惩罚性赔偿，可以在实施在造成损害数额上不超过三倍的赔偿。[2]

第四节　本章小结

本章内容主要论证专利侵权赔偿的可惩罚性。在论述专利侵权赔偿、专利侵权行为、专利赔偿原则等制度的基础上，重点论证了实施该制度的理论依据和实践依据。实践依据主要针对域外已经实施该制度国家的有关适用经验进行论证，理论依据主要针对该制度存在的正当性进行论述。

---

〔1〕　参见我国台湾地区"营业秘密法"第 13 条。

〔2〕　胡良荣："海峡两岸商业秘密法律保护比较研究：兼论我国大陆与台湾商业秘密立法的国际化及其完善"，载《江苏大学学报（社会科学版）》2004 年第 5 期。

一、论证了专利侵权行为、损害赔偿及惩罚性赔偿的法律特征

（一）专利侵权行为及构成要件

所谓专利侵权行为，是指未经专利权人许可，又无法定事由，对有效专利的实施行为。专利侵权行为的三个构成要件：一是侵害的对象是有效的专利；二是被告实施了专利侵权行为；三是专利侵权行为具有违法性。

（二）论证了专利侵权损害赔偿及其范围

所谓专利侵权损害赔偿，是指侵权行为人违法实施了侵权行为，给权利人的利益造成了一定损害，权利人请求侵权人针对侵权承担一定民事赔偿的责任。专利侵权损害赔偿是指为了弥补因侵权行为给专利权人造成的损害，侵权行为人依法向专权利人支付一定赔偿数额的民事责任形式。

专利侵权损害赔偿存在五个原则，即全面赔偿、侵权获利返还、法定数额赔偿、惩罚性赔偿和协商解决原则。这里要重点关注专利侵权赔偿的范围，除了包括专利权人的实际损失之外，对于专利许可使用费也涵盖在内，还有关于合理费用的要求，具体实践中可以根据以上提的五原则对专利权人的损失进行最大限度的赔付，力求实现目的和结果的实质公平。

（三）从三个方面论述了专利侵权惩罚性赔偿的法律特征

1. 专利侵权惩罚性赔偿依然是民法赔偿原则

首先，实行民法中的惩罚性赔偿，不能代替行政处理和刑事处罚；其次，在专利侵权损害赔偿体系中，惩罚性赔偿的地位和作用自然是不言而喻。对专利侵权损害赔偿体系中，补偿性赔偿和惩罚性赔偿都是重要原则。一般专利侵权主要适用于补偿性赔偿责任，而故意侵权则适用于惩罚性赔偿责任，具体是在传统的补偿性的民事赔偿责任不能有效保护专利权人且不能有效惩治存

在主观恶意的侵权人的情况下适用。

2. 专利侵权惩罚性赔偿的"准罚金性"

填补性原则是传统民法上的一般原则，而惩罚性赔偿是社会进步和价值追求多元化的产物，也是民事责任表现形式的例外。[1]

3. 专利侵权惩罚性赔偿的限制性

英美法系国家基于保护专利权人的合法权益，在司法判例中实施惩罚性赔偿。但是，惩罚性赔偿也不是绝对的，对其进行合理限制也十分必要。

二、论证了专利侵权惩罚性赔偿的理论依据

笔者主要通过该制度的伦理学基础、民法学基础和经济学基础的分析，探讨惩罚性赔偿制度存在的正当性。第一，从专利侵权惩罚性赔偿的伦理学基础进行探讨。第二，从专利侵权适用惩罚性赔偿的民法学基础进行探讨。一是大陆法系对公法和私法具有严格区分，民法学适用于平等主体之间关系的调整，而惩罚性措施属于公法任务；二是专利侵权惩罚性赔偿制度是否以民法学为基础，就此，笔者从四个方面进行了剖析；三是专利权与传统财产权相比属于一种特殊的民事权利，因此，对于此特殊权利，应该允许在传统民法理念之外创设一种特殊的保护制度。可见，专利侵权惩罚性赔偿制度与民法体系不仅不存在冲突，而且具有互补性。[2]基于此，笔者认为专利侵权惩罚性赔偿在民事立法层面是具有正当性的。第三，如果从经济学角度对专利侵权惩罚性

---

〔1〕　胡良荣："海峡两岸商业秘密法律保护比较研究：兼论我国大陆与台湾商业秘密立法的国际化及其完善"，载《江苏大学学报（社会科学版）》2004 年第 5 期。

〔2〕　徐瑄："关于知识产权的几个深层理论问题"，载《北京大学学报（哲学社会科学版）》2003 年第 3 期。

赔偿制度进行理性分析，首先，假设专利权主体具有经济理性，都以最大利润为最高追求目标。专利侵权人在选择侵权目标时，对侵权成本和侵权获利进行了比较分析，选择侵权之前已经确认侵权获利大于侵权成本。专利权人面对侵权也要分析维权成本和获得赔偿，试图通过诉讼途径挽回损失。第四，笔者还对目前国内专家、学者们的相关理论及实践研究进行了综述，这些研究成果为构建我国专利侵权惩罚性赔偿制度提供了理论指导。

三、分析了专利侵权惩罚性赔偿制度的实践依据

欧美代表国家关于版权法、商标法和商业秘密专有权保护中，也已经启用了侵权损害的惩罚性赔偿制度。这些制度的运行，不仅为专利法引入侵权惩罚性赔偿制度提供了实践依据，而且通过比较考察，可以更进一步认识专利侵权惩罚性赔偿制度的本质。我国《商标法》也引入了侵权损失惩罚性赔偿制度，必将为我国在《专利法》引入惩罚性赔偿制度提供实践依据。

第三章

域外专利侵权惩罚性赔偿的立法规定

分析探讨域外专利权侵权惩罚性赔偿的法律规定，有助于为我国立法提供宝贵经验。本章选取了目前关于专利侵权惩罚性赔偿规定较为完备的英美法系国家中的美、英、澳和大陆法系国家中的德、法、日及我国台湾地区，分别作比较研究。[1]

第一节 专利侵权惩罚性赔偿的国际规定

在研究具体国家立法之前，我们先考察一下国际立法。作为各国知识产权相关立法重要标准

---

〔1〕 其中，英美法系国家中的代表国家美国，其专利惩罚性赔偿制度最具历史且较为完备，因而重点研究美国专利侵权惩罚性赔偿立法的总体架构；其中，大陆法系国家中的代表国家德国，其专利权惩罚性赔偿额明确列举了三种类型，因而本文作以侧重探讨。

的《与贸易有关的知识产权协议》（"Agreement on Trade-related Aspects of Intellectual Property Rights"，以下简称 TRIPs 协议）等国际条约，也是我国建立专利侵权惩罚性赔偿制度的重要依据。因为国际公约为各成员国制定相关规定提供最低标准，各成员国的立法必须参照国际公约的规定。以下立足论文主题——惩罚性赔偿制度，分析 TRIPs 等国际条约中的相关规定。

一、TRIPs 协议的规定

TRIPs 协议作为知识产权领域最具权威的国际法规范，在其第 45 条第 1 款中，对知识产权侵权及损害赔偿进行了规定：如果知道或应该知道他人知识产权有效存在，却实施了侵权行为，致使他人的权利受到损失，那么司法机关可以责令侵权人向权利人支付赔偿，赔偿金额应该能够补偿受害人的损失。[1]这一规定，体现了知识产权侵权赔偿的补偿性原则。TRIPs 第 45 条第 2 款规定，将权利人在诉讼中支付的律师费纳入侵权赔偿的范围，其他合理费用也可请求赔偿，但未具体明确；同时规定，各成员国在确定侵权行为成立的前提下，司法机关可以判决侵权人返还侵权获利，返还获利的前提是侵权人不构成故意侵权。

分析以上规定可知，律师费等相关费用的赔偿，是侵权人对受害人遭受损害带来直接损失的赔偿，因此法律规定此类损失要求侵权人必须赔付。而对于受害人在权益受到侵害时期利润遭受的损失或预期可得利益损失，可以采用并举和选择赔偿两种方式。

---

[1] TRIPs 协议第 45 条规定："司法当局有权令侵权人向权利所有人支付费用，可能包括聘请律师的有关费用。在有关案件中，即使侵权人并非故意从事侵权活动或有合理的根据知道其正在从事侵权活动，成员方仍可授权司法当局下令追偿利润或支付预先确定的损失。"

有学者指出并举式赔偿只是对受害人直接损失[1]和间接损失[2]给予全面赔偿，纯粹经济利益损失[3]只有符合规定才能予以赔偿，因而并举式仍体现为一种填补性赔偿。另外我们从 TRIPs 协议规定的"可授权"，也可知对利润或预期可得利益的赔偿 TRIPs 协议仅是建议性规定，未要求成员国立法中必须予以明确。最后，结合上文已探讨的惩罚性赔偿的构成要件分析如上规定，可知 TRIPs 协议规定的"即使侵权人并非故意……"是不符合惩罚性赔偿的主观"故意"要件，因此本文认为 TRIPs 协议规定的包括专利权在内的知识产权赔偿不体现惩罚性。

二、《反假冒贸易协议》的规定

《反假冒贸易协议》（Anti-Counterfeiting Trade Agreement，简称 ACTA）是美欧等一些发达国家或地区 2010 年签订的多边协议，目的在于进一步加强对知识产权的保护，重新构建保护的标准。有学者称，此协议在内容上实现了对 TRIPs 的超越。

在《反假冒贸易协议》中，也对侵权赔偿作出了规定：第一，知识产权侵权损害赔偿救济中，赔偿的数额不得低于权利人受到的损失，即必须能够弥补因侵权造成的损失；[4]第二，在具体侵权赔偿金额确定时，各成员国的司法当局可以责令侵权人将非法获利向权利人返还，具体赔偿数额由各成员国推定，非法收益要

---

〔1〕　直接损失，又称实际损失，是因加害行为的发生所造成的受害人现有财产的减少数额，包括权利受到侵害后财产价值的减损和受害人补救受到侵害的财产而支出的必要费用。

〔2〕　间接损失，又称为可得利益损失，是因加害行为的发生所造成的受害人财产应增加而未增加的数额。

〔3〕　纯粹经济利益损失是受害人直接遭受的、非因受害人的人身或有形财产遭受损害而引起的经济上的不利益或金钱上的损失。

〔4〕　参见《反假冒贸易协议》第 9 条第 1 款。

与赔偿数额大体一致；[1]第三，针对法定赔偿作出了规定，而且就侵犯著作权和与作品相关的邻接权，商标被假冒等，既可以适用推定赔偿，又可以适用法定赔偿，还可以在此外增设额外赔偿。[2]由此可见，与 TRIPs 相比，ACTA 加大了侵权行为人应该承担的赔偿责任，扩大了侵权损害赔偿的范围。虽然 TRIPs 协议和 ACTA 没有明确规定适用惩罚性赔偿，但实际上明显带有完全补偿原则之外的惩罚性内容。

《反假冒贸易协定》作为知识产权执法重要标准的多边协议，目前已在版权保护方面明确规定惩罚性赔偿，而在专利保护中引入惩罚性赔偿已是未来大势所趋。当下尽管我国非 ACTA 协议缔约国，但此协议成员国中的大多数皆与我国有重要贸易往来，与其未来为应对其他国家的惩罚性赔偿而匆忙修改相关规定，我国不如尽快考虑将专利侵权惩罚性赔偿纳入立法。

第二节 英美法系专利侵权惩罚性赔偿立法比较

从世界范围考察，英美法系国家对建立专利侵权惩罚性赔偿制度持支持态度，绝大多数国家不仅立法规定了惩罚性赔偿制度，而且将惩罚性赔偿引入了专利法。

一、美国专利侵权惩罚性赔偿的相关立法

作为引领世界科技创新的美国，对保护技术创新应用的法律制度——专利法，一直予以高度重视。美国不仅出台与专利保护

---

〔1〕 参见《反假冒贸易协议》第 9 条第 2 款。
〔2〕 参见《反假冒贸易协议》第 9 条第 3 款。

有关的成文法，同时在司法判例中加强对专利权保护制度的应用，形成了具有权威影响力的司法判例。下文将从立法和司法两方面阐释美国专利侵权惩罚性赔偿制度的发展历程。

（一）立法渊源

美国的专利法历史悠久，从 1793 年至今，虽然历经多次修改，但法条的不断完备和司法实践的不断修正，使美国专利法得到了很好的发展，更能够适应并支持本国科技发展和经济发展。[1]

1. 立法阶段划分

针对本文考察的专利侵权赔偿之内容，笔者选择从 1982 年美国专利联邦上诉法院成立开始到现在，作为主要考察时期。30 多年来，美国在专利惩罚性赔偿制度建设和故意侵权理论研究方面取得了很大的进步和发展。在此我们从三个阶段进行具体考察：

（1）"积极的谨慎义务（The Affirmative Duty of Due Care）"阶段，始于 1983 年，美国联邦巡回法院在 Underwater Devices Inc. vs. Morrison Knudsen Co. 案判决中，[2] 就故意侵权的构成标准进行了争论。美国故意侵权理论认为，侵权人的主观态度决定了是否构成故意，但如何衡量其主观态度，一时理论界提出了描述主观状态的一系列词汇，如"未知""故意""轻率"和"漠视"等。法院认为，分析潜在专利侵权人，[3] 应当考察其对专利权的实际注意情况，即是否尽到了积极的合理注意义务。积极义务的内容，主要包括：在实施专利侵权之前，是否通过专业律师进行了咨询，得到了律师的意见书。根据此"积极的谨慎义务"能否

---

[1]　参见 Patent Act of 1793, ch. 11, § 5, 1Stat. 318, 322（repealed 1836）.

[2]　李晓桃、袁晓东："美国专利侵权惩罚性赔偿制度及其启示"，载《科技管理研究》2016 年第 10 期。

[3]　李晓桃、袁晓东："美国专利侵权惩罚性赔偿制度及其启示"，载《科技管理研究》2016 年第 10 期。

作为判断故意侵权的依据，从而判断其能否作为判决惩罚性赔偿适用的前提条件。律师意见书的内容可能有两种情况，一是实施将构成侵权，另一种意见是实施不构成侵权。如果律师出具了不侵权的意见，那么法院不应该判决构成故意侵权和惩罚性赔偿。反之，如果律师意见书明确告知，实施该技术将构成专利侵权，那么法院通过"反向推定"，可以认定专利侵权属于主观故意，侵权人应承担惩罚性赔偿的法律责任。从此之后，美国司法界在判断故意侵权和惩罚性赔偿使用时均采用"积极的谨慎义务"的标准。司法实践中，"积极的谨慎义务"采取的是过失标准，而且法院在适用时采取了"故意推定"规则，这势必会扩大故意侵权和惩罚性赔偿的适用范围。

（2）"客观轻率"标准阶段。[1]"积极的谨慎义务"的标准虽然遭到了学术界的抨击和专利权人的批评，但是，这一标准在美国执行了 25 年之久。直到 2007 年，美国巡回法院在 Seagate 案的判决中，认为"积极的谨慎义务"标准其实是一种过失侵权，作为"故意侵权"的认定条件显然偏低，扩大了故意侵权的范围。为此，提出了适用惩罚性赔偿的两个条件：第一个条件，专利权人必须证明专利侵权人的侵权行为具有"客观的轻率（objective recklessness）"。第二个条件，证明专利侵权人存在主观故意。

在此，关键是如何认定"客观轻率"，此标准就要求专利权人必须有足够的证据证明侵权人具有侵权的客观可能性。按照上述两个前提条件，在认定故意侵权时，与第一阶段相比，其规则发生了改变：首先，举证责任有所改变。如果按照"积极的谨慎义务"标准，专利侵权人需要提供律师意见书，如果专利侵权人不

---

〔1〕 李晓桃、袁晓东："美国专利侵权惩罚性赔偿制度及其启示"，载《科技管理研究》2016 年第 10 期。

能按要求提供，则由法院采用"故意推定"规则，判定"证明故意侵权"的举证责任由侵权人承担。第二阶段是"客观轻率"标准，由专利权人承担"证明故意侵权"的举证责任。如果专利侵权人不能提供律师意见书，也不能理所当然地做出"故意侵权"的推定。

（3）从 2011 年美国专利法修改之后进入了第三阶段。在故意侵权的认定中，律师法律意见书的效力一直受到美国理论界、立法界和司法界的广泛争议，肯定和否定之声不绝入耳，2011 年美国新修订的专利法做出了明确的回答。美国专利法冠以故意侵权认定的内容主要有两个方面：一方面否定了将提供法律意见书作为故意侵权认定的必要条件，另一方面禁止将侵权人为提交律师意见书就认定为引诱侵权。[1]此规定的意义在于：第一，对专利侵权人获得律师意见书作为一项义务进行了明确肯定[2]；第二，对"积极的谨慎义务"中所适用的"反向推定"规则给予了否定。即不能因为专利侵权人不能提供法律意见书就认定必然构成故意侵权。第三，从立法角度，进一步确立了"客观轻率"标准。第四，提高了故意侵权的认定标准，从而使惩罚性赔偿标准也随之有所提高。

2. 具体立法发展

1793 年《专利法案》，美国首提三倍赔偿，规定了使用基础，即专利许可使用费作为三倍赔偿的基数。

1800 年《专利法案》将惩罚性赔偿金的基数确定为因专利侵权给专利权人造成的实际损失。[3]

---

〔1〕　参见美国专利法（The U. S. Patent Act）第 298 条。

〔2〕　Edward. D. M, *Patent Reform* 2011 *The Leahy – Smith America Invents Act*：*Commentary and Analysis*，New York：West Group Press. Thomson Reuters，（2011），p. 53.

〔3〕　参见 Patent Act of 1800, ch. 25, §3, 2Stat. 37, 38（repealed 1836）.

1836 年《专利法案》，关于损害赔偿数额的规定予以了进一步修改，取消了之前明确的"三倍赔偿"具体数额的规定，改为"由法官根据案件情况，在陪审团确定一定数额基数之上再增加赔偿额，但赔偿上限为数额基数的三倍"。[1]

1922 年专利法，对许可使用费的计算方式作出了规定。

1946 年专利法修改时，因为众议院认为侵权获利计算中，侵权人不会据实呈报，法院也难以计算，所以，在立法中不再规定侵权人非法获利的计算方式。[2]

1952 年《专利法案》中关于惩罚性赔偿的规定，取消 1936 年的先由陪审团确定赔偿基数，再由法院做出倍数的增加，改为由陪审团或法院来认定赔偿额，而对于认定后的赔偿额法院还可以赔偿额倍数的方式予以增加，但上限为已认定赔偿额的三倍。另外，规定法院提高惩罚性赔偿属于法官自由裁量权，不属于本法第 154 条（d）项规定的临时权利。

2007 年《专利法案》是美国专利法有史以来修改幅度最大的一次。其中关于侵权惩罚性赔偿的修改是增加了主观故意的认定条件，具体来说：首先，限定了主观故意的三种情形，即对可能的侵权行为未经调查落实而继续实施；明知他人合法专利权的存在，仍故意仿制他人的专利产品；侵权行为的重复实施。其次，提高了专利权人通知行为的要求，即专利权人必须明确告知侵权人侵犯了其专利权利要求书的哪项内容。再次，明确了专利权人的举证责任及证明标准，即要求专利权人证明侵权人存在主观故意，此证据必须令人信服。[3]由于此法案关于专利侵权惩罚性赔偿的修改有试图避免侵权人承担惩罚性赔偿金的倾向，而不利于

---

〔1〕 参见 Patent Act of 1836, ch. 357, §14, 5Stat. 117, 123.

〔2〕 和育东：《美国专利侵权救济》，法律出版社 2009 版，第 38 页。

〔3〕 和育东：《美国专利侵权救济》，法律出版社 2009 版，第 38 页、第 202 页。

保护受害专利权人权益，因此该法案经众议院通过后，却遭到参议院否决。

2011 年《专利法案》中增加了侵权惩罚性赔偿主观故意要件的规定，即在专利侵权人既没有提前征询律师意见，更不存在向法院和陪审团提交法律意见书的情况下，专利权人不能证明侵权人故意侵权。

（二）现行立法

1. 专利侵权损害赔偿的方式

美国专利法第 284 条关于专利侵权损害赔偿的方式规定了两种：一种是补偿性赔偿，赔偿的依据是专利权人实际经济损失和专利许可使用费。虽然专利权人需要提供证据，但是上述两种计算方法可以自行选择。第二种是惩罚性赔偿。适用惩罚性赔偿原则，也需要首先计算惩罚性的基数，一是以专利权人因侵权造成的实际经济损失作为基数；二是以专利许可使用费加上诉讼过程中的合理支出作基数。在此基础上，法院可以将实际赔偿数额提高到最多三倍；[1] 其计算方式，不仅体现了以填补性赔偿为基础，而且体现了在倍数适用上的法官自由裁量权。

2. 惩罚性赔偿条件的规定

在确定惩罚性赔偿数额时，美国联邦巡回上诉法院提出了指导性意见，即以专利侵权人的侵权"恣意（willfulness）"为要件。[2] 在司法实践中，法院首先要从侵权人心理状态出发，确定侵权人是否构成恣意侵权（willfulness infringement）；如果认定恣意侵权成立，再充分考虑个案具体情况，如侵权人的经营情况、财务状况、侵权时间等，确定惩罚性赔偿的具体倍数。

---

〔1〕　参见 35U. S. C. § 284（2011）.

〔2〕　恣意行为的侵权程度高于过失侵权，轻于故意侵权。参见 Edward J. Kionka, *Torts*, Beijing：Law Press（1999），p. 102.

（三）司法判例的规定

作为判例法国家的美国，尽管在其《专利法》中规定了专利侵权惩罚性赔偿的内容，[1]但规定过于原则，没有明确的适用标准，也未规定哪些类型的专利侵权案件可以适用惩罚性赔偿。因此需要法院在审理具体案件时，通过适用惩罚性赔偿而最终以判例的方式将惩罚性赔偿的具体适用确立下来。

根据美国联邦巡回上诉法院（United States Court of Appeals for the Federal Circuit，以下简称 CAFC）[2]审理案件作出的判决，可知只有在行为人主观故意实施侵犯专利权的行为造成专利权人损害后果的情形下，法院才会作出侵权人承担惩罚性赔偿责任的判决。也即只有主观故意状态下构成的故意侵犯（willful infringement）专利权，可以适用惩罚性赔偿。

CAFC 在 1983 年的 Underwater Devices 案中，以行为人违反了合理的注意义务为基础，确立了侵权惩罚性赔偿的主观故意要件的判断标准。合理的注意义务是指，行为人负有适当注意的积极义务，不得在明知他人专利权存在的情况下，实施侵权行为。[3]一旦行为人违反了合理的注意义务，那么其主观状态就表征为故意。而行为人事先如何获知自己须履行注意义务？则是由律师提供法律意见。即若行为人在实施侵权行为前，未从律师处获得他人享有专利权，自己须履行合理注意义务的信息，则其实施行为

---

〔1〕《美国专利法》第 284 条规定："法院可以自由裁量赔偿金额的倍数，但最多为陪审团确定或者法院估定的损害赔偿金额的三倍。"

〔2〕 美国的联邦巡回上诉法院（以下简称 CAFC）成立于 1982 年，管辖范围涉及美国专利侵权的上诉案件，该上诉的案件包括美国专利局驳回案卷的上诉案件，还包括联邦地方法院审理的专利侵权案件的上诉案件。因而其判决可以被看成是对美国专利法的比较权威性解释。

〔3〕 谢黎伟："美国专利侵权赔偿制度的变革和启示"，载《齐齐哈尔大学学报（哲学社会科学版）》2012 年第 4 期。

是善意的，不存在主观故意；但若行为人事先已从律师处获得他人享有专利权，自己须履行合理注意义务的信息，仍实施侵权行为，则其主观便是故意状态。对于此情形，法院便会作出侵权人承担惩罚性赔偿的判决。由于律师法律意见的作出对象是被控侵权人，因而判断被控侵权人主观是否故意的证据就须由被控人侵权人自己承担。

CAFC 在 2007 年的 Seagate 案中，以对被控侵权人轻率的行为表现，取代 Underwater Devices 案中被控侵权人主观故意的判断标准，并由专利权人举证证明被告的轻率行为。总结 CAFC 对 Seagate 案的审理，可以发现运用被控侵权人轻率行为方法来认定侵权惩罚性赔偿，采用了两步认定法。第一步由专利权人提交"清楚并令人信服"的证据来证明被控侵权人实施的轻率行为客观存在，[1]即被控侵权人确实实施了有可能侵犯专利权人权利的行为。第二步由专利权人提交证据证明被控侵权人事先明知或有理由应知其行为将给专利权人带来某种风险，甚至造成损害，仍然实施该行为。而对于被控侵权人主观心理状态的判断，则以该专利技术领域的普通技术人员应当预见却没有预见此行为会造成专利权人损害的后果，对被控侵权人进行判断。据此，CAFC 在 Seagate 案中适用侵权惩罚性赔偿的判断标准已经突破了主观故意心理状态的要求。

另外，根据美国现行专利法第 285 条的规定，"特殊情况法院可判给败诉方被告赔付胜诉方原告以合理的律师费"，也体现了专利侵权惩罚性赔偿的内容。在美国，判决赔付律师费实属特例，因一般情况皆由当事人各自给付律师费。而只有在专利侵权案件

---

〔1〕 李晓桃、袁晓东："美国专利侵权惩罚性赔偿制度及其启示"，载《科技管理研究》2016 年第 10 期。

中，被控侵权人主观状态处于恶意的情形下，即恶意实施侵权行为，才应当负责律师费的赔偿。因此在美国主观故意状态下的侵权行为，侵权责任人承担的律师费部分，也体现为对其的一种惩罚。[1]

（四）赔偿计算

如上论述，美国立法及判例中已经就侵权人承担的惩罚性赔偿责任的构成和内容进行了规定。在实际损害赔偿计算上，专利权人如何就侵权造成的实际损失与合理许可费提出赔偿请求，需要对其规定进行分析。

1. 两种损失的计算

基于专利法赋予了专利权人两种利益，第一种利益是专利权人的基本利益，即对专利权的垄断使用权，通过专利实施获得实施利润，不仅促进专利产品的生产和经营，而且补偿专利技术研发的投入。第二种利益，专利权人不仅可以自己实施，而且可以许可他人使用，在实施许可时获得许可费用。与专利权人的利益相对应，如果专利侵权行为发生，也将给专利权人造成两个方面的损失：一是专利权人因侵权造成的实际利润损失；二是专利侵权人实施专利技术本应该交纳许可使用费，但是侵权行为造成了许可使用费的减少，即给专利权人造成了许可使用费损失。

所谓利润损失，是指专利权人因专利侵权产品与专利产品市场竞争的存在，侵权产品的销售必然影响专利产品的销售，从而影响专利产品产生的利润。[2]除了销售层面的影响，专利产品的价格确定地位和企业信誉也会受到影响，势必造成专利权人的利润损失。

---

〔1〕 李明德：《美国知识产权法》，法律出版社 2003 年版，第 83 页。

〔2〕 马召燕："我国专利侵权损害赔偿的确定问题研究"，上海大学 2015 年硕士学位论文。

　　所谓许可使用费损失，是指专利权人本应该获得的许可使用费难以获得，专利侵权人未经专利权人许可，也未向专利权人支付许可使用费，无偿地实施了专利技术。[1]

　　2. 两种损失的赔偿不能同时计算

　　虽然法律规定，专利权人可以择其一请求，也可以同时请求，但是，一般情况下，专利权人的利润损失与许可使用费损失不能并存，其原因如下：

　　第一，如果专利权人虽然获得了专利权，但并没实际实施专利技术，当然也就不存在利润损失，如果说存在损失，仅存在许可使用费损失。

　　第二，如果专利权人实施了专利技术，但其生产的专利产品与侵权产品由于销售地域和销售市场不同，因此，侵权产品与专利产品并不构成市场竞争，此时也应该被确认为仅存在许可使用费损失，也不形成利润损失。

　　第三，如果专利权人实施了专利技术，其产品与侵权产品形成了市场竞争，那么，专利权人也只能主张利润损失或许可使用费损失的一种情形的赔偿。

二、其他英美法系国家专利侵权惩罚性赔偿的相关立法

　　(一) 英国相关立法

　　英国是最早建立惩罚性赔偿制度的国家，早在 1623 年的《垄断法规》（Monopoly Regulation）中，就对侵权损害赔偿金做出了相关规定，如果专利权人就专利侵权提起诉讼，在诉讼事由成立的情况下，法院不仅可以判定侵权人应该向专利权人支付高于实

---

　　[1]　王旺林：“专利侵权案件中的几个特殊问题”，载《中国律师》2003 年第 2 期。

际损失三倍的赔偿，而且需要支付诉讼费用二倍的赔偿。[1]此规定对于专利侵权赔偿制度具有划时代意义。但是，这一历史上最早的惩罚性赔偿制度，由于惩罚性程度较高，在1969年被取消了。此后的《专利法》（Patent Act）中虽然取消了惩罚性赔偿的条款，但仍然规定了"附加赔偿金"制度。

1988年，英国颁布了《版权、设计与专利法》（'1988 Copyright, Design and Patent Act'），其中仅对著作权侵权赔偿规定了惩罚性赔偿原则，但将专利侵权赔偿排除在可惩罚性之外。

2007年英国政府就《损害赔偿法》（Compensation Act for Damage）作出解释，依据欧盟《知识产权执行指令》（European Intellectual Property Enforcement Directive）中关于惩罚性赔偿不适用的规定，宣布从立法上不再扩大惩罚性赔偿的适用范围。司法实践中，法院关于惩罚性赔偿的适用范围一直沿用1964年的一个司法判决，即在Rookes vs. Barnard案的判决中，英国上议院对惩罚性赔偿适用的案件范围作出了具体规定：一是针对国家政府官员恣意违背宪法规定的行为；二是如果侵权人在实施侵权行为时，所获得的利润超过了原告所获赔偿。在英国，虽然未将惩罚性赔偿引入《专利法》，但是只要符合上述适用惩罚性赔偿的两个要件，专利侵权同样可以适用惩罚性赔偿。

值得关注的是，在外观设计侵权适用惩罚性赔偿，根据1988年英国《版权、外观设计与专利法》的规定，以侵权人实施行为时的主观恶性及侵害获益情况为考量基础，法院可作出外观设计侵权人承担附加性损害赔偿责任的判决。[2]

上述立法和司法规定可见，早期英国在立法中引入惩罚性赔

---

〔1〕 参见英国1623年《垄断法规》第4条。

〔2〕 参见英国Copyright, Designs and Patents Act 1988。

偿制度具有一定的随意性，因为彼时彼刻对惩罚性赔偿的适用标准尚不够明确，这一制度不仅没有得到很好的执行，而且在相关立法中受到限制。

（二）澳大利亚相关立法

2006年澳大利亚修订的专利法中增加关于专利侵权惩罚性赔偿的规定，如果专利侵权人的侵权行为可以推定行为人具有主观故意，并且侵权行为给专利权人造成了损害后果，[1]那么，法院有权作出适用惩罚性赔偿的判决。但是，法院应综合考量侵权人的主观恶意以及实施侵害行为所造成专利权人权利受损害的程度，及侵权人在收到专利权人停止侵害的通知后是否仍继续实施侵权行为，[2]进而确定专利侵权惩罚性赔偿的数额。

第三节　大陆法系国家专利侵权惩罚性赔偿立法比较

大陆法系中的大部分国家目前适用专利侵权填补式赔偿，而未适用惩罚性赔偿。但随着专利技术的国际化发展和应用，大陆法系国家目前正在逐渐采用惩罚性赔偿制度。以下将对大陆法系中的一些代表国家及地区关于惩罚性赔偿的适用进行探讨，以期为我国该制度的制定启迪思路。

一、德国专利侵权惩罚性赔偿的相关立法

《德国专利法》（Der Deutsche patentrecht）规定，行为人过错

---

[1] 张鹏："专利侵权损害赔偿制度价值初探"，载《科技与法律》2016年第2期。

[2] 李洪江："专利侵权纠纷适用惩罚性赔偿责任概述"，载《中国发明与专利》2011年第2期。

（包括故意和过失）侵犯专利权人权益，需要承担损害赔偿责任。而对责任成立后的赔偿额，可依专利权人因权益受损而遭受的损失计算，也可依侵权人因违法实施专利获得的利益计算，还可依未经专利权人许可实施专利技术，给予合理补偿费用。[1]

分析法条，可见德国对专利侵权损害赔偿，要求侵权责任的四个要件[2]都成立，行为人需承担侵权责任。对于责任成立后的侵权人赔偿数额的承担，法条表征为三种计算方法：第一种依据受害专利权人遭受损害带来的损失，计算侵权人赔偿的数额。第二种是依据侵权人实施侵权行为获得的利益，来计算侵权赔偿额。第三种是依据专利权人做出许可实施时的许可使用费，来计算侵权人的赔偿数额。一般情况下，三种方法的适用顺序为优先适用第一种，当无法确定专利权人遭受的损失时再适用第二种或第三种。具体分析三种赔偿额计算方法，可以看出第一种赔偿方法为典型地填补式赔偿，即专利权人遭受多大的损失，侵权人就给予大多的赔偿。它严格按照专利权人不能因侵权人的赔偿而获益，只能是恢复到受损前状态的理论要求。而第二种和第三种方法在一定程度上体现了超越填补性赔偿理论。就第二种方法来说，尽管在一定程度上侵权人非法使用专利权人专利而因此获益，此利益应该赔偿给专利权人。

但是试想一项产品从投放市场到被市场接受，为消费者所认可是存在一定时期的，侵权人恰是在经历了这个时期后获得了利润。这其中侵权人可能是将被控侵权专利产品作为其原产品中的

---

[1] 李晓秋："专利侵权惩罚性赔偿制度：引入抑或摒弃"，载《法商研究》2013年第4期。

[2] 四个要件分别是主观过错、违法行为、因果关系及损害后果。尽管法条中未明确违法行为要件，但主观过错状态下支配行为人作出的损害专利权人权益的行为，必然是违法行为。侵权责任四要件说也是德国民法学界的主流观点，侵害专利权责任的承担，当然也需要满足四个要件都成立。

一部分予以销售，而原产品则是被控侵权产品得以销售出去的市场基础；侵权人还可能是已经进行了对被控侵权产品的广告宣传，得到了市场的认知后才予以销售获得利润。专利权人若提出以第二种方法请求侵权人予以赔偿，显然是因无法计算自己遭受的损失，而为何无法计算，大多情况下是因为专利权人自己还未将专利产品投放市场。既然专利权人还未实施专利产品的销售行为，那么如何能确定其将专利产品投放市场后可以获得与侵权人销售专利产品相同的利润？若此利润额无法确定，而依此方法要求侵权人予以赔偿，显然有违填补性赔偿理论，因为受害专利权人将获得大于其遭受损失的赔偿数额。探讨了第二种赔偿方法后，我们来看最后一种，即依专利许可费支付赔偿数额。此方法的适用，同样是在专利权人无法确定其遭受损失的情况下才加运用。

根据法条的规定，"依未经专利权人许可实施专利技术，给予合理补偿费用"。若在侵权人实施侵权行为因此获益之前，专利权人已向其他人颁发了专利许可并收取了相关费用，那么依此许可费要求侵权人承担赔偿责任，还可谓合理；但若在侵权人实施侵权行为因此获益之前，专利权人未向其他人颁发了专利许可并收取许可费，那么依所谓许可费来要求侵权人承担赔偿责任，并无合理可言。因此法条规定的，"依许可实施给予合理补偿"，不体现填补性赔偿理论。因此，德国法院依据方法二和方法三处理专利侵权案件，做出的损害赔偿判决结果已带有惩罚性赔偿色彩。另外，德国专利法还规定，侵犯专利权的责任承担，还包括刑事责任。

二、法国专利侵权惩罚性赔偿的相关立法

法国《知识产权法典》（Code de la propriété intellectuelle）规定了侵犯专利权承担刑事责任，即"对于故意侵犯专利权的，处

两年监禁并处 100 万法郎罚金"。[1]实现了公法中惩罚性内容在私法中的运用。

关于惩罚性赔偿制度，法国的态度与德国相似，不曾在立法上予以明确，但在司法实践中，没有禁止原告提出高于专利侵权损失的赔偿要求，同时，法院在实际判决中也存在惩罚性赔偿的判例。

在法国，查找官方所有规范性法律文件，不存在任何惩罚性赔偿的条款。法院也坚持"补偿性赔偿原则"，以专利权人的损失为侵权赔偿的最高数额。然而，在司法实践中，客观上有部分原告在特定情况下提出了超过自身损失的赔偿主张，法院依据《知识产权法典》进行判决。[2]法国《知识产权法典》规定，针对知识产权侵权做出有关赔偿金的判决时，[3]需要考虑以下两个因素：一是专利权人遭受的侵权损失，既包括实际经济损失，也包括专利权人承受的无形损失，如信誉损失等；二是侵权人支付的赔偿金不得少于专利许可使用费。由此可见，在侵权损害赔偿金计算时，既可以依据侵权损失计算，又可以依据侵权获利计算，而且并没有禁止侵权赔偿超过侵权损失。

三、日本专利侵权惩罚性赔偿相关立法

日本对三大专利类型分别予以立法规定[4]，因此关于侵权惩罚性赔偿的内容，我们也需分别罗列。对发明专利予以保护的《日本专利法》（ライセンス法），在其罚则一章中规定了，"侵害专

---

〔1〕 参加法国《知识产权法典》，L521-4 条和 L615-14 条。

〔2〕 参见法国《知识产权法典》L. 331-1-3。

〔3〕 李文彬："从《十二国著作权法》的翻译出版谈各国著作权的刑法保护"，载《科技与出版》2011 年第 12 期。

〔4〕 《日本专利法》《日本实用新型法》和《日本外观设计法》分别保护发明专利人、实用新型专利人、外观设计专利人的合法权益。

利权人或独占实施权人权利的侵权人处有期徒刑并处罚金刑"。[1]
对实用新型专利予以保护的《日本实用新型法》在其罚则一章中
规定了，"侵害实用新型专利权人或独占实施权人权利的侵权人处
有期徒刑并处罚金刑"。[2]同样地，对外观设计专利予以保护的
《日本外观设计法》在其罚则一章中规定了，"侵害外观设计专利
权人或独占实施权人权利的侵权人处有期徒刑并处罚金刑"。[3]通
过日本三大专利法的规定可见，日本目前未以专利侵权惩罚性赔
偿金的方式对惩罚性赔偿予以规定，而是采用公法性罚金的方式。

四、我国台湾地区专利侵权惩罚性赔偿的相关立法

　　我国台湾地区在民事立法上受德国影响深远，对于民事侵权
损害的赔偿，一直坚持以恢复侵权前的原状为主要原则，以金钱
赔偿为例外原则。在台湾"民法"第 216 条规定，侵权损害赔偿
坚持以填补损害或补偿所失利益为基本原则。在民法规定的赔偿
原则的指导下，台湾"专利法"对专利侵权赔偿采取补偿性赔偿
原则。在其他单行法中，也都存在惩罚性赔偿的内容[4]。虽然，
台湾在部分立法中引入了惩罚性赔偿，但并未确定民法体系中包
含惩罚性赔偿原则。[5]

---

　　[1]　参见《日本专利法》第十一章第 196 条，转引自杜颖译：《日本专利法》
（第 2 版），经济科学出版社 2009 年版，第 74 页。

　　[2]　参见《日本实用新型法》第九章第 56 条，转引自杜颖译：《日本专利法》
（第 2 版），经济科学出版社 2009 年版，第 112 页。

　　[3]　参见《日本外观设计法》第八章第 69 条，转引自杜颖译：《日本专利法》
（第 2 版），经济科学出版社 2009 年版，第 113 页。

　　[4]　参见台湾地区"公平交易法"第 32 条、"消费者保护法"第 51 条、"营业
秘密法"第 13 条、"证券交易法"第 157 条与"健康食品管理法"第 29 条。

　　[5]　周金城、吴俊彦："论专利法之惩罚性赔偿"，载《月旦法学杂志》2005 年
第 118 期。

（一）相关立法的历史变革

我国台湾地区有关专利侵权惩罚性赔偿法律制度，从最初的否定到承认接受，再到最终确立，经历了半个多世纪的周期，大致可归纳为以下四个阶段：从 1944 年到 1994 年、从 1994 年到 2011 年、从 2011 到 2012 年，以及 2013 年至今。

1. 第一阶段：对专利侵权惩罚性赔偿制度持否定意见

我国台湾地区的"专利法"最早颁布于 1944 年，并历经 4 次修改。

查询现有版本中法条，均未对惩罚性赔偿作出规定。专利法规定，当专利权受到侵害时，专利权人有权就停止侵权、赔偿损失提起诉讼；法院在确定专利侵权损失时，可以委托专利局代为评估。[1]上述规定的依据是我国台湾地区"民法"第 216 条的规定，即如果对损害赔偿没有事先约定，赔偿的实际数额应该以权利人利益损失为限。为了对恶性专利侵权行为予以惩罚，"专利法"规定了对专利侵权人可以适用刑事处罚和罚金，即对伪造专利产品，可以给侵权人三年以下有期徒刑，或罚款 10 万元以下；对仿造专利产品，可以处侵权人两年以下有期徒刑，或处 5 万元以下罚金。[2]

可见，我国台湾地区很早就实行了民刑责任并重的制度，但并未将惩罚性赔偿制度以书面形式引入相关立法。

2. 第二阶段：对专利侵权惩罚性赔偿制度持肯定意见

我国台湾地区虽然属于大陆法系，但也深受英美法系影响，这一点也体现在"专利法"的修改之中。我国台湾地区在 1994 年"专利法"取消了专利侵权人承担的刑事责任，提高了罚金上限。其中

---

〔1〕 参见我国台湾地区"专利法"81、82 条。

〔2〕 参见我国台湾地区"专利法"89、90 条。

第 123 条规定，未经专利权人同意，擅自实施其专利技术，可以处于 60 万元以下罚金，并加重损害赔偿的处罚。[1]当时，受到与美国贸易谈判的压力，我国台湾地区借鉴美国惩罚性制度，在专利侵权赔偿中引入惩罚性措施，并作出了两倍赔偿的规定。[2]如果被认定为故意侵权行为，还可处于不高于三倍的赔偿。2001 年专利法修改为二至三倍赔偿。

3. 第三阶段：以再次否定专利侵权惩罚性赔偿为标志

在美国、日本专利法修订的影响下，我国台湾地区再度修改专利法。[3]基于惩罚性赔偿制度与民事损害赔偿的规定存在冲突，2013 年台湾"专利法"修改，则完全回归到传统大陆法系之于惩罚性赔偿制度的态度，逐条法律规定中再没有明确的相关规定了。

4. 第四阶段：以再次肯定专利侵权惩罚性赔偿为标志

台湾 2013 年"专利法"运行不到半年，再次在争议中提出修改，在修改草案中又一次恢复专利侵权惩罚性赔偿制度，对故意侵权适用不超过三倍的赔偿。

在我国台湾地区"专利法"的频繁修订中，不仅可见发展知识经济的态度，还体现了立法界以及司法界不断加深对专利侵权惩罚性赔偿制度的理解。

（二）我国台湾地区专利侵权惩罚性赔偿立法反复的缘由

台湾地区就专利侵权惩罚性赔偿的相关立法为何如此反复无常？其实是受到了政治、文化、经济、科技等多方面的因素影响所致，且这些因素都起到了不同程度的作用以致惩罚性赔偿制度

---

〔1〕　谢铭洋："我国专利侵害惩罚性损害赔偿之实践与分析：智慧财产法院 97 年度民事诉字第 3 号民事判决解析"，载《法令月刊》2010 年第 5 期。

〔2〕　我国台湾"专利法"第 89 条第 3 项规定："依前二项规定，侵害行为人若故意实施侵害行为，法院可依侵害的程度，酌定判定不超过损害额二倍以上的赔偿。"

〔3〕　魏旭萍："两岸专利侵权制度及其法律适用比较分析（之一）——以我国台湾地区为视角"，载《黑龙江政法管理干部学院学报》2012 年第 5 期。

在台湾立法中时有时无。之所以源于英美法系的专利侵权惩罚性赔偿制度在大陆法系国家难以立法，实则是由民法不适之质疑、司法应用中的困扰、制度功能的取向等实质原因所造成的。

1. 立法的艰难

专利侵权惩罚性赔偿制度的设立，实质上使权利人得到了更多的回报，使侵权人遭受了更重的惩罚，既体现了惩罚现实侵权人，又警告了意欲侵权人。对于在专利法中是否引入惩罚性赔偿，台湾地区的学术界一直存在较大争议。首先针对惩罚性赔偿的性质，公法责任说否认惩罚性赔偿的民法性质，认为只有在保护社会公共利益时才适用；而作为民事责任的赔偿，其性质是完全补偿性的，只有刑事责任中的罚金才具有惩罚性，不能不加区分地予以规定。民事责任说认为，惩罚性赔偿确实具有准刑事性，但权利人就此提起民事诉讼不应该拒绝，因此，惩罚性赔偿仍然是以补偿性赔偿为基础，不能排斥其作为一种特殊的民事责任形式。其次，惩罚性赔偿的适用问题。大陆法系对公法和私法进行了严格区分，既然专利法属于民法范畴，那么，公权不应过多干预对私权的保护，涉及社会公共利益时除外。

为此，台湾地区有学者认为，惩罚性赔偿属于刑法范畴的公权手段；[1]也有学者认为，如果民法侵权赔偿体系中包括了惩罚性赔偿，必然会打破民刑区分的原则，造成法律发展规范的倒退。

2. 司法之困境

台湾地区现行"专利法"规定，适用于惩罚性赔偿的专利侵权，是指侵权人存在主观"故意"状态。[2]有学者认为，该项规定故意的判断不够明确。[3]学理上的故意是指对人的意图加害，

---

〔1〕　谢哲胜："惩罚性赔偿"，载《台大法学论丛》2001年第1期。

〔2〕　参见台湾地区现行"专利法"第97条第2项。

〔3〕　张新宝：《侵权责任构成要件研究》，法律出版社2007年版，第262页。

并不要求明知可以伤害对象的条件，另外，故意又可以划分为直接故意和间接故意两种形式。

德国著名法学、法史学家迪特尔·梅迪库斯（Dieter Medicus）认为，故意就是以明知为前提，故意作为已经发生行为的构成要件，以判断其对事态的决定性。[1]通常情况看，对故意的判断存在主客观两项标准，常以主观标准为主，即考虑的重点是侵权行为人是否存在主观故意。美国法院在认定专利侵权的主观状态时，依据专利侵权人对专利的存在是否知晓，而台湾地区的法院并未建立此故意标准。

在惩罚性赔偿数额确定时，体现惩罚性的三倍系数确定由法院裁量，但以三倍为限。台湾地区法院面对如此大的自由裁量权，一旦失控，必然与立法初衷背道而驰。

3. 立法效果不理想

我国台湾地区设立专利侵权惩罚性赔偿制度的宗旨是填补被侵权人损害、加重处罚侵权人、预防侵权重复发生、维护经济秩序。但是，有学者指出，考察台湾地区的司法实践，并未出现值得关注的专利侵权惩罚性赔偿案例，一方面表明制度的价值不大，[2]另一方面，该制度催生了"专利流氓""专利蟑螂"现象的发生，使包括台湾地区在内的高技术企业面临困境。

总之，该制度在台湾经历了设立和废除的多次反复，既可见惩罚性赔偿给台湾当局带来的困扰，又体现了对法律稳定性的挑战。

---

〔1〕 ［德〕迪特尔·梅迪库斯，杜景林、卢谌 译：《德国债法总论》，法律出版社2004年版，第240页。

〔2〕 李晓秋、刘舒婕："专利侵权惩罚性赔偿立法：我国台湾地区的实践及其启示"，载《科技管理研究》2016年第12期。

（三）赔偿计算

台湾现行专利法和民法都对专利侵权损害赔偿的计算方式做出了规定，[1]具体计算方法包括专利权人的实际损害的计算方法、专利权人在侵权行为发生前后权利人获利差额计算方法、专利侵权人非法所得计算方法和合理权利金计算方法，专利权人有权在以上方法中选择对自己有利的方法。

（1）专利权人实际损害的计算。包含专利权人的财产损失和利益损失。

（2）专利权人获利差额计算。主要针对侵权前后专利权人的获利比较，由此可见，专利权人因为侵权损失了多少利益。一般情况下，其差额就体现了专利权人的利益损失。但是，影响专利权人利益变化的因素很多，包括经营决策的调整、销售水平的限制、资金状况的影响等，因此，要将利益损失计算准确是一件十分不易的事。

（3）专利侵权所获利益。如何计算专利侵权获利，主要依据专利产品的销售收入进行计算，当然也要考虑侵权人合理成本和必要费用。

（4）合理权利金。在台湾地区就是规定的合理倍数，由审理法院考虑各项影响因素确定。

台湾专利法虽然明确了专利侵权赔偿金的计算方法，也作出了故意侵权适用于惩罚性赔偿的规定，但是法律并没有对故意作出界定，以至于法院在确定时无法可依。幸好台湾已经设立了智慧财产权法院，适用专利侵权惩罚性赔偿时，会借助专家鉴定意见，帮助法院作出正确的判决。

综上，不仅立法上的明确规定十分必要，而且司法实践中的

---

〔1〕 参见台湾"专利法"第97条和"民法"第216条。

配套规定必不可少。可见，我国在引用惩罚性赔偿制度时，如果仅将条款写入专利法，而缺少相关配套规定，仍然会带来司法困境。

第四节 本章小结

一、分析了专利侵权惩罚性赔偿的国际规定

立足论文主题即惩罚性赔偿制度，笔者分析 TRIPs 等国际条约中的相关规定。TRIPs 未明确规定惩罚性赔偿。《反假冒贸易协议》加大了侵权行为人应该承担的赔偿责任，扩大了侵权损害赔偿的范围。虽然 TRIPs 和《反假冒贸易协议》没有明确规定适用惩罚性赔偿，但实际上明显带有完全补偿原则之外的惩罚性内容。

二、分析了英美法系国家有关专利侵权惩罚性赔偿的规定

从世界范围考察，英美法系国家对建立专利侵权惩罚性赔偿制度持支持态度，绝大多数国家不仅立法规定了惩罚性赔偿制度，而且将惩罚性赔偿引入了专利法。

首先，作为引领世界科技创新的美国，对保护技术创新应用的法律制度——专利法，一直予以高度重视。美国不仅出台与专利保护有关的成文法，同时在司法判例中加强对专利权保护制度的应用，形成了具有权威影响力的司法判例。其次，英国是最早建立惩罚性赔偿制度的国家，早在 1623 年的《垄断法规》中，就对侵权损害赔偿金做出规定，如果专利权人就专利侵权提起诉讼，在诉讼事由成立的情况下，法院不仅可以判定侵权人应该向专利权人支付高于实际损失的 3 倍赔偿，而且需要支付诉讼费用 2 倍的

赔偿。[1]此规定对于专利侵权赔偿制度具有划时代意义。但是，这一历史上最早的惩罚性赔偿制度，由于惩罚性程度较高，因此，1969年该制度被取消。此后的《专利法》中虽然取消了惩罚性赔偿的条款，但仍然规定了"附加赔偿金"制度。最后，2006年澳大利亚修订的专利法中增加关于专利侵权惩罚性赔偿的规定，如果专利侵权人的侵权行为符合人主观故意，并且侵权行为给专利权人造成了损害后果，[2]那么，法院有权作出适用惩罚性赔偿的判决。但是，法院应综合考量侵权人的主观恶意以及实施侵害行为所造成专利权人权利受损害的程度，及侵权人在收到专利权人停止侵害的通知后是否仍继续实施侵权行为，[3]进而确定专利侵权惩罚性赔偿的数额。

三、分析了大陆法系国家关于专利侵权惩罚性赔偿的规定

大陆法系中的大部分国家目前针对专利侵权仍适用传统民法责任中的填补式赔偿形式，而未适用惩罚性赔偿。但随着专利技术的国际化发展和应用，大陆法系国家目前正在逐渐接纳并尝试采用惩罚性赔偿制度，笔者以德国、法国、日本和我国台湾地区为代表进行了分析。

尽管部分大陆法系国家，已经在英美法系国家关于专利侵权惩罚性赔偿规定的不断完善的大趋势下，逐步认可了该法律制度，但绝大多数大陆法系国家对专利侵权惩罚性赔偿几乎都未作出明确规定，有借鉴意义的应属我国台湾地区的相关制度。

---

〔1〕 参见英国1623年《垄断法规》第4条。

〔2〕 张鹏："专利侵权损害赔偿制度价值初探"，载《科技与法律》2016年第2期。

〔3〕 李洪江："专利侵权纠纷适用惩罚性赔偿责任概述"，载《中国发明与专利》2012年第1期。

第四章

域外专利侵权惩罚性赔偿的适用条件

党的十八大强调"实施知识产权战略，加强知识产权保护"，但是，在专利侵权诉讼中，不仅维权成本高、过程长，而且维权难度大、举证不易，尽管如此，即使赢了官司也未必能够补偿因侵权造成的损失。正是因为这些问题的存在，我国在《专利法》第四次修改时，拟引入惩罚性赔偿制度。[1]然而，专利侵权惩罚性赔偿制度并非侵权赔偿的普适制度，而是一种例外制度。这一例外制度的适用要件有哪些？需要借鉴美国等发达国家的司法实践经验，紧密结合我国实际加以研究。

---

[1] 惩罚性赔偿是指基于侵权人的不法行为，由法院判令由侵权人向被侵权人给付的超出被侵权人实际损害范围之外的金钱赔偿。惩罚性赔偿的功能除了补偿被侵权人因侵权行为遭受的损害之外，更重要的功能在于对侵权人的侵权行为施加惩罚，以阻吓侵权行为的发生。

第一节　专利侵权惩罚性赔偿适用条件的内容

在一般专利侵权的损害赔偿中，以侵权人的主观过错作为衡量情节轻重的重要依据，[1]但并非追究赔偿责任的要件。我国现行的专利侵权损害的"补偿性赔偿"主要基于专利权人的实际损失，而不是以侵权人的主观过错为依据。惩罚性赔偿原则区别于补偿性赔偿原则，所适用的非一般主观过错行为，而是针对侵权人的主观故意侵权行为。我国《专利法》第四次修改的建议稿中，明确规定了故意侵权即为专利侵权惩罚性赔偿的适用条件。但是，什么是故意侵权？故意侵权如何认定？我国对此并未作出立法规定。如何借鉴美国方面的相关立法经验以及司法判例，需要在本章加以论述。

专利侵权惩罚性赔偿并非适用于任何专利侵权案件，根据前文所述，笔者认为，适用于专利侵权惩罚性赔偿，需要同时具备三个条件，即主观要件、客观要件和申请人提出。

一、适用惩罚性赔偿的主观要件

在现实生活中，专利侵权行为虽然普遍存在，但并不是所有的行为都适用惩罚性赔偿。在此，首先，从专利侵权行为的类型考察，一般以侵权人的主观因素为标准划分为专利故意侵权和专利过失侵权。其次，从专利侵权的客体分析，依据专利法规定，专利权不包括人身权，仅包括财产权，因此，对专利权保护手段

---

〔1〕　杨双："专利侵权的惩罚性赔偿责任研究：兼评《专利法》第四次修改草案征求意见稿对第65条的修改"，天津师范大学2014年硕士学位论文。

的选择主要考虑专利权人遭受的损失。再次，从两种专利侵权类型的责任适用考察，如果专利侵权属于过失侵权，即侵权人非主动实施侵权行为，此行为适用于损害补偿性赔偿原则，不适用于惩罚性赔偿原则。但是，是否所有的专利故意侵权行为都完全能适用于惩罚性赔偿呢？虽然一般情况是适用的，但针对个案也需要根据具体情况进行具体分析。有学者认为，对"故意"应该作程度上的认定，如果专利侵权人的主观"故意"上升为主观"恶意"，惩罚性赔偿才具有正当性，否则可能造成惩罚性赔偿的滥用，也有悖于制度设立的初衷。美国司法实践中，提出对故意侵权认定时，必须考虑专利侵权人是否存在恶意（malicious）、是否明知自己实施的是侵权行为而不顾侵权后果（reckless）继续实施、是否产生的社会邪恶（wicked）性等要素。在此，对专利侵权人侵权行为的"恶意"性判断，实质上是一种价值判断，只有具体界定"恶意"的客观标准，才能保证该制度的实施效果。那么，我国在设立专利侵权损害惩罚性赔偿制度时，应当结合域外有关规定，明确"故意"和"恶意"的标准。

（一）关于"恶意"的界定

1. 侵权人行为的主观恶意性

报应正义要求制裁恶者，是否追究、如何追究恶者的行为是一种道德评价的标准。报应正义特别关注违法行为的道德性[1]，侵权行为人存在的主观上可谴责性[2]正体现了惩罚性赔偿的适用前提。惩罚性赔偿原则的实施不仅是对侵权人的负面评价，而且体现了"恶有恶报"的朴素观念。可见，惩罚性赔偿的制裁对象

---

〔1〕　徐昕："通过私力救济实现正义——兼论报应正义"，载《法学评论》2003年第5期。

〔2〕　于冠魁、杨春然："论惩罚性赔偿的性质"，载《河北法学》2012年第11期。

是具有主观恶意的侵权人，该侵权行为包括了肆无忌惮、恶意挑衅、无视权利和用心不良等行为元素。

将主观恶意作为惩罚性赔偿条款的适用条件，已为各国所认可。在美国，不仅在侵权责任法中对主观侵权心态做出了描述，[1] 而且各州立法规定中也有所体现，如佛罗里达州（Florida）仅将故意侵权作为惩罚性赔偿原则的适用条件；德克萨斯州（Texas）与密西西比州（Mississippi）则在故意侵权的基础上，还将重大过失行为作为惩罚性赔偿原则的实施对象[2]。我国 2014 年《商标法》中的惩罚性赔偿的主观条件将"故意"上升为"恶意"；我国正在修订的《专利法》和《著作权法》草案中，都将"故意"作为适用惩罚性赔偿的主观要件。故意和重大过失虽然都表现为一种主动侵犯行为，但是，在主观恶意程度上还存在一定的区别，故意表现为主观恶性，重大过失可能是因为侵权人消极对待了自身的侵权行为。

2. 主观恶意的认定

在司法实践中，如何认定专利侵权人具有侵权"恶意"，笔者认为可以从以下两种情形进行判断：

（1）故意侵权是否具有反复性。专利侵权屡禁不止、屡查屡犯的表现就在于专利侵权人枉顾专利法律和专利权的神圣性，不断地重复自己的侵权活动。如果以侵权次数作标志，那么次数越多就意味着主观侵权的恶性程度越高。

（2）公然性侵权的程度。其公然性表现在侵权人在侵权之前就做了周密考虑，如对专利侵权成本和收益已经进行了计算，属

---

〔1〕 美国侵权法第二次重述第 908 条将主观心态描述为"具有类似于犯罪的严重违法行为的某种因素"。

〔2〕 袁杏桃："知识产权侵权惩罚性赔偿的正当性基础与制度建构"，载《甘肃社会科学》2014 年第 5 期。

于有计划的侵权行为。在美国，对此已经权衡利弊的侵权人，其行为被确定为恶意侵权或公然侵权（flagrant infringement）。

（二）"故意"的内涵及其认定

对"故意"的考察主要针对侵权人的主观心态，即主观过错的严重程度。美国不仅在立法中没有界定"故意"的本质内涵，就是在联邦巡回上诉法院的判决中也鲜见其对"故意"的认定。为了考察"故意"情形的真正涵义，笔者不仅查阅了学者们的观点，而且查询了相关判例，在对"故意"侵权实施惩罚性赔偿的案例中，其判决书中的表述措辞不一："欺诈""明知……而故意""蓄意""肆意"等等。[1] 鉴于此，笔者认为，在适用惩罚性赔偿原则侵权中，其侵权行为的"故意"之内涵：一是侵权前提明确存在，即明知是不能侵犯的专利，明知如果实施就存在侵权行为；二是客观上存在实施专利行为。

在美国，虽然对"故意"侵权行为规定不明确，但是在司法实践中也体现了与时俱进的思想。基于"故意"是一种主观心态的内在体现，不宜为其设定一个固定规则，因此，对"故意"的判断标准不断变化，客观上存在不同时期的差异性。

1983 年的一个案例中对"故意"采用了"合理注意"的标准，[2] 即在侵权之前，专利侵权人对专利的存在已经注意到了。"合理注意"是一种行为，而且这一行为在专利侵权之前。此标准成为美国第一阶段的标准。

2007 年的 Seagate 案中，将故意侵权的判定标准由"合理注意"修改为"客观轻率行为"或"鲁莽过失行为"（recklessness）

---

〔1〕《消费者权益保护法》第 55 条第 1 款将经营者承担惩罚性赔偿责任的主观状态限定于欺诈。欺诈是故意告知虚假事实，或故意隐瞒真实信息，使他人基于错误信息而为意思表示的行为。因此，欺诈的主观状态就是故意。

〔2〕 参见 Under water Devices Inc. v. Morri-son-Knudsen Co. 案。

标准,[1]形成了第二阶段的判断标准。将"故意"认定为"客观轻率行为",专利权人必须有清楚且可靠的证据,[2]证明侵权行为人在明知专利具有有效性以及侵犯专利的可能性的情况下,仍然擅自实施其专利侵权行为。在此标准前提下,采取了举证责任倒置的方式将举证义务交由专利权人承担,故意侵权行为人不承担举证责任。第二阶段的标准,体现了联邦巡回上诉法院对"故意"侵权的认定态度。联邦巡回上诉法院[3]不仅确立了"客观轻率行为"的客观标准,而且提出了认定方法,即分为两大步骤:第一步,对客观上的侵权事实进行认定,主要针对专利权人提供的证据,即必须存在明知侵权而实施侵权行为的客观事实。可见,第一步属于事实调查,而不是对主观侵权心态的分析。第二步,分析侵权人的主观心态。一是有理由证明侵权人主观上对专利的有效性和合法性明确知晓;二是有理由证明侵权人应该知道所侵权客体的真实性和客观存在。对侵权人"应该知道"的判断,主要选择同一个领域的普通技术人员作为行为预见人。此判断加重了专利权人的举证责任,从而导致故意侵权的判断难度相对增加,

---

〔1〕 Seagate 案起源于 2000 年 7 月 13 日,原告 Convolve 及 MIT 诉被告 Compaq 及 Seagate 恶意侵权(willful patent infringement),向法院请求三倍惩罚性赔偿,涉案专利为 635,267 以及 473,均与硬盘驱动与优化技术有关。被告方辩称,其基于法律顾问建议的行为遵守了诚实信用原则,并非恶意侵权。2007 年 8 月 20 日,上诉法庭全面否定了一审法庭的判决,并且创造性地提出了惩罚性赔偿的标准。上诉法庭援引美国最高院 Aro Mfg vs. Convertible Top Replacement 判决,认为恶意侵权情况下,可以适用惩罚性赔偿(enhanced damages were available for willful or bad faith infringement)。而在认定是否恶意的问题上,上诉法庭援引最高院在民事案件中的判决标准(The word 'willful' is generally understood to refer to conduct that is not merely negligent)认为需要至少证明侵权人客观上存在"鲁莽过失"(recklessness)。

〔2〕 美国在司法实践中建立了二种不同的事实认记标准:优势证据标准,清楚且有说服力标准,排除合理性怀疑标准。

〔3〕 李明德:"美国专利法中的等同理论——希尔顿化学公司案述评",载《外国法译评》1999 年第 2 期。

适用惩罚性赔偿的条件也愈发严格了。[1]

在"故意"标准难以明确的前提下，美国2003年专利法以列举方式规定了"故意"侵权的情形：一是专利侵权人不顾专利权人的警告，继续实施侵权行为；二是在明知专利具有有效性和合法性的情况下，仍然实施该专利；三是在法院已经对专利侵权进行了认定的情况下，仍然对法院的认定置若罔闻，继续实施专利行为。上述三种故意侵权的情形，不仅是专利权人提供证据的具体要求，而且是法院判断的重要依据。

在我国专利侵权领域，虽然未曾引进惩罚性赔偿原则，但是，在司法实践中，也存在对侵权行为的判断，对主观故意的界定一般从两个方面考虑：一是侵权行为人是否能够对损害结果主观预见以及预见程度如何；二是侵权行为人的目的是否是获得不当利益。《专利法》第四次修改已经明确提出"故意"侵权的概念，在具体认定中，建议借鉴美国的两步认定法，综合考虑三大因素，从侵权次数、侵权背景、侵权目的等方面判断侵权是否具有"故意"性，也确定应该适用哪一种侵权补偿原则。

在此，值得一提的是，目前理论上存在一大争议，即专利侵权人的重大过失侵权是否视同故意侵权纳入惩罚性赔偿的范畴。有的国家将重大过失视同故意，依照惩罚性赔偿原则予以处理；也有的国家认为重大过失行为仍然属于过失行为，不应该视同"故意"侵权，进而不能适用惩罚性赔偿原则。我国也有部分学者支持故意和重大过失等同看待。[2]笔者则认为，我国对专利侵权惩罚性赔偿的适用条件应该局限于侵权人主观故意，重大过失与故意侵权存在区别，即使过失重大，也不能改变"过失"的性质。

〔1〕　张玲、纪璐："美国专利侵权惩罚性赔偿制度及其启示"，载《法学杂志》2013年第2期。

〔2〕　王利明："美国惩罚性赔偿制度研究"，载《比较法研究》2003年第5期。

（二）重大过失

过失侵权按照程度可以划分为重大过失侵权和一般过失侵权。过失侵权的前提是侵权人不存在对专利的有效性、合理性预先了解，甚至对侵权结果也没有预见。判断侵权行为是故意还是过失，主要取决于侵权人的主观态度，态度决定行为。按照传统民法的规定，重大过失是指一般社会人可以注意并予以避免不当行为的发生，而侵权人未尽到注意义务，发生了可以不发生的后果，可以避免而没有避免的侵权结果。针对共同注意，尽管比较抽象，但是不少国家都做出了规定，如德国民法中称之为"交易上必要的注意"以及我国台湾地区称之为"善意管理人的注意"[1]。在我国民事理论和实务中，在侵权行为分析中对一般过失和重大过失也作出了不同的对待。所谓重大过失，是指行为人的注意低于常人的注意标准，应该注意的却未注意到。所谓一般过失，则是相对于重大过失的轻微过失，从程度上讲未达到不可谅解的程度。专利侵权人重大过失尤其主观状况的表现，如在专利侵权时不存在对行为后果的顾及，对专利权人合法权利不加尊重，对社会承担的专利权保护义务表现为漠视态度。这些表现"故意"的主观状态具有相似之处，有学者也将其称为间接故意侵权。

二、适用惩罚性赔偿的客观要件

专利故意侵权所造成的损害结果构成适用惩罚性赔偿的客观要件。虽然在专利侵权的诉讼案件中，专利权人的实际损失难以计算，但是，我们不能因此就不承认侵权损失的后果。如何计算侵权损失，一般需要专利权人提供损失证据作为确定赔偿数额的重要依据。

---

〔1〕 李洁："惩罚性赔偿制度研究"，武汉大学 2013 年博士学位论文。

在举证责任分配上，要求原告在请求赔偿的时候，提供侵权行为的客观存在和因侵权所受到的实际损失；要求被告对专利权具有不合法性、专利权不存在有效性和实施专利不具有侵权性的抗辩承担证明责任。如果原告不能证明侵权行为的客观存在，尤其不能就侵权损害的存在，就难以受到损害赔偿；如果被告提供的证据不能阻却侵权控告，就应认定侵权行为存在。

从原告角度出发，如果原告就专利侵权提起损害赔偿的诉讼，那么依照现行立法之规定，原告需要以下两个方面作出证明：第一，侵权行为人实施专利的行为并未经过专利权人的许可；第二，一旦专利侵权行为成立，专利权人需要就专利产品生产、销售获得了一定的利益，专利产品在市场上地位，消费者对专利产品的偏好等提出证明。只要原告提供的证明具有合理性，其证据将成为计算赔偿数额的重要依据。

有学者认为，当原告就专利侵权损害赔偿提供了合理证据，应该对涉案专利产品进行技术分摊。所谓技术分摊，是指依据专利对涉案产品所产生利润的贡献率，合理计算专利侵权损害赔偿的数额。不可否认，并非涉案产品的销售利润都是由专利完全贡献的，还有一些因素的实施也成为利润实现的重要成分。尤其现在科技发展的日新月异，不少产品中包含多项专利技术，形成了"专利丛林"，如一个台灯，生产厂家在台灯上实施了原告具有护眼功能的灯管的发明专利，但生产厂家就该台灯的外观也申请了外观设计专利。原告请求的侵权获利赔偿，显然就不应该赔偿全部利润，只能针对发明专利的贡献率计算利润损失。在损害赔偿计算中，被告需要就外观设计专利的贡献率提供证据，只有这样，才能实现技术分摊。

如果专利权人的实际损失和专利侵权人的侵权获利难以计算，就需要依据涉案专利的许可使用费为依据，通过加计合理倍数计算专利侵权损害赔偿。如果专利许可使用客观存在，由审理法院以专利许可使用费为基础，参考专利的价值、侵权行为的性质及其影响确定合理倍数。然而，如果专利权人并没有真正实施许可使用，那么专利侵权赔偿只有依靠法院实施法定赔偿。

适用惩罚性赔偿的专利侵权案件中，专利权人需要承担较重的举证责任。与之相区别的是补偿性赔偿的证明责任较小，专利权人只要证明侵权行为客观存在，证明侵权行为与侵权后果存在因果关系，就可以适用专利侵权的补偿性赔偿。但是，如果原告请求惩罚性赔偿，原告既要证明侵权行为与损害后果存在因果关系，又要证明专利侵权人存在主观故意。然而，现在多数专利侵权违法行为具有侵权事实的隐蔽性和侵权手段的复杂性等，其侵权行为与损害结果之间的因果关系很难确切加以证明。此时，我国应该借鉴英美法系关于因果关系的判断方法，对事实因果关系和法律因果关系加以区分。什么是事实因果关系呢？是指被侵害的损害后果是侵权行为所致，侵权事实就是事实原因，即使引起损害后果还有其他原因存在，也足以认定侵权事实与损害后果之间的事实因果关系。在司法实践中，为了解决原告举证难的问题，在专利侵权惩罚性赔偿的具体适用中，仅要求原告运用事实因果关系的方法，作出侵权行为与损害后果存在因果关系即可。

三、当事人自行提出申请

毋庸置疑，惩罚性赔偿的突出特点就是在赔偿中的惩罚性，但是其仍然是民法救济方式，因此，民事诉讼中"不告不理"的原则依然适用于侵权人主观故意侵权的情况。具体到专利侵权的惩罚性赔偿，即使故意侵权行为成立，也需要专利权人主动提起适用惩罚性赔偿的请求。当事人自行提起诉讼的原则，无论在诉讼程序上还是实体法要求，都贯穿了"不告不理"的原则。反之，如果专利权人面对故意侵权放弃提起诉讼的权利，知识产权法院不应主动审理此案。可见，知识产权法院必须依照专利权人请求立案审理。

惩罚性赔偿制度虽然不是公法手段，但是，在实际适用中具有惩罚和制裁功能。关于专利侵权惩罚性赔偿的司法诉讼，法律上要求：一是知识产权法院必须遵守"不告不理"之原则，保持案件审理的中立地位；二是法官的中立地位，并不排除其具有"释明权"，即法官有权澄清侵权事实，有权主动阐明惩罚性赔偿的适用条件；三是法官有权依据原告提出的诉讼请求和举证，分析该案是否适用惩罚性赔偿，既有权对符合惩罚性赔偿的适用条件进行认定，又有权将不符合适用惩罚性赔偿的请求予以驳回。

第二节　美国专利侵权惩罚性赔偿的适用条件

美国虽然颁布了保护发明创造《专利法》，但是关于惩罚性赔偿的具体适用的规则都是通过司法判决做出的。因此，要研究美国专利侵权惩罚性赔偿的法律规定，其视角应从立法规定转化为司法实践。考察美国司法实践中的运用，其主观故意正是专利侵权认定的重要依据。本节主要借鉴美国关于专利侵权惩罚性赔偿的适用规定。

1784 年的 Genay vs. Norris 案[1]是美国有记载以来比较早、比较完整的一起惩罚性赔偿判例，它标志着这一制度在世界范围内

---

〔1〕　参见 Genay v. Norris，1S. C. L. 3，1Bay 6（1784）.

得以确立。该案件审理中，法官针对"故意或不道德的羞辱行为"[1]，不仅确定了名誉侵权案件，[2]而且适用了惩罚性赔偿规则。其判例规则中，一是形成了知识产权侵权赔偿适用"三倍赔偿"制度；二是实施惩罚性赔偿的依据是侵权人主观故意的态度。

一、主观适用条件

(一) 恣意行为

美国《专利法》中，关于专利侵权惩罚性赔偿的规定，既对三倍赔偿进行了明确，又提出以专利权人的实际经济损失和专利许可使用费[3]作为确定赔偿倍数的依据。对三倍赔偿规则性质，在美国司法判决中经历了一个不断变迁的过程：一是1836年最高法院的一项判决将"三倍赔偿"认定为是一种补偿性赔偿；[4]二是1853年西摩案（Seymour vs. McCormick）中，最高法院作出了在补偿性赔偿基础上的"三倍"赔偿的判决，并明确指出此"三倍赔偿"属于惩罚性赔偿的性质；三是1982年联邦巡回上诉法院成立后，以法律形式明确规定了"三倍赔偿"的惩罚性，[5]并提

---

〔1〕 Michael Rustad &. Thomas Koenig, "Historical Continuity of Punitive Damages A-wards: Reforming the Tort Reformers", *Journal of American University Law Review*, vol. 42, (1993), p. 1299.

〔2〕 Dorsey D. Ellis. Jr, "Fairness and Efficiency in the Law of Punitive Damages", *Journal of Southern California Law Review*, vol. 1 (5), (1982), pp. 14~15.

〔3〕 美国《专利法》第284条（35 U. S. C. 284）规定："发现侵权成立后，法院应当判决给请求人足以补偿该侵权造成损失的赔偿，但无论如何不得少于侵权人使用该发明应支付的合理许可费；然后加上由法院确定的利息和花销。"陪审团依据事实没有发现造成实际损害时，法院应该估定之。不论由陪审人员依据事实发现还是由法院估定，法院都可以将该赔偿金额增加到原决定或估定的数额的最多三倍。本条提高赔偿金的规定不适用于本法第154（d）的临时权利。

〔4〕 参见1836年的克拉克案（Clark v. Wooster）。

〔5〕 参见 Read Corp. v. Portec, Inc. , 970 F. 2d 816, 23 USPQ 2d 1426（Fed. Cir. 1992）.

出适用三倍赔偿的依据是专利侵权人主观上存在"恣意"（willful and want on misconduct）侵权，进一步解释，如果专利侵权人无视他人专利权，主观故意实施侵犯就构成三倍规则的惩罚性赔偿适用条件。[1]

美国侵权法中也有规定，恣意侵权行为从程度上看，高于过失（negligence）侵权行为，低于故意侵权（intentional tort）行为。[2]恣意侵权行为应严格区分，既区别于过失侵权，也不同于故意侵权。[3]所谓故意侵权，是侵权人明知侵权而为之，属于对自身侵权行为的放纵；而恣意侵权行为不存在"明知"的前提，有学者认为属于应该了解但实际上不了解，低于故意侵权的程度。[4]恣意和故意的概念虽然比较明确，但并不一定足以影响事实判断。

关于恣意侵权的认定，关键是要确认在专利侵权事实存在之前，侵权人是否已经得知专利权客观存在时间界限，此界限需要作三个有递进关系的确认：一是专利侵权人对实施侵权的目标专利在实施侵权之前是否已经知道；二是如果存在事前明知情形，此后是否关注了专利无效或自身不构成侵权的情形；三是如果认为自身行为属于实施了无效专利或不构成侵权，需要考虑实施专利的善意性。

美国对恣意侵权的认定，不仅表现在对概念的确立，而且法

---

〔1〕　和育东："美国专利侵权救济制度研究"，中国政法大学 2008 年博士学位论文。

〔2〕　《美国侵权法重述》第 500~503 条使用了"不计后果（reckless）"一词来表述恣意行为，即不计后果地无视他人安全的行为。

〔3〕　Edward J. Kionka, *Torts*, Beijing：Law Press, 1999, p. 102.

〔4〕　国内学者一般将"willful infringement"译作故意侵权，笔者认为译作"恣意侵权"更为准确。专利恣意侵权的主观状态一般比故意侵权为轻，但如果侵权人确系故意，比如故意仿造他人专利产品牟利，按照举重明轻的原则，应该构成恣意侵权，适用惩罚性的三倍赔偿规则。美国法院将故意仿造列为认定是否构成恣意的因素之一。

院还依据不同个案的判定加以总结，力求取得客观标准。美国联邦巡回上诉法院在瑞德（Read vs. Portec）案判决中，适用了对三倍惩罚性赔偿规则，在提到判决依据时，将被告侵权行为的恶劣程度作为判决依据，考虑的因素既包括需要加重处罚的因素，也包括应该减轻处罚的因素。[1]有学者将该判例所考虑的进行了列举：

第一，侵权人在侵权之前是否也在就专利技术进行独立研发；[2]

第二，侵权人在实施专利技术之前或实施过程中是否对专利权的客观存在已经知晓；

第三，侵权人的侵犯动机是什么，实施专利技术是否存在故意；

第四，侵权人对实施专利技术的善意性表现，如已经获知本专利被宣告无效，或自身实施专利技术存在法定抗辩情由；

第五，侵权人在实施专利技术之前是否做过专利查询，或是否征求过专业人士、法律人士的意见；

第六，侵权人在被侵权控告后的态度如何，是否存在恶意抗辩和恶意对抗；

第七，侵权人实施专利技术的能力、实际侵权时间、实际实施规模以及市场销售情况；

第八，侵权行为已经形成后，侵权人是否主动采取补救措施等。[3]

---

〔1〕 参见 Read Corp. v. Portec, Inc. , 970 F. 2d 816, 23 USPQ 2d 1426（Fed. Cir. 1992）.

〔2〕 市场竞争者善意地努力做围绕发明，是符合专利法鼓励技术创新的宗旨的，因此会降低对侵权人恣意的评价。

〔3〕 Jon E. Wright, "Willful Patent Infringement and Enhanced Damages: Evolution and Analysis", *Journal of Geogia Mason Law Review*, vol. 97,（2001）, p. 10.

上述第2、第4、第5是判断是否使用三倍惩罚赔偿规则的主要因素，其理由如下：

第一，根据美国专利法规定，如果侵权人在受到侵权指控时对专利的客观存在并不知道，应该不构成恣意侵权。在美国，当专利权人发现权利受到侵害，会通过直接劝阻或发律师函告知的方式使侵权人对侵犯事实知晓，防止侵权人以不知晓专利存在为由而拒绝接受三倍赔偿的惩罚性处罚。即使侵权人意欲逃避侵权责任，也必须对告知后的侵权行为承担三倍赔偿义务。可见，专利权人发现侵权即告知侵权人，既有利于节约诉讼成本，又有利于挽回更多的损失。[1]当然，如果双方协商一致使侵权纠纷得到妥善解决，则这属于最佳方案。

第二，专利权人借助律师事务所通过致函侵权人作用积极，不仅有效提醒了侵权人，而且成为侵权人从此知晓的证据。[2]当然，律师函提醒并不一定致使侵权人构成恣意侵权，因为侵权人可能确有证据证明自己不了解目标专利的客观存在，或者有证据证明该目标专利属于无效专利。

第三，认定中考虑的上述第五种因素，即如果侵权人确实有

---

〔1〕　关于"三倍赔偿"的通知要求，不要与专利法第287条对专利产品的标识要求相混淆。美国专利法第287条规定专利权人的标记义务："专利权人以及代他们或者在他们指导之下在美国境内制造、许诺销售、销售，或者进口到美国专利产品的人，可以用下列方法使公众得知该项产品已经取得专利权：在该项产品上注明'patent'或者其缩写'pat.'的字样，以及专利号；或者，如依该项产品的性质无法在该产品上或者包括一件或数件该产品在一起的包装上做这样注明时，则须给产品加附具有上述规定标识内容的标签。如果没有这样的标记，专利权人不能在任何侵权诉讼中得到赔偿，除非专利权人证明侵权人在已经收到侵权通知后仍继续侵权的，则可以就该通知以后的侵权行为获得赔偿。提起侵权诉讼构成通知。"据此，如果专利权人没有履行在其专利产品上的标记义务，则不能获得任何赔偿，这是专利侵权赔偿的一个重要抗辩理由。另外，美国专利法还规定了6年的赔偿时效限制。

〔2〕　这是联邦巡回上诉法院在 Underwater Devices Inc. v. Morrison‐Knudsen Co., 717F. 2d 1380（Fed. Cir. 1983）案中确立的一项重要规则。

证据证明自身进行了专利查询，或者持有法律意见书，那么，法院很难将此侵权行为与恣意侵权联系在一起。[1]但是，律师意见书的有效性是否能为法官所接受也是一个新的问题。在对律师意见书的有效性进行审查时，一般会考虑以下几方面：一是律师意见书的出处是否合法，如律师的资格、律师事务所的地位是否合法；二是律师与侵权人的关系；三是律师意见书的出具时间是否在侵权之前；四是律师意见书的内容与出具意见书的律师所从事的专业是否具有正相关性，如果律师属于专利法方面的专业律师，说明此律师意见书有效性程度较高，如果出具意见书的律师非相关专业的律师，有可能降低律师意见书的作用。[2]值得强调的是，此时律师和侵权人所追求的目标具有高度一致性，那就是该侵权行为不构成侵权。[3]虽然对出具法律意见的过程难以获知，但是，侵权人和律师的辩护意见通常都不是正当的抗辩事由，而是一种错误的引导。[4]

考察美国"恣意"侵权判断的实际效果，我们不得不承认专利侵权惩罚性赔偿的制度的现实意义。在所有进入专利侵权诉讼程序的案件中，适用专利恣意侵权的认定占据不小比重，深受美国法院重视。据资料显示，近 10 年来，在美国专利侵权案件中，判定为恣意侵权的案件年均近 200 起，占总案件的比重虽然仅不足

---

[1] 但如果存在明显的故意仿造或隐瞒明显的侵权行为，则仍然会认定为恣意。

[2] 参见 Chisum on patents, 20.03 [2] [b], (Mattew Bender & Company, Inc., 2002).

[3] 如果侵权人拒绝出具律师意见，则法院会推论他当初得到的律师意见是对他不利的意见，即认为构成侵权，这被称作"反向推论"（adverse inference）规则。

[4] 也许某一份律师意见会包括对被告有利的和不利的两种陈述，有利的部分支持被告形成不侵权的确信，不利的部分不支持被告形成不侵权的确信，这时被告会只出示有利的部分而掩盖掉不利的部分。法院注意到这种情况，要求被告出具与律师的全部通信记录，这意味着被告要放弃律师、客户特权（attorney-client privilege），即客户拒绝将与律师之间的通信透露给第三人的证据特权。因此，律师、客户特权成为专利恣意侵权诉讼中的一个重要问题。

5%，但是在进入审判程序的案件占总数的 30%还要多。这一比例足以引起美国立法和司法界的关注。[1]

值得思考的一个问题是，美国是普通法系最具代表性的国家，特别重视控辩双方的态度和证据，也主要依靠以往判例的判决意见，很少赋予法官自由裁量权。但是，在专利侵权案件中，将专利恣意侵权的认定交由审判法官实施自由裁量权。其原因何在呢？笔者考察认为：第一，在美国法院，对恣意侵权的认定不适用于简易程序，影响恣意侵权认定的关键在于证据的数量与质量；第二，法官的自由裁量权一直受到陪审团的关注，法官虽然可以行使自由裁量权，但陪审团通过裁决判决（简称 JNOV）否定法官作出的自由裁量结论。[2]最终的认定意见将由联邦巡回上诉法院以判例法的形式予以确定。[3]

在美国，对于专利侵权惩罚性赔偿制度中恣意侵权认定也并非一呼百应，反对的声音一直不绝入耳。有学者认为恣意侵权的设定不仅会阻碍专利应用，而且会对于专利技术的深度创新有阻碍作用，加大了再创新产品承担恣意侵权的风险。这一部分学者，还通过实证分析和成本收益分析的方法，推导出恣意侵权认定制度会损害专利制度的技术披露功能的结论。[4]还有一些学者认为，如果侵权人请求宣告该专利无效，此无效请求如果不能得到认可，那么，作为善意的侵权人有可能被认为对侵犯的目标专利是明知的，从而承担恣意侵权的法律责任。对于不同意见，我们将在今

---

〔1〕　Moore K A, "Empirical Statistics on Willful Patent Infringement", *Journal of Federal Circuit. b. j.* , vol. 14, （2004）, p. 227.

〔2〕　JNOV: "judgment not with standing the verdict".

〔3〕　参见 Shiley, Inc. v. Bentley Laboratories, Inc. , （1986）; 张晓都: "论完善我国外观设计专利授权条件判断主体", 载《科技与法律》2011 年第 2 期。

〔4〕　Jone M. Oline, "The Disclosure Function of the Patent System（or Lack thereof）", *Journal of Harvard Law Review*, vol. 118, （2005）, p. 2007.

后内容中继续探讨。

（二）故意侵权

所谓故意侵权，其实就是侵权人在侵权之前就对侵权所造成的后果非常清楚，但此明知并没有影响侵权人实施侵权行为。其特点十分明显，一是对他人权利的不尊重、不尽保护义务；二是对自身行为无所惧怕，属于公开挑战法律。因此，美国已经有 23个州对故意侵权的影响要素作出了规定，即以是否确知客观存在的专利为主要考虑因素，至于是否存有恶意不必考虑。

1. "确知" 的认定标准

首先，不构成 "确知" 的情形。在 Shatterproof Glass Corp. vs. Libbey Owens Ford Co 案中，[1]原告 Shatter proof 举证，认为被告[2]虽然在制造专利产品时不知道专利权的客观存在，但是，在专利产品销售阶段获知专利存在，因为专利权人在侵权人销售专利产品时得知专利侵权事实，已经告知侵权人，因此，侵权人对专利存在应该属于 "确知"。被告 Libbey Owens Ford 辩称，自身是在专利权人告知才知道专利存在，并非事前知晓，而且此知晓的仅仅是一个消息，并未将自身生产的产品与专利产品进行比对和确认，直至诉讼阶段才知自身产品与专利有关。法院依据双方控辩和证据确认，作出判决，即支持了被告的辩解理由。

其次，构成 "确知" 的情形。在 Stryker Corp. vs. Intermedies OrthoPedcs. Inc 案中，被告专利侵权人被指控侵权后，虽然承认事先知道该专利的客观存在，但否认知道自己生产的产品与专利相关，在被诉讼之后才知晓此事，因此，不构成 "确知" 情形。据

〔1〕 陈聪富："美国法上之惩罚性赔偿金制度"，载《台湾法学论丛》2004 年第 5 期。
〔2〕 周琪：《专利故意侵权的认定标准》，载《加强专利代理行业建设、有效服务国家发展大局——2013 年中华全国专利代理人协会年会暨第四届知识产权论坛论文选编》2013 年 7 月。

原告提供的证据表明，被告不仅事先查阅过专利的情况，而且委托律师对自己生产产品是否涉嫌专利侵权进行咨询。审理法院依据双方提供的证据和控辩事实，认为被告属于在"确知"情形下实施了专利侵权。

2. 蓄意或放任侵权结果的发生

（1）合理注意的积极义务

美国联邦巡回上诉法院就 Underwater Devices 案，[1]提出了两个观点：第一个观点，如何判断"合理注意的积极义务"，即如果涉嫌专利侵权人已经知道所实施的技术属于他人的合法专利技术，那么在实施之时需要承担"合理注意"的积极义务。此项义务的履行，既包括自身通过专利公开消息查询，又包括委托专业律师查询和出具法律意见书。本案中涉嫌侵权人安排企业自身律师进行专利查询，不能排除故意侵权的事实成立。"合理注意的积极义务"判断标准，对侵权人提出了很高的注意义务要求。[2]第二个观点，律师意见书应该包括对专利的有效性和侵权可能性所进行的专业分析。

（2）客观轻率行为

CAFC 在 2007 年的 Seagate 案中，创立了专利故意侵权判定的新规则。此案判决中，CAFC 以被告"客观轻率行为"标准，取代被告"应尽合理注意的积极义务"标准，明确规定由专利权人承担举证责任。[3]CACF 认为，"合理注意义务作为判断"故意侵权的标准，与民法意义上的"故意"不太相符，标准设置过低。特

---

〔1〕〔德〕马格努斯，谢鸿飞译：《侵权法的统一：损害与损害赔偿》，法律出版社，2009 年版，第 131 页。

〔2〕谢黎伟："美国专利侵权赔偿制度的变革和启示"，载《齐齐哈尔大学学报（哲学社会科学版）》2012 年第 4 期。

〔3〕张玉敏、杨晓玲："美国专利侵权诉讼中损害赔偿金计算及对我国的借鉴意义"，载《法律适用》2014 年第 8 期。

别强调，征询法律顾问意见不应该作为涉嫌侵权人的一项积极义务。CAFC 认为应该将"客观轻率行为"作为判断是否故意侵权的标准，其理由：第一，专利权人作为原告必须出具确凿证据证明涉嫌侵权人明知专利客观存在和实施即侵权的可能性；第二，涉嫌侵权人已经知道专利客观存在，仍然实施专利技术，就说明侵权人存在"客观轻率行为"。这一判决，一方面减轻了侵权人对合理注意义务的证明，另一方面给专利权人举证提出了更高的要求，自然加大了专利权人的举证难度。

美国的《2007 年专利改革法案》（2007 Patent Reform Act）全盘吸收了"确知+客观轻率行为"即为"故意"的标准，[1] 并通过列举的方式规定了构成"故意"侵权的情形：

第一，涉嫌侵权人如果接到专利权人关于停止侵权的书面通知，没有就侵权行为作出合理化的努力，如寻求许可使用等，而是不思悔改地坚持专利侵权行为。由此专利权人可以取得证据，说明涉嫌侵权人在"确知"前提下仍然采取了客观轻率的态度，形成了客观轻率行为。

第二，侵权人接到专利权人书面通知，可以证明涉嫌侵权人已经是明知自己生产的产品与他人专利有关，却枉顾劝告，继续实施专利侵权行为。

第三，涉嫌侵权人的行为已经被法院作出认定，但是专利侵权人仍然坚持与原行为不变的方式实施专利技术。[2]

从美国司法实践中对故意侵权认定标准的改善看，其标准的调整旨在更好地适应科技发展和经济发展需要。从先前的为了保护专利权人利益，到通过严格标准适当考虑侵权人利益，无不体

---

〔1〕 美国在司法实践中建立了三种不同的事实认记标准：优势证据标准，清楚且有说服力标准，排除合理性怀疑标准。

〔2〕 王利明："美国惩罚性赔偿制度研究"，载《比较法研究》2003 年第 5 期。

现了专利政策的与时俱进。

二、实证考察

美国虽然制定了专利法，但是，在实用主义哲学的指导下，惩罚性赔偿规则的具体调整大多源于司法实践的判决。因此，我们要研究美国惩罚性赔偿的具体适用，既要考察其立法层面的原则和成文规定，更要研究在司法实践中的具体运用。

（一）适用于惩罚性赔偿的故意侵权：Read 案

虽然《美国专利法》第 284 条第 2 款规定了[1]故意侵权认定的法官自由裁量原则，但是对于适用的前提，法律上运用反向立法技术，做出了禁止性规定。为此，美国联邦巡回上诉法院通过具体案例的判决确立了惩罚性赔偿的适用规则，即法院判决侵权人承担三倍赔偿责任的前提条件是专利侵权人的行为已经构成故意侵权。[2]

1. "三倍赔偿"规则的性质

美国是最早实施专利侵权惩罚性赔偿制度的国家，早在 1793 年《专利法》中就可见"三倍赔偿"的惩罚性规定，但法条中没有对此性质进行确认，对于其性质是补偿性还是惩罚性，在各个司法判决中文字表述中存在较大的差异。[3]直到 1982 年联邦巡回

---

〔1〕 张玲、纪璐："美国专利侵权惩罚性赔偿制度及其启示"，载《法学杂志》2013 年第 2 期。

〔2〕 关于 willful，我国学者有不同译法。有学者翻译为"恣意侵权"，认为恣意是介于过失与故意之间的状态，即觉察到或者推定觉察到了危险，但仍然选择作为或不作为，接近于间接故意。和育东：《美国专利侵权救济》，法律出版社 2009 年版，第 197 页。另有学者认为 willful 和我国民法中的"故意"并不相同，应译为"恶意"。冯晓青：《专利侵权专题判解与学理研究》，中国大百科全书出版社 2010 年版，第 109 页。笔者根据《布莱克法律词典》的解释，认为译为"故意"较为适宜。

〔3〕 在 Seymour v. McCormick（1853）案中认为是惩罚性，但在 Clark v. Wooster（1886）案中认为是补偿性。

上诉法院正式成立，上诉法院通过判例确认"三倍赔偿"[1]属于惩罚性质，并正式写入了惩罚性赔偿制度。在 1992 年 Read Corp. vs. Portec，Inc. 一案中，联邦巡回上诉法院的判决中指出：对专利侵权损害赔偿，最高可以将赔偿数额提高到三倍。此损害赔偿是否适合提高倍数计算赔偿，适用的倍数如何确定，由初审法院通过行使自由裁量权来确定。初审法院行使自由裁量权的前提条件是侵权人无视专利权存在而故意侵权。然而，三倍规则并不意味着所有的故意侵权都适用于三倍赔偿，具体倍数的确定还应该综合考虑故意侵权的损害程度、损害后果等因素加以确定。[2]据此，三倍赔偿规则已经不是补偿赔偿规则的一部分，其关注的是侵权人的故意的程度，逐步成为仅适用于故意侵权的一种惩罚性赔偿制度。

2. 故意侵权的认定

在美国，对故意侵权的认定，从立法规定看，其法条中并没有对此作出明确的规定，通常采用"综合检验法"予以认定，[3]亦称"一案一策"，视案件实际情况进行具体分析，得出适合案例的决定。[4]Read Corp. vs. Portec，Inc. 一案中，联邦巡回上诉法院通过以下九个因素来认定故意侵权：因素一，专利侵权人抄袭他人的[5]专利技术或实际方案是否属于故意情形；因素二，专利侵权人得知他人专利存在时，是否对专利的有效性、合法性和保护范

---

〔1〕 张玲、纪璐："美国专利侵权惩罚性赔偿制度及其启示"，载《法学杂志》，2013 年第 2 期。

〔2〕 和育东：《美国专利侵权救济》，法律出版社 2009 年版，第 195 页。

〔3〕 参见 Cent. Soya Co. v. Geo. A. Hormel & Co.，723 F. 2d 1573（Federal Circuit，1983）. Gustafson，Inc. v. Intersystems In-dus. Prods.，Inc. 897 F. 2d 508（Federal Circuit，1990）.

〔4〕 参见 Graco Inc. v. Binks Mfg. Co.，60 F. 3d 785（Federal Circuit，1995）.

〔5〕 张玲、纪璐："美国专利侵权惩罚性赔偿制度及其启示"，载《法学杂志》，2013 年第 2 期。

围做过调查，是否对自己的实施行为做过判断；因素三，专利侵权人面对专利权人所进行的侵权控告，其态度和行为表现如何；因素四，专利侵权人的经营状况和财务状况，包括产量、市场销售情况和经营效益等；因素五，构成侵权的可能性分析；因素六，专利侵权人实施侵权行为的时间长短；因素七，专利侵权人在得知侵权时是否采取了友好的补救措施；因素八，专利侵权人侵权的初衷，[1]是否有法定事由；因素九，侵权人对自身侵权行为是否坦诚，主要取决于其客观态度。[2]

对于上述列举性规定，也有学者提出不同观点，认为上述因素并非是构成故意侵权的全部原因，在现实中，应当回答三个关键问题：第一，专利侵权人是否承认在实施侵权之前已经知道涉诉专利的客观存在；第二，当专利侵权人得知所侵犯的专利属于合法专利、有效专利，是否有合理的理由相信该专利属于无效专利；第三，专利侵权人知道专利权存在后，是否采取了积极措施化解专利纠纷。[3]针对上述提问，如果专利侵权人不知晓专利的客观存在，不构成故意侵权；如果专利侵权人确实知道专利客观存在，但专利侵权人只要有证据证明侵权行为属于善意行为，也不构成故意侵权。只有专利侵权人了解专利权存在，仍然一意孤行的继续实施侵权行为，才会被确定为故意侵权。故意侵权不必然适用于惩罚性赔偿，[4]因为可惩罚性的赔偿并非是强制性规定，是否适用倍数赔偿、倍数如何确定，主要依靠审理法院的自由裁量权

---

〔1〕　张玲、纪璐："美国专利侵权惩罚性赔偿制度及其启示"，载《法学杂志》，2013 年第 2 期。

〔2〕　参见 Read Corp. v. Portec，Inc.，970 F. 2d 816（Fed. Cir. 1992）.

〔3〕　Jon E. Wright，"Willful Patent Infringement and Enhanced Damages：Evolution and Analysis"，*Journal of Geogia Mason Law Review*，vol. 10，（2001），p. 97.

〔4〕　参见 Modine Mfg. Co. v. Allen Group，Inc.，917 F. 2d 538（Federal Circuit，1990）.

来决定。

（二）昆腾困境：Underwater 案和 Kloster 案

昆腾困境（Quantum dilemma）是指专利侵权纠纷案中，专利侵权人在实施专利技术之前曾经向专业律师进行咨询，被咨询的律师对企业咨询的事实具有保密义务，即律师对客户咨询的保密特权，这一权利受到法律保护。但在故意侵权认定时，要求公开法律咨询事宜，否则将不利于侵权人提出故意侵权的抗辩。可见，律师保密特权与故意侵权认定的规定发生了冲突，形成了两难选择。[1]这两难选择，是联邦巡回上诉法院在一起具体案件中提出的，在 Quantum Corp. va. Tandon Corp. 案中，涉嫌专利侵权人如果主张律师对客户咨询的保密特权，就可能被法院确认其侵权行为属于故意侵权；专利侵权人如果抗辩故意侵权的指控，需要放弃享有的律师的保密特权，在法庭上公开与律师之间的咨询文献。[2]

所谓律师保密特权，是美国专利故意侵权判决中的重要证据，[3]是指法律赋予律师和委托人之间可以就案件秘密沟通，依据约定不披露沟通内容。委托人对于与律师商量的内容，有权不披露并阻止律师对外透露双方协商的内容。[4]法律赋予的此项特权，不仅保障委托人和律师之间的充分交流，而且有利于律师更好地为委托人服务。具体到专利侵权案件，侵权人为了证明自身行为不构成故意侵权，不得不放弃"律师客户保密特权"。

在 Underwater Devices，Inc. v. Morrison-Knudson Co. Inc. 一案

---

〔1〕 参见 Quantum Corp. v. Tandon Corp. , 940 F. 2d 642（Federal Circuit, 1991）.

〔2〕 张玲、纪璐："美国专利侵权惩罚性赔偿制度及其启示"，载《法学杂志》2013 年第 2 期。

〔3〕 张玲、纪璐："美国专利侵权惩罚性赔偿制度及其启示"，载《法学杂志》2013 年第 2 期。

〔4〕 陈桂明、纪格非：《美国证据法中的保密特权原则及其对我国证据立法的启示》，载《法学评论》2002 年第 2 期。

中，为保护专利权人利益，[1]联邦巡回上诉法院的判决书中如此阐述：涉嫌专利侵权人如果得知专利客观存在，就有义务判断自身行为是否构成专利侵权。此积极义务的本质内容就是涉嫌侵权人在实施侵权行为之前是否持有专业的法律意见书。[2]虽然受委托的律师仅仅对专利侵权的可能性进行了分析，而且其分析结果未必属于高水平的论证，但只要有律师意见，涉嫌侵权人就可以证明自己属于善意侵权，避免了对专利故意侵权的认定。[3]

Underwater 一案确立的积极义务规则还并不足以导致昆腾困境。

Kloster Speedsteel AB vs. Crucible, Inc. 案中，被告[4]的实施行为被确定为专利侵权行为后，主张律师客户保密特权，没有提供与律师之间的交流意见。由此，联邦巡回上诉法院认为，被告没有采取积极注意措施，对一项有效专利实施了侵犯。[5]而且此侵权行为并非善意，难以避免被认定为故意侵权的风险，此举成为不利推断规则的主要内容。

积极义务规则和不利推断规则的结合[6]更有利于科学判断故

---

〔1〕 1982 年联邦巡回上诉法院成立前后，美国民众对专利持抵触情绪。该案发生于联邦巡回上诉法院成立的第二年，反对风气依然存在，被告法律顾问甚至建议"继续拒绝甚至不予讨论许可费的支付问题，必须让 Underwater 公司意识到如果起诉，等同于杀鸡取卵"，这让法院意识到专利权人所处的尴尬境地。

〔2〕 参见 Underwater Devices, Inc. v. Morrison - Knudsen Co., 717 F 2d 1380 (Federal Circuit, 1983).

〔3〕 Richard B. Racine &. Michele C. Bosch., "Willful Infringement: A Real Concern", *Journal of Federal Circuit B. J.* vol. 10, (1993), p. 409.

〔4〕 张玲、纪璐："美国专利侵权惩罚性赔偿制度及其启示"，载《法学杂志》2013 年第 2 期。

〔5〕 参见 Kloster Speedsteel AB v. Crucible, Inc., 793 F. 2d 1565 (Federal Circuit, 1986).

〔6〕 张玲、纪璐："美国专利侵权惩罚性赔偿制度及其启示"，载《法学杂志》2013 年第 2 期。

意侵权。涉嫌侵权人披露律师客户意见成为强制要求，[1]也导致了昆腾困境的出现。由此可见，如果面对昆腾困境，又要自己的侵权具有非故意性，那就必须选择放弃律师客户保密特权。

（三）取消不利推断规则：Knorr-Bremse 案

在美国，不利推断规则得到了司法界的广泛适用。此规则虽然具有现实意义，尤其对保护专利权人利益保护意义深远，但是该规则也出现了明显弊端，成为专利权人获得额外利益的一种工具。[2]2004 年，美国联邦巡回上诉法院就 Knorr Bremse Systeme Fuer NutzfahrzeugeGmbH v. Dana Corp. 一案进行分析，对不利推断规则存在的问题进行讨论，参与讨论的专家学者和 23 个法庭的代表一致同意取消该规则。[3]联邦巡回上诉法院也在该案判决中肯定了"禁止针对律师客户保密特权进行不利推断"。[4]自此，不利推断规则被取消，但是，该规则被取消并非否认专利侵权人选择放弃律师客户保密特权，专利侵权人仍然可以通过公开律师意见以证明自己并非故意侵权。[5]

之所以取消不利推断规则，在于该规则不具有逻辑推理上的合理性，也与客观实际情况不相符。法律意见无论认为构成侵权与否，或者并没有明确意见，只提供了供委托人选择的意见，但

---

〔1〕 Jon E. Wright，"Willful Patent Infringement and Enhanced Damages：Evolution and Analysis"，*Journal of Geogia Mason Law Review*，vol. 10，（2001），p. 97.

〔2〕 Kaustuv M. Das， "Willful Infringement，Waiver and Advice of Counsel：A Sea Change at the Court of Appeals for the Federal Circuit"，*Jornual of Patent &. Trademark Offical Society*，vol. 89，（2007），p. 853.

〔3〕 Kimberly A. Moore，"Empirical Statistics on Willful Patent Infringement"，*Federal Circuit B. J.*，vol. 17，（2004），p. 227.

〔4〕 参见 Knorr-Bremse Systeme fuer Nutzfahrzeuge Gmb H v. Dana Corp.，383 F. 3d 1337（Federal Circuit，2004）.

〔5〕 张玲、纪璐："美国专利侵权惩罚性赔偿制度及其启示"，载《法学杂志》2013 年第 2 期。

在作出意见之前，一定是以充分了解委托人情况为前提，这些情况极可能是委托人的商业秘密不宜公开，一旦公开对委托人不利。因此，法律将律师意见公开作为判断故意侵权的标准，显然是不科学的。

（四）明确保密特权弃权范围：Echo Star 案

美国法律中，一方面保护律师客户保密特权，另一方面，又将放弃律师客户保密特权作为证明自己没有故意侵权的依据，这显然是矛盾的。不公开法律意见书是法律赋予的权利，但不公开又无法证明自己并非故意侵权，两难的法律选择正是一种法律困境。[1]放在具体的个案之中，就需要研究放弃保密特权的范围如何把握，如公开哪些资料，哪些资料适合公开，案件主要针对哪些资料等。EchoStar 案之前，联邦巡回上诉法院对于保密特权的范围不予作出规定，[2]直接导致司法审判依据不统一，判决结果存在差异，从而影响了故意侵权行为的认定。[3]

在 2006 年 EchoStar 案中，法院正式面对保密特权的弃权范围问题，[4]要求公开与案件有关的法律意见资料及其依据性文书。此外，法院还提到了律师工作成果豁免权的弃权范围，指出"律师没有提供给客户的分析法律、事实、诉讼策略的文件，不在弃

---

〔1〕　参见 In re Seagate Tech. LLC, 83 U. S. P. Q. 2d 1865 (Federal Circuit, 2007).

〔2〕　参见 Fort James Corp. v. Solo Cup Co. , 412 F. 3d 1340, 1349 (Federal Circuit, 2005).

〔3〕　Mark A. Lemley & Ragesh K. Tangri, "Ending Patent Law's Willfulness Game", *Jounral of Berkeley Technical Law*, vol. 18, (2003), p. 1085.

〔4〕　"一旦被告主张以律师意见作为证据，律师客户保密特权的放弃延伸到其与所有律师之间的沟通，包括公司内部的法律顾问和公司外部的其他律师，只要是与案件主题相关的内容都要公开。"

权的范围内"。[1] 所谓律师工作成果豁免权,[2] 是指律师在与委托人交流中做出的工作成果应该受到保护,不应被纳入弃权范围。[3] 即使受当事人放弃保密特权的影响,律师的部分工作成果也需要适当公开,但并不属于法定公开范围,也不属于律师工作成果的全部公开,只是涉及案件主题的部分内容不得不公开。

2007 年 Seagate 案中,[4] 联邦巡回上诉法院对保密特权的弃权范围作出了进一步的限制:第一,针对出庭律师和咨询律师的区别,指出,咨询律师仅限于委托人作出投资和技术实施之前,委托律师对其经营决策所作的分析和论证,其结果产生了对经营行为的影响;而出庭律师则主要针对既成侵权事实代理委托人进行辩护,目的是通过合理的诉讼策略减轻委托人的法律责任。第二,被告在证明自身的侵权行为非故意性时,向法庭提交咨询律师意见,并非意味着被告同时放弃了所有的保密特权,如被告与出庭律师之间的沟通内容和文件仍然属于保密特权范围内,应当受到保护。第三,被告放弃的保密特权范围有时涉及咨询律师的工作成果,但不包括出庭律师的工作成果。第四,如果被告和出庭律师在诉讼中涉嫌欺诈时,初审法院有权要求被告和出庭律师提供相关交流信息,甚至是出庭律师的工作成果。

(五) 故意侵权的两步认定法:Seagate 案

2007 年 Seagate 案是美国专利侵权惩罚性赔偿的典型案例,其成就是:故意侵权的认定规则得到了修改,积极意义规则被取消,

---

〔1〕 参见 In re Echo Star Comm. Corp. , 448 F. 3d 1294 (Fed. Cir. 2006) .

〔2〕 张玲、纪璐:"美国专利侵权惩罚性赔偿制度及其启示",载《法学杂志》2013 年第 2 期。

〔3〕 Mark A. Lemley & Ragesh K. Tangri, "Ending Patent Law's Willfulness Game", *Jounral of Berkeley Technical Law*, vol. 18, (2003), p. 1085.

〔4〕 In re Seagate Tech. LLC, 83 U. S. P. Q. 2d 1865 (Fed. Cir. 2007) .

保密特权的弃权范围更加明确，专利侵权人的义务有所减轻，整体司法现状发生了改变。[1]

联邦巡回上诉法院采取了相对客观的标准，设立了两步认定法：

第一步，对专利侵权事实进行客观调查。该项客观调查，其客观性是指该调查的内容不包括涉嫌侵权人的主观心态；调查的事实必须证明侵权人的侵权行为属于客观的轻率行为，即明知侵权而为之。

第二步，对涉嫌侵权人的主观状态进行分析。此主观状态主要分析侵权人是否明知侵权。证明涉嫌侵权人明知侵权的证据由专利权人提供。可见，这一步加重了专利权人的举证责任，减轻了侵权人的举证负担，而且故意侵权的认定难度增加，适用惩罚性赔偿的标准也更加严格。

（六）美国最高法院对故意侵权的最新解释

2016 年 6 月 13 日，美国最高法院对"光环电子案"[2]和"斯特莱克案"[3]进行了审理，经认真研究作出了最新判决，推翻了希捷案构成故意侵权的主客观标准[4]，确立了对故意侵权进行认定的最新标准。

---

〔1〕 Kaustuv M. Das, "Willful Infringement, Waiver and Advice of Counsel：A Sea Change at the Court of Appeals for the Federal Circuit", *Jornual of Patent &. Trademark Offical Society*, vol. 89, （2004）, p. 853.

〔2〕 参见 Halo Electronics, Inc., Petitioner V. Pulse Electronics, Inc., Et Al. （14 - 1513）.

〔3〕 参见 Stryker Corporation, Et Al., Petitioners V. Zimmer, Inc., Et Al. （14 - 1520）.

〔4〕 张慧霞："美国专利侵权惩罚性赔偿标准的新发展"，载《知识产权》2016 年第 9 期。

1. 两个案件的基本情况

案例一中，原被告均是从事电子产品生产经营的公司，原告光环电子公司通过对其一项电子技术方面的发明申请专利并获得专利权，被告脉冲公司[1]实施该专利。原告在市场上发现有他人生产了专利产品，两次致函被告，希望被告与自己签订专利许可使用协议，以便合法使用专利技术。被告接到原告的函件，对专利权人的意见进行了研究，对专利的有效性进行了探讨，认为该专利属于无效专利，因此，对专利权人的意见置之不理。为此，原告以被告侵犯自己专利权为由将被告告至法院，请求法院作出侵权判决。初审法院认为被告构成故意侵权[2]，但并不适用于惩罚性赔偿，其理由：一是原告提供的证据不符合第一步要求；二是被告抗辩中提出原告专利缺乏创造性的主张具有客观性。因此，初审法院的判决得到了联邦巡回上诉法院的支持。

第二个案件中，涉案专利是一项医疗领域整形外科方法。2010 年原告起诉被告侵犯了自己的专利权，初审法院不仅认定被告故意侵权，而且判决适用三倍损害赔偿，[3]理由：一是原被告之间构成直接[4]竞争关系；二是被告直接采用了原告的专利。被告上诉后，联邦巡回上诉法院撤销了初审法院的判决，理由同案例一相同，被告以专利缺乏创造性请求宣告专利无效。

---

[1] 张慧霞："美国专利侵权惩罚性赔偿标准的新发展"，载《知识产权》2016年第 9 期。

[2] 美国法中是否故意侵权是事实问题，由陪审团裁决。是否惩罚性赔偿是法律问题，由法官裁决。故意侵权可以判决惩罚行赔偿，但不是必须判决惩罚性赔偿。

[3] 张慧霞："美国专利侵权惩罚性赔偿标准的新发展"，载《知识产权》2016年第 9 期。

[4] 张慧霞："美国专利侵权惩罚性赔偿标准的新发展"，载《知识产权》2016年第 9 期。

2. 最高法院的判决及其理由

最高法院依据《美国专利法》第 284 条，首先认为惩罚性手段仅适用于"有过错的极恶劣"（egregious）的侵权行为，这一程度的认可需要法官[1]作出自由裁量。其次认为，联邦巡回法院在希捷案中所适用的判断标准"过于僵硬"，以至于使应该受到惩罚的被告逃脱了惩罚。

（1）最高法院认为，希捷案的判决标准存在问题。希捷案要求在诉讼中，原告必须举证被告实施了一种鲁莽的侵权行为，可见，基于原告未必能够取得并提供足够的证据，因此，侵权手段隐蔽性强的侵权人，也可能是最恶劣的故意侵权人逍遥法外。此类故意侵权者事先已经确知专利的有效性和合法性，抗辩事由难以找寻，其实施动机就是要利用专利技术赚取更丰厚的经营利润。也有不同意见，认为涉嫌专利侵权人可能并不知道自己实施的技术属于专利技术，也没有条件去辨别专利是否有效，就是出于生产目的。其实，专利侵权人"主观上的恶意（subjective bad faith）"足以证明一个故意侵权案件的成立，这是与一般侵权案件相区别的重要特征，而不需要考虑侵权行为客观层面的鲁莽性要素。

最高法院进一步指出：希捷案的侵权认定标准还存在一个最大的问题，即专利侵权人如果杜撰一个理由进行抗辩，避免自己被认定为故意侵权。杜撰的抗辩事由，一是侵权人自行制造善意理由；二是委托律师依靠事先达成的约定进行辩护。

（2）最高法院认为，《专利法》第 284 条没有要求特殊的举证责任，并非高而且严格的证明标准，而希捷案确立的惩罚性损害

---

〔1〕 张慧霞："美国专利侵权惩罚性赔偿标准的新发展"，载《知识产权》2016年第 9 期。

赔偿标准显然与《专利法》第284条的要求存在不一致。专利法规定的高标准举证责任，主要体现在《专利法》第273（b）条。[1]具体考察专利侵权，美国最有效的规则是优势证据规则，虽未明确举证责任，但惩罚性损害赔偿不应该有例外。

（3）最高法院认为，联邦巡回上诉法院审查的重点是初审法院的自由裁量权是否存在滥用。长期的司法实践可见，初审法院并不轻易行使自由裁量权。因为涉嫌侵权人是否真的对专利的有效性不存在丝毫怀疑，还需要对涉嫌侵权人抗辩理由进行合理评估，但这一评估结果不是初审法院的法官所能做出的。如果一定要让初审法官从专利的表面判断其有效性，那么，出现自由裁量权滥用就不足为奇了。

3. 最高法院判决对专利侵权制度的影响

最高法院的两个案例对专利侵权制度中的各方产生不可忽视的影响。

（1）对法官而言，[2]所遵循的标准、规则和要求等发生了变化：一是最高法院推翻了联邦巡回上诉法院认定的惩罚性赔偿，原因是认定标准过于僵硬，被最高法院推翻了；客观鲁莽标准也被最高法院取消了；三是专利侵权的举证规则回归为传统的优势证据规则；四是虽然法律赋予法院在确定加倍赔偿上的自由裁量权，但要求初审法院和法官必须谨慎，该权利的实施必须接受联邦巡回上诉法院的审查。

---

〔1〕《美国专利法》第273条：Defense to infringement based on prior commercial use……. (b) BURDEN OF PROOF. —A person asserting a defense under this section shall have the burden of establishing the defense by clear and convincing evidence. 该条内容为：先用权抗辩……（b）举证责任——根据该条进行抗辩的人应该承担举证责任，该举证应该用清晰的有说服力的证据加以证明。

〔2〕张慧霞："美国专利侵权惩罚性赔偿标准的新发展"，载《知识产权》2016年第9期。

（2）对专利侵权人而言，希捷案的标准[1]被最高法院推翻。因为希捷案的标准存在两个问题：一是专利权人举证责任过重，既要证明专利侵权人是否明知专利权客观存在，又要举证专利侵权行为属于客观鲁莽行为；二是专利侵权人在诉讼中，只要杜撰一个故事，指出专利不具有创造性，就可以证明自己不存在鲁莽行为，还可以逃脱惩罚性赔偿。针对上述问题，最高院在案例判决中，强调惩罚性赔偿的证明标准确定为优势证据标准原则，律师意见也受到关注。

（3）对专利权人而言，由于专利侵权人主观态度成为适用惩罚性赔偿的重要考量依据，专利权人不必再对被告是否具有客观鲁莽行为而进行举证。[2]最高法院的最新规定：一方面，专利权人获悉专利侵权后，向专利侵权人致函，通知侵权人已经形成专利侵权行为；另一方面，关注专利侵权人是否继续侵权，如果发现其继续侵权，就为确定适用惩罚性赔偿提供了有力证据。

第三节　其他国家和地区专利侵权惩罚性赔偿的适用条件

关于专利侵权惩罚性赔偿的适用条件，以上主要以美国为对象进行了研究。本节从德国、英国、澳大利亚等国的适用条件研究出发，主要针对故意侵权的认定方式和衡量标准，通过梳理域外的相关立法及司法判例，总结出一般性规则。[3]

---

〔1〕　张慧霞："美国专利侵权惩罚性赔偿标准的新发展"，载《知识产权》2016年第9期。

〔2〕　张诺诺："惩罚性赔偿制度研究"，吉林大学2010年博士学位论文。

〔3〕　唐珺："我国专利侵权惩罚性赔偿的制度构建"，载《政治与法律》2014年第9期。

一、德国专利侵权惩罚性赔偿的适用条件

德国《专利法》规定，当专利侵权行为成立，首先需要对专利侵权人主观上是否存在故意或过失进行认定，才能确定专利侵权人如何承担损害赔偿责任。如果侵权人存在主观故意或存在过失，侵权人承担损害赔偿责任；如果侵权人不存在主观故意，可免除损害赔偿责任。[1]

《德国民法典》确立了过错责任原则和知识产权侵权损害赔偿严守填平原则，并在第 278 条、第 832 和 836 条中列举了无过错责任的具体规定。在这一基础上，德国知识产权侵权损害赔偿严守填平原则。[2]在对专利权人实际损失的计算上，德国法院主要依据《德国民法典》第 249 条所规定，选择填平性原则确定赔偿数额。[3]

二、英国专利侵权惩罚性赔偿的适用条件

（一）立法规定

英国法律规定，在确定专利侵权赔偿时，首先要区分过失侵权和故意侵权两种行为。其次，针对过失侵权行为，适用于补偿性赔偿原则。最后，对于主观故意侵权行为，已经确定，就适用于附加性损害赔偿金，即专利侵权人不仅要向专利权人支付补偿性赔偿金额，而且需要向原告多支付一笔赔偿金，超出了补偿性赔偿的额度。此规定与惩罚性赔偿的规定非常相似。[4]

---

〔1〕 参见德国《专利法》的第 139 条。

〔2〕 德国《专利法》第 139 条第 2 款规定："任何人故意或过失地从事侵权行为，应当对受害方由此造成的损害承担赔偿责任。如果只是轻过失，则法院可以不判赔偿，而是以受害人损害和侵权人获利为限额，于此限额内确定一个补偿数额。"

〔3〕 《德国民法典》第 249 条规定："负损害赔偿义务之人，应回复到若无损害赔偿义务情事发生时其应该产生的状态。"

〔4〕 参见英国《1988 著作权工业品外观设计和专利法案》第 97 条规定。

英国针对侵权比较容易的工业品外观设计作了特别规定，法院依据两个主要因素做出是否给予附加损害赔偿金的判决，此两个因素：一个是考虑专利侵权人的主观恶意程度，另一个则是侵权人实施侵权所获得的利益大小。这一规定与第 97 条一并被认为都是基于专利侵权惩罚性赔偿所做出的规定。

上述规定可见，英国对于专利侵权已经使用惩罚性赔偿原则，并可以得出三点结论：第一，适用附加性损害赔偿金的主观条件规定明确，不仅要求专利侵权人主观上存在过错，而且要求专利侵权人主观上存在恶意（flagrancy）；第二，适用附加性损害赔偿金的客观条件主要考虑专利侵权人在侵权行为实施中所获得的利益，并未考虑专利权人所受损失；第三，对于附加赔偿金额的多少、上限等未加规定，具体实施赋予法官自由裁量。

在司法实践中，英国实际执行的惩罚性赔偿的适用范围受到较严格的限制，虽然作为一项制度被纳入了法律，但真正在诉讼案件的适用上一直保持谨慎态度。[1]2015 年以来，英国关于专利侵权惩罚性赔偿的适用范围上虽然有所放松，但司法实践中仍然保持慎用的态度。

（二）实证考察

英国早在 18 世纪就出现了惩罚性赔偿的案例，如 1763 年 Wilkes v. Wood 案。但是，当时出现的[2]案件并非针对专利侵权，主要体现在蓄意攻击、非法拘禁、诽谤和恶意控告等方面的侵权诉讼案件中。[3]

---

〔1〕 英国法律委员会认为："惩罚性赔偿应当被保留，但法律需要对其严格限制并使之合理化，惩罚性赔偿金只能适用于故意严重漠视原告权利的侵权案件。"

〔2〕 唐珺："我国专利侵权惩罚性赔偿的制度构建"，载《政治与法律》2014 年第 9 期。

〔3〕 Richard L. Blatt, et al, "Punitive Damages: A State-By-State Guide to Law and Practice", vol. 17 (12), (2003), p. 36.

在 1964 年 Rookes vs. Barnard 案中，英国上诉法院作出的惩罚性赔偿判决，明显扩大了适用范围。此后，Devlin 勋爵代表官方提出三类案件适用惩罚性赔偿判决：第一类，如果有人就国家公务员在执行公务时存在处事不公、专横甚至违背宪法的行为提起诉讼的，可以实施惩罚性赔偿；第二类，针对被告为了牟取暴利，精密筹划并采取了不当手段，原告就此提起诉讼的案件，可以适用惩罚性赔偿的加重处罚；第三类，法律规定可以适用惩罚性赔偿的案件。[1]

2001 年，Kuddus vs. Chief Constable of Leicestershire Constabulary 案[2]的判决，进一步扩展了惩罚性赔偿的[3]适用范围。

上述分析可见，在英国的司法实践中，适用惩罚性赔偿的态度虽然谨慎，但是其适用条件是比较明确的，即属于故意侵权且存在恶意的侵权行为。

三、澳大利亚专利侵权惩罚性赔偿的适用条件

在澳大利亚，首先肯定了惩罚性赔偿是一种权利救济方式，但不是寻常的方式，主要针对那些令人极度愤慨的侵权行为。其次，判决惩罚性赔偿的前提条件是侵权人漠视他人权利和故意侵犯他人权利。在司法实践中，如果实施补偿性赔偿也不足以使侵

---

〔1〕 See Symposium, "Reforming Punitive Damages – The Punitive Damages Debate", *Journal of Harvard ON LEGIS*, vol. 38, (2011), pp. 256、469~471.

〔2〕 张晓梅："惩罚性赔偿制度的反思与重构"，上海交通大学 2014 年博士学位论文。

〔3〕 Michael Rustad &. Thomas Koenig, "The Historical Continuity of Punitive Damages Awards：Reforming the Tort Reformers", *42 AM. U. Law Review*, vol. 21, (2003), p. 126；

权人停止侵权，对于一些过失侵权，也可以实施惩罚性赔偿原则。[1]最后，澳大利亚对惩罚性赔偿的适用范围限制偏宽，虽然主要适用于侵犯他人动产、土地、人身、诈骗财物、破坏名誉的行为。[2]但是，只要符合故意、恶意的条件就达到适用惩罚性赔偿的归责标准。

四、加拿大专利侵权惩罚性赔偿的适用条件

同属英美法系的加拿大，对惩罚性赔偿的适用条件也有较明确的规定。在知识产权法的相关制度中规定，权利人在获得赔偿时，不仅可以获得法定赔偿金，而且可以获得超过法定赔偿金的惩罚性赔偿金。法院作出惩罚性赔偿的判决是有条件的，必须是侵权人主观上表现为欺诈或者恶意（fraud or malice）。[3]

在广受关注的 Parker v. Key Porter Books Ltd 一案中，原告基于被告故意侵权行为的成立，请求对被告执行 2 万至 5 万美元的惩罚性赔偿，但是法院没有采纳原告请求意见。法院认为，虽然被告态度傲慢，但由于侵权行为缺乏明显恶意（deliberately malicious），因此驳回原告要求惩罚性赔偿的请求。[4]

在加拿大 Vorvis v. Insurance Corp. of British Columbia 案中，加拿大最高法院认为实施惩罚性赔偿的适用是一种例外，并再次阐

---

〔1〕　参见 Uren v. John Fairfax & Sons Pty Ltd.（1966）117 C. L. R. 118, 160（Windeyer, J.）. 英国枢密院（The Privy Council）赞同 澳大利亚高等法院的判决意见。See Australian Consolidated Press Ltd. v. Uren（1967）117 C. L. R. 221. 有学者认为，对 Rookes 判决 意见的否定值得关注。因为之前澳大利亚的法官完全遵从了英国议会上院（House of Lords）的裁决。Michael Tilbury & Harold Luntz, Punitive Damages in Australian Law, 17 LOY. L. A. INT'L COMP. L. J. 774（1995）.

〔2〕　唐珺：“我国专利侵权惩罚性赔偿的制度构建”，载《政治与法律》2014 年第 9 期；陈年冰：“我国惩罚性赔偿制度研究”，山东大学 2013 年博士学位论文。

〔3〕　参见《著作权法》第 38.1（7）。

〔4〕　庄妍：“我国著作权惩罚性赔偿之立法研究”，载《今传媒》2014 年第 11 期。

述了适用惩罚性赔偿的条件，必须具有"异常可诉性"，[1]其"异常可诉性"是指在案件中存在诽谤、蓄意攻击、非法拘禁等异常情形。

五、我国台湾地区专利侵权惩罚性赔偿的适用条件

我国台湾地区关于惩罚性赔偿的适用条件的规定主要体现在"民法"领域，如"消费者权益保护法"第 51 条，"营业秘密法"第 13 条，"公平交易法"第 32 条，"专利法"（2001 年修订）第 89 条，"证券交易法"第 157 条之第 2 项等。[2]2001"专利法"第 89 条也有规定。其中值得注意的是，"消费者保护法"用列举的方式确立了适用惩罚性赔偿的条件，其中将"过失致害"行为也列入惩罚性赔偿的适用范围，属于对主观"故意"的拓展，主要考虑重大过失行为给权利人造成损失难以弥补。

在知识产权领域，我国台湾地区的"专利法"1994 年实施细则（Taiwan Patent Reugulations）中首次对惩罚性赔偿的适用条件作出规定，对于侵权人的故意侵权行为可以采纳惩罚性赔偿，最高上限为 2 倍；2001 年又将惩罚性赔偿上限升高至 3 倍于所造成的

---

〔1〕 Harry Street, *Principles of the Law of Damages*, Hongkong：Sweet &. Maxwell Press，1962，p. 769.

〔2〕 "消费者权益保护法"第 51 条规定："依本法所提之诉讼，因企业经营者之故意所致之损害，消费者得请求损害额三倍以下之惩罚性赔偿金，但因过失所致之损害，得请求一倍以下惩罚性赔偿金。""营业秘密法"第 13 条，对侵犯商业秘密的故意行为的惩罚。"公平交易法"第 32 条规定："法院因前条被害人之请求，如为事业之故意行为，得依侵害情节，酌定损害额以上之赔偿。但不得超过已证明损害额之三倍。侵害人如因侵害行为受有利益者，被害人得请求专依该项利益计算损害额。"也规定了故意侵权时的惩罚性赔偿制度。即"公平交易法"第 32 条及其施行细则总体进行惩罚性赔偿规定的是违反公平交易规则的故意行为。"专利法"（2001 年修订）第 89 条，对侵权人侵害发明专利权人业务上信誉的故意行为的惩罚。"证券交易法"第 157 条之一第 2 项，对严重内幕交易行为的惩罚。

损失。"专利法"第 89 条还对故意侵权行为作出了规定，明确规定适用条件是侵权人主观故意。侵权行为人的重大过失情形不在此范围内。[1]

由此可见，我国台湾地区惩罚性赔偿的规定是以主观故意为适用条件，以侵权人所获利益为赔偿标准的计算基础，设定惩罚性赔偿标准的最高上限为 3 倍。[2]

第四节　本章小结

以美国为代表的英美法系国家均规定针对故意侵权行为而实施惩罚性赔偿作出了明确规定，然而在具体涉及专利侵权诉讼时，在什么条件下适用惩罚性赔偿呢？从抽象的角度看，英美法系国家都对适用条件进行了不同的描述，尤其美国的判例中，更是作出了多元化的描述，比较集中的描述是"主观故意""恣意侵权"和"恶意侵权"等，这意味着适用惩罚性赔偿的主观要件是"主观故意侵权行为"。

一、确立了专利侵权惩罚性赔偿的适用条件

专利侵权惩罚性赔偿并非适用于任何专利侵权案件，根据前

---

〔1〕 台湾地区"专利法"第 89 条规定："依前条请求损害赔偿时，得就下列各款择一计算其损害：一、依民法第 216 条之规定。但不能提供证据方法以证明其损害时，发明专利权人得就其实施专利权通常所可获得之利益，减除受害后实施同一专利权所得之利益，以其差额为所受损害。二、依侵害人因侵害行为所得之利益。于侵害人不能就其成本或必要费用举证时，以销售该项物品全部收入为所得利益。……依前两项规定，侵害行为如属故意，法院得依侵害情节，酌定损害额以上之赔偿。但不得超过损害额之三倍。"

〔2〕 张新宝、李倩："惩罚性赔偿的立法选择"，载《清华法学》2009 年第 4 期。

文所述，笔者认为，适用于专利侵权惩罚性赔偿，需要同时具备三个条件，即主观要件、客观要件和申请人提出。

首先，惩罚性赔偿法律制度的适用例外情形，比如专利侵权人的侵权行为是客观轻率或过失造成的，这也体现了惩罚性赔偿的适用需要同时兼顾目的和结果的公平性，而并非无差别、无例外地尊重程序和规则。其具体体理由有三：第一，专利权人可以通过致函专利侵权人获得专利侵权人主观故意的证据，但是，对于举证专利侵权人属于客观轻率或者重大过失侵权行为比较困难。因此，如果将此确定为专利侵权惩罚性赔偿适用的主观要件，有可能因专利权人举证不能而使专利侵权人逃脱惩罚。第二，所谓专利侵权的客观轻率行为，是指专利侵权人明知实施了专利技术，却不顾因自身侵权给专利权人造成损失的可能性，继续实施侵权行为。这一侵权行为是否包含有创新的成分，一旦存在创新行为，那么对此实施惩罚性赔偿，就有可能过分强化专利权人利益，抑制了创新的冲动和努力。第三，"客观轻率"一定程度上比较抽象，很难将其归入民法的规制范围，不适宜作为专利侵权惩罚性赔偿的适用要件。

其次，专利故意侵权所造成的损害结果构成适用惩罚性赔偿的客观要件。虽然在专利侵权的诉讼案件中，专利权人的实际损失难以计算，但是，我们不能因此就不承认侵权损失的后果。如何计算侵权损失，一般需要专利权人提供损失证据，作为确定赔偿数额的重要依据。

最后，当事人提出申请的原则。毋庸置疑，惩罚性赔偿的突出特点就是在赔偿中的惩罚性，但是其仍然是民法救济方式，因此，民事诉讼中"不告不理"的原则依然适用于侵权人主观故意侵权的情况。具体到专利侵权的惩罚性赔偿，即使故意侵权行为成立，也需要专利权人主动提起适用惩罚性赔偿的请求。

二、分析了美国的适用条件

美国虽然颁布了保护发明创造《专利法》，但是关于惩罚性赔偿的具体适用，其规则都是通过司法判决所做出的。因此，要研究美国专利侵权惩罚性赔偿的法律规定，其视角应从立法规定转化为司法实践。考察美国司法实践中的运用，其主观故意正是专利侵权认定的重要依据。本章主要借鉴美国关于专利侵权惩罚性赔偿的适用规定。其判例规则中，一是形成了知识产权侵权赔偿适用"三倍赔偿"制度；二是实施惩罚性赔偿的依据是侵权人主观故意的态度。

所谓故意侵权，其实就是侵权人在侵权之前就对侵权所造成的后果非常清楚，但此明知并没有影响侵权人实施侵权行为。其特点十分明显，一是对他人权利的不尊重、不尽保护义务；二是对自身行为无所惧怕，属于公开挑战法律。因此，美国已经有23个州对故意侵权的影响要素作出了规定，即以是否确知客观存在的专利为主要考虑因素，至于是否存有恶意不必考虑。

从美国司法实践中对故意侵权认定标准的改善看，其标准的调整旨在更好地适应科技发展和经济发展需要。从先前的为了保护专利权人利益，到通过严格标准适当考虑侵权人利益，无不体现了专利政策的与时俱进。

美国虽然制定了专利法，但是，在实用主义哲学的指导下，惩罚性赔偿规则的具体调整大多源于司法实践的判决。因此，我们要研究美国惩罚性赔偿的具体适用，既要考察其立法层面的原则和成文规定，更要研究在司法实践中的具体运用。

三、分析了其他国家的适用条件

关于专利侵权惩罚性赔偿的适用条件，在对美国进行研究的基础上，笔者从德国、英国、澳大利亚等国的适用条件研究出发，主要针对故意侵权的认定方式和衡量标准，通过梳理域外的相关立法及司法判例，总结出一般性规则。[1]

英国对于专利侵权已经适用惩罚性赔偿原则，并可以得出三点结论：第一，适用附加性损害赔偿金的主观条件规定明确，不仅要求专利侵权人主观上存在过错，而且要求专利侵权人主观上存在恶意（flagrancy）；第二，适用附加性损害赔偿金的客观条件主要考虑专利侵权人在侵权行为实施中所获得的利益，并未考虑专利权人所受损失；第三，对于附加赔偿金额的多少、上限等未加规定，具体实施赋予法官自由裁量权。

在司法实践中，英国实际执行的惩罚性赔偿的适用范围受到较严格的限制，虽然作为一项制度被纳入了法律，但真正在诉讼案件的适用上一直保持谨慎态度。[2]2015 年以来，英国关于专利侵权惩罚性赔偿的适用范围上虽然有所放松，但司法实践中仍然保持慎用的态度。

---

〔1〕 唐珺："我国专利侵权惩罚性赔偿的制度构建"，载《政治与法律》2014 年第 9 期。

〔2〕 英国法律委员会认为："惩罚性赔偿应当被保留，但法律需要对其严格限制并使之合理化，惩罚性赔偿金只能适用于故意严重漠视原告权利的侵权案件。"

第五章

专利侵权惩罚性赔偿标准的度量

作为重要的知识产权制度，专利侵权损害赔偿规定了一种民事责任，当侵权人实施了侵权行为并对专利权人合法权益造成损害时，需要承担赔偿损害义务。其数额的确定是专利侵权诉讼中的难点问题。在对侵权行为施加惩罚性赔偿时，首先要确定惩罚赔偿金的具体数额。惩罚性赔偿金额合理与否对惩罚性赔偿制度功能的实现具有重要影响，也关系着专利权人利益损失的界定和侵权人财产权益的保障。惩罚性赔偿数额的确定标准应包括两部分：一是惩罚性赔偿的基数，即填平性赔偿数额，二是加重赔偿的倍数。本章首先，论证专利侵权惩罚性赔偿的范围，即计算实施惩罚性的基础；其次，分析域外对专利惩罚性赔偿标准的司法适用。

第一节 专利侵权惩罚性赔偿标准的确定原则和范围

惩罚性赔偿原则兼顾了目的和结果的公平，不仅能够使专利权人因侵权行为而承受的损失得到相应的补偿，同时基于社会公共利益的考虑要惩前毖后，对于侵权行为人，特别是对故意侵权的侵权人进行惩罚，以达到警示侵权人和其他潜在侵权人的效果。[1] 法院在处理专利侵权诉讼时，基于惩罚性原则所制定的计算方法所得损害赔偿金额，也应是专利权人实际损失的一定倍数。在故意侵权案件中，赔偿金既具有弥补权利人利益损失之目的，又兼具惩罚侵权行为之功效，最高可达权利人所受损失的三倍。同时还具有制裁侵权行为的效果，还最大限度（实际损失三倍）地补偿了专利权人。目前，英美法系为代表的美国、英国、澳大利亚等在内的多个国家均在处理侵权赔偿案件中采用惩罚性原则。

一、确定赔偿标准的原则

（一）以填平性赔偿为惩罚基数

"惩罚性赔偿是填平性赔偿的补充，并以填平性赔偿的成立为前提"[2]。由于具体案件中侵权人的非法获利与侵权成本基本相当，因此基于效率因素的考虑，理性行为人为了保障预期利益，对侵权行为不会故意为之。但在社会整体视角中，"履行差错"可能导致侵权获利明显高于侵权成本的情形，使得行为人在利益驱

---

〔1〕 刘晓："中美专利侵权实际损失赔偿比较研究"，华东政法大学 2012 年硕士学位论文。王利明："美国惩罚性赔偿制度研究"，载《比较法研究》2003 年第 5 期。

〔2〕 罗莉："论惩罚性赔偿在知识产权法中的引进及实施"，载《法学》2014 年第 4 期。

使下实施侵权行为。因此，惩罚性赔偿原则旨在通过提高赔偿数额弥补侵权行为人非法获利与违法成本的差额，防止行为人基于侥幸心理实施侵权行为。

（二）对完全赔偿原则的理解

1978 年，在 Panduit Corp. vs. Stahlin Bros. Fibre Works，Inc. 一案中，美国法院在侵权赔偿判决中主要考虑四个因素：一是专利产品在市场上的需求程度，主要考察专利的实用性；二是市场上是否存在专利产品的侵权替代产品；三是专利权人是否具备制造和销售能力，主要考察专利是否被充分实施；四是因专利侵权给专利权人造成的利润损失。这些因素也是我国在确定专利侵权惩罚性赔偿时考虑的重要因素。自 1982 年开始，美国设立了专利诉讼的联邦上诉法院，并在 1995 年 Rite Hite Corp. vs. Kelley Co. 一案中，认为非法专利产品的销售直接给专利权人造成了损失，即使与专利产品不存在同一市场上的竞争，专利权人同样可以获得赔偿。

专利权人已经实施了专利技术，可以请求专利损失的赔偿。但是，如果专利权人并没有真正实施专利技术，专利权人可以主张专利许可使用费损失的赔偿。在请求专利许可使用费的赔偿中，又分为两种情况：一是专利权人虽未自行实施，但已经实施了许可使用，审理法院可以参照专利许可使用合同中的许可费标准，确定专利侵权赔偿金额；二是如果专利权人既没有自行实施，也没有实施许可使用，由审理法院分析专利许可使用及其费用标准的可行性，即由意欲使用人与专利权人谈判，由此计算专利许可使用费。美国自 1952 年开始，就确定了专利许可使用费标准，作为侵权赔偿证据提供法院判决参考[1]。

---

〔1〕 Richard，T. H，*Infringement of the United States Patent Right*：*A Guide for Executives and Attorneys*，London：Westport Press，1995，p. 164.

依据完全赔偿原则，在专利侵权赔偿范围中，不仅考虑专利权人的利润损失和利息损失，还需要考虑专利权人支付的包括诉讼费用在内的其他合理费用。美国专利法规定，在特殊案件中，法院有权判决专利侵权人向专利权人支付律师费。[1]法律对于什么是特殊案件未作界定。但在司法实践中，法院理解为存在"故意侵权"的案件。根据是否构成"故意"，将损害赔偿分为补偿性和惩罚性两种类型。其补偿性赔偿主要针对专利权人的实际损失进行赔偿，以实际损失为最高补偿额；惩罚性赔偿主要基于侵权性质的恶劣程度，在补偿性赔偿的基础上追加赔偿，体现惩罚性要求，其适用的前提是侵权人从主观上构成了"故意"侵权。从赔偿性质看，对合理律师费的赔偿应该属于补偿性的，不具有惩罚性。

（三）与法定赔偿的不兼容性

近年来，我国的知识产权保护工作取得了巨大成就。为了适应经济发展，解决专利保护领域出现的新问题，我国《专利法》进行了第四次全面修改。《草案》[2]规定惩罚性赔偿与法定赔偿可以兼容，同时适用。《草案》第六十五条第 3 款规定，对故意侵犯专利权的行为，法院可基于前两款规定，在法定赔偿之基础上确定惩罚性赔偿金额[3]。但笔者认为，二者并不具备兼容性，具体

---

〔1〕 参见美国专利法 285 条。

〔2〕 2013 年 1 月形成《中华人民共和国专利法修订草案（送审稿）》上报国务院。2013～2014 年，国务院法制办对该修订草案（送审稿）公开征求意见。本文中简称为《草案》。

〔3〕 《专利法》第 65 条：侵犯专利权的赔偿数额按照权利人因被侵权所受到的实际损失确定；实际损失难以确定的，可以按照侵权人因侵权所获得的利益确定。权利人的损失或者侵权人获得的利益难以确定的，参照该专利许可使用费的倍数合理确定。赔偿数额还应当包括权利人为制止侵权行为所支付的合理开支。权利人的损失、侵权人获得的利益和专利许可使用费均难以确定的，人民法院可以根据专利权的类型、侵权行为

理由如下：

（1）兼容模式违背了惩罚性赔偿的基本原理，一定程度上淡化了惩罚性赔偿的超额遏制功能。[1]惩罚性赔偿的遏制功能表现在通过提高个案侵权成本，消除履行差错，形成一种守法激励，因此其必须是一种高出实际赔偿数额的超额赔偿。惩罚性赔偿具有惩罚功能，其计算方法以填平性赔偿数额为基数，旨在增加专利权人所能获得的最高赔偿数额。因此必须先行确定填平性赔偿的具体数额。而法定赔偿以解决填平性赔偿失灵时损害赔偿数额的计算问题为己任。法定赔偿计算方式缺乏基本的精细标准和权重设计，仅包含了几个模糊的、未被量化的参考因素。并且在司法实践中也表现出了较强的主观任意性，难以说明最终确定的赔偿金额和实际损失之间的关系。况且，在判决书中，法官虽然会对侵权赔偿责任及其依据明确描述，但不可能对赔偿数额确定的具体原因、计算方法进行阐述。这就可能导致法院最终判定的损害赔偿与专利权人的实际损失不相符，因此，法定赔偿虽然与惩罚性赔偿不能并用，但是惩罚性赔偿不能以法定赔偿作为其基数。

值得讨论的是，法定赔偿并不具有惩罚性功能，虽然不是补偿专利权实际损失，但是，也体现了对实际损失的补偿，这一补偿的实际金额控制在法定的范围内。此计算方式具有不确定性，理由：一是这一计算方法不是最基本赔偿原则的体现，而属于赔偿方式的补充；二是法定赔偿在特定情况下又发挥着惩罚性赔偿的功能。如果将法定赔偿数额作为惩罚性赔偿的基数，将有违惩罚性赔偿理论的要求。

（接上页）的性质和情节等因素，确定给予一万元以上一百万元以下的赔偿。对于故意侵犯专利权的行为，人民法院可以根据侵权行为的情节、规模、损害后果等因素，将根据前两款所确定的赔偿数额提高至二到三倍。

　　〔1〕　雷冀："论专利侵权的民事责任"，载《经济法学》2013 年第 5 期。

（2）如果按照法律规定，惩罚性赔偿以补偿性赔偿为基础，那么，如果补偿性赔偿失灵，是否就意味着惩罚性赔偿难以实现呢？[1]此时，只有依靠法律所确定的法定赔偿范围，由法定赔偿的替代惩罚性赔偿的功能。我国《商标法》和《专利法》都设立并提高了法定赔偿的上限，并在司法实践中得到了运用。例如，此前浙江省绍兴市人民法院对一起商标侵权案进行了审理，因为实际损失和侵权获利难以计算，法院最终选择了法定赔偿的判决，结果是要求被告支付原告 4 万元的法定赔偿金额，明显高于新《商标法》实施前所能确定的最高赔偿额。这也是绍兴市人民法院自审理商标侵权案以来，在无法确定实际损失的情况下判决被告赔付的最高金额。赔偿数额的提高能有效增强法定赔偿的替代性惩罚功能，全面赔偿专利权人所遭受的侵权损失。因此，在特定情形下，法定赔偿有效替代了惩罚性赔偿，即通过弹性的法定赔偿来实现侵权制裁与遏制侵权功能。不可否认的是，我国现阶段专利侵权案件频发，专利维权又存在着成本高、周期长、见效慢、赔偿低等问题。《草案》增设惩罚性条款的本意是解决"填平原则"赔偿低的问题[2]，但也需要在全面赔偿规则完全失灵的情况下，通过细化法定赔偿的适用方式[3]和提高法定赔偿上限，实现与惩罚性赔偿同等的适用效果。

所以，基于上述考虑，单一模式更适合惩罚性赔偿条款的设

---

〔1〕 李正华、朱君全："法定赔偿与惩罚性赔偿条款关系辨析《商标法》与《专利法》修改草案惩罚性赔偿条款之对比分析"，载《电子知识产权》2016 年第 1 期。

〔2〕 参见中华人民共和国国家知识产权局：《关于〈中华人民共和国专利法修改草案（征求意见稿）〉的说明》。

〔3〕 第一要在精密计量的基础上进行一定的权重设计，将不同因素对应不同的权重。第二要设计确定赔偿数额的计算演 进方式，例如可以在最低赔偿数额的基础上因各种因素的存在而不断增加赔偿数额，或者在最高赔偿数额的基础上根 据涉案的计算要素进行一定的减少，抑或在赔偿范围中确定一个大致数额后根据涉案因素进行相应的增减。

计初衷，与实际损害赔偿、惩罚性赔偿理论更加契合。

二、赔偿标准的范围

如果按照大陆法系关于民事侵权赔偿责任所坚持的填平性原则，专利侵权损害赔偿的范围包括：专利权人因专利侵权所遭受的实际经济损失和专利权人在制止侵权行为和诉讼中所支付的合理开支。这既是一般专利侵权赔偿的范围，又是计算惩罚性赔偿的基础和依据。根据填平原则，专利侵权损害赔偿的范围不仅包括专利权人因侵权行为所遭受的实际经济损失，而且包括专利权人在有效制止侵权行为过程中的合理费用。

（一）实际损失

实际损失，即专利权人因侵权所造成的损失，是指因专利侵权使专利权人的收益受到了影响，是专利侵权行为发生前后，专利权人实施专利行为所获利益的比较。专利权人本应通过实施专利而获得的利益因为专利侵权行为的发生而不能获利，就构成了专利权人的实际侵权损失。在未发生专利侵权行为时，专利权人一般可以获得两种收益：一是因垄断专利技术实施而产生的市场利益，即专利权人自行实施专利所获得利益；二是许可他人使用专利所得的许可费用。第一种收益要求专利权人必须实际实施了专利技术，第二种收益则无此要求。这两种收益又对应着不同的损失类型：一是专利权人因专利侵权行为的发生，打破了专利权人实施专利技术的垄断性和针对专利产品价格的垄断性地位，直接影响到专利产品应有的市场份额和专利产品价格的垄断确定地位，必然造成专利权人的利润损失，即专利权人享有的垄断使用权的丧失；二是按照专利法规定，除了专利权人外，他人实施专利必须经过专利权人许可，许可的对价就是向专利权人缴纳专利许可使用费，即预期的专利许可费用损失。可见，只要专利侵权行为存在，专利权人就难免会遭受经济损失，其主要表现形式主要是专利权人直接生产经营的利润损失以及许可他人使用可获得的许可使用费损失。[1]

1. 权利人的利润损失

首先，这一损失是指专利权人应获而未获得的利润，即专利权人因专利侵权造成的应获利润和已获利润的差额。具体来讲，就是在专利侵权行为存在的前提下，就一种专利技术的实施出现了两种产品，一种是合法的专利产品，包括专利权人制造和许可使用人制造；另一种是非法的专利产品，即侵权专利产品。这两种产品如果在同一市场销售就形成竞争态势，直接导致专利产品销售下降，利润减少，给权利人造成了利润损失。该利润损失有两个成立要件：一是专利权人已经实施专利技术，这是考量是否造成损失的必要条件。但是，如果专利权人不曾直接进行专利实施，就不可能通过制造、使用和销售专利产品或使用专利方法来实现经营利润，与专利侵权的收入不存在可比性，利润损失也就无从谈起。二是专利侵权产品与专利产品之间构成了统一市场的竞争关系，且这种竞争关系会给专利权人的生产和经营造成不利影响；而如果专利产品与侵权产品间并不存在所谓的竞争关系，那么专利侵权产品的生产和销售并不影响专利权人的正常经营，自然也就否定了利润损失的命题存在。考察专利侵权的实践，专利权人的利润损失主要有以下几种表现形式：

第一，专利产品潜在消费群体的流失。若侵权行为人制造或销售的侵权产品与专利产品形成了实际的竞争关系，则会对专利产品的价格和销量产生影响，导致权利人的市场份额非正常减少。换言之，专利侵权人未经专利权人许可，也无法定事由，擅自实施专利

---

[1] 崔国斌：《专利法：原理与案例》，北京大学出版社 2012 年版，第 729 页。

技术，其生产的"专利产品"投入市场，必然挤占专利权人的市场份额，不仅影响专利权人的销售量，而且会给专利权人造成利润损失。这是实践中普遍发生的侵权结果，同时也是本文探讨的重点。

第二，价格腐蚀。专利侵权人生产的"专利产品"，其产品成本与专利权人的专利产品的成本相比，成本构成中缺少专利技术研发的费用。其成本优势转化为价格优势，即使与专利产品同质同价，专利侵权产品的利润水平也高于专利产品；如果专利侵权人将侵权专利产品的利润与专利产品保持相当水平，自然占据价格优势，扩大销售。即侵权行为人无须投入高额的研发成本和专利许可费用，即可"免费"使用该专利。当专利产品面临非正当竞争时，权利人往往会降低或停止上涨专利商品的销售价格，即价格腐蚀。需要注意的是，虽然专利产品价格下降会伴随一定的销量增长，但这并不足以抵消价格腐蚀造成的利益损失。因为权利人所有的产品都将受到专利侵权产品的销售压力，甚至侵权人采取的不正当竞争手段的影响，不仅使专利权人处于价格劣势，而且最终使专利产品预期市场利润的降低。可见，只要专利侵权产品存在，专利产品就必然失去价格优势和利润优势，从而也就失去了市场优势。如此的竞争结果，就是专利侵权产品在市场上占尽优势，专利产品的竞争优势必然丧失。

第三，因为专利侵权或专利侵权产品的质量缺陷，给专利权人商誉造成了影响，导致专利产品的利润损失，即法院亦有可能支持权利人主张的因侵权行为造成的合理的预期利益损失。在 Lam, Inc. vs. Johns-Manville Corp. 一案中，[1]法院就支持了原告的主张，专利权人作为原告提出请求，认为专利侵权产品存在质量缺陷，其侵权行为导致了自己未来收益的丧失。对此请求，法院

---

〔1〕 Lam, Inc. V. Johns-Manville Corp., 718 F. 2d 1056, 1067~68（Federal. Circuit. 1983）.

给予了支持。法院认为，因为专利侵权给专利权人的商誉造成了损害，被迫通过多渠道证明专利产品质量，在影响预期收益的情形下，还必须增加额外支出（侵权产品存在的质量缺陷给专利权人造成的商誉影响，属于对专利权人未来利益的一种损害，属于所失利润的一部分），因而，认定侵权诉讼消耗的原告大量资源导致的预期利益减损应作为利润损失的一部分。[1]同时，被告销售的低质量的侵权产品对原告的商业信誉造成的负面影响也属于预期利益损失。此外，专利权人的市场地位因侵权行为而受到的影响也属此列。在 THK Am., Inc. vs. NSK, Ltd. 一案中，[2]法院认定权利人的市场地位受到了侵权行为的影响，支持了原告的诉求。

2. 专利权人合理许可费损失

我国《专利法》明确规定，未经专利权人许可，任何人不得实施其专利技术。这一规定表明，他人使用有效的专利技术必须事先向专利权人缴纳许可使用费。如不能就实施专利技术的行为向专利权人依法支付许可使用费，势必会给专利权人造成许可使用费的损失。此损失是因为专利侵权人擅自进行专利实施，从而造成专利权人的许可使用费直接损失。也就是说，专利权人本应该获得许可使用费，但因专利侵权不能获得许可使用费。

在此，我们依据专利权是一种禁止权的原理，专利侵权不仅使专利权人丧失了许可使用费，而且专利权人在实施中也会给专利权人造成利润损失。在此值得研究的是，专利权人的利润损失和合理许可费损失是否应该合并计算呢？笔者认为，从逻辑上看不能合并请求赔偿。其理由：一是当专利技术未投入使用，或者虽投入生产，但其产品未与侵权产品形成市场竞争关系时，难以

---

〔1〕 陆利锋："中美专利侵权损害赔偿比较研究"，载《知识产权》2013 年第 4 期。

〔2〕 参见 THK Am., Inc. V. NSK, Ltd., 917 F. Supp. 563, 571（N. D. Ill. 1996）.

认定专利权人遭受了利润损失。二是当专利权人自己实施了专利技术，且其产品与侵权产品在销售时间、地域等方面产生实际竞争关系时，专利权人得以主张其中一种损失寻求救济。假设法院支持了专利权人主张的合理许可费损失，那么专利权人则要忍受因侵权行为造成的预期利益损害。相反，若法院支持专利权人主张的利润损失，即补偿专利权人因销量下降、价格腐蚀、额外支出等全部损失，但从逻辑上讲，侵权人并未使用该专利，无需支付专利许可费用。

3. 利润损失和合理许可费损失合并请求赔偿

对于专利权人而言，能否将利润损失和合理许可费损失同时主张，一般情况下，同时主张的请求得不到支持。原因如下：第一，在专利权人已经实施专利行为的情况下，如果专利侵权人生产的专利侵权产品与专利产品存在时间和地域上的差别，那么，由于专利产品和专利侵权产品间并未形成直接的市场竞争关系，那么对于专利权人就不存在利润损失。如果专利权人存在损失，也只是存在专利许可使用费损失。第二，专利侵权人未支付专利许可使用费就实施了专利技术，而后希望使用专利技术一方由于获悉专利技术被侵权方先行实施，自然而然地会就许可使用的费用标准与专利权人协商，协商的结果自然是专利权人放弃部分利益，这一利益的放弃就是专利权人因侵权造成的损失。由此可见，经过逻辑分析，此两种实际损失不应该同时主张，但如果作为一项规定也不是绝对的，但也存在以下例外情形：

第一，侵权产品的销量远远高于专利产品所能达到的最高销量。即专利权人不能完全取代侵权行为人所占据的市场份额。如果只赔偿专利权人因侵权行为减损的销售额，可能不足以弥补其所受损失，有违公平正义和专利侵权诉讼的功能。因此，可将专利权人的损失分为利润损失和合理的许可费用损失。例如在 State

Industries, Inc. vs. Mor-Flo Industries, Inc. [1]一案中，法院首先对原告未受侵权影响时的产品销量进行了认定，即原告可获得 40%的份额，对该部分实行利润损失赔偿，对其余 60%销售量来计算实行许可费损失赔偿。[2]

第二，是关于专利产品与专利侵权产品，在销售时间上是否存在重合的规定。如果在销售时间上，专利产品与专利侵权产品仅发生部分重合，则专利权人可对重合时间范围内的销量主张利润损失赔偿，对其他时间内的侵权产品销量仅能适用许可费损失赔偿。

第三，是关于专利产品与专利侵权产品的不同销售地域的规定，若专利产品与侵权产品的销售地域范围存在部分重合，则专利权人对相同地域内的侵权产品销售量可以请求侵权人进行利润损失赔偿，专利权人对不重叠地域的销售量可以向专利侵权人主张合理许可费损失赔偿。

（二）合理费用

实践中，英美法系国家就合理费用进行的判决，主要包括权利人因侵权行为而增加的费用。专利侵权行为的发生，形成了专利产品和专利侵权产品之间的竞争关系，但是，正是这一竞争关系的存在，迫使专利权人增加额外开支，原因在于专利权人失去了专利产品在成本、价格上的优势，不得不增加广告支出和营销支出，形成了额外开支，即增加的费用主要体现在必须投入大量的广告支出和销售费用以应对侵权产品的价格竞争和市场竞争。

---

〔1〕 参见 State Industries, Inc. v. Mor-Flo Industries, Inc. , 883 F. 2d 1573, (Federal Circuit. 1989), cert. denied〔493 U. S. 1022（1990）〕.

〔2〕 法院判决认为，如果不存在专利侵权，专利权人占据着专利产品整个市场份额的40%，另60%的市场份额的让出自然是被许可使用人合法占有。为此，如果出现专利侵权情况，且专利侵权人占据市场份额超过专利权人，此两项损失专利侵权人都应该承担。

如美国的 Scripto‑Tokai Corp. vs. Gillette Co.[1]和 Wahl v. Carrier Mfg. Co.[2]两个案例中，原告专利权人在其赔偿请求中，请求法院就其因专利侵权行为而额外产生的费用（如支付广告宣传费用）裁定被告侵权行为人赔付，得到了法院的支持，法院认为，利润损失应该既包括专利侵权行为对专利权人经营利润的影响，同时也包括专利权人在专利产品的广告宣传中所增加的开支。[3]因此，法院在处理这两起案件时都支持了专利权人额外开支的诉讼请求，并作出将原告的合理费用纳入了利润损失的范围的判决。

除此之外，由于技术因素等原因，专利纠纷案件比普通民事案件更为复杂，需要诉讼双方投入大量的时间、精力和金钱。因此，专利权人也可向侵权人主张赔偿其支付的合理诉讼费用。但在专利侵权赔偿案件中，能否将专利权人支出的合理费用纳入赔偿范围，我国《专利法》第65条做出了关于其他合理费用进行赔偿的规定，[4]同时，最高人民法院在司法解释中也认可将专利权人的合理费用纳入赔偿范围。[5]在司法实践中，专利权人请求侵权人支付的合理费用包括在案件调查取证、律师聘请、公证费用、案件诉讼费用等合理费用。

---

〔1〕　参见 Scripto‑Tokai Corp. v. Gillette Co.，788 F. Supp. 439，444（C. D. Cal. 1992）.

〔2〕　参见 Wahl V. Carrier Mfg. Co.，511 F. 2d 209，213（7th Circuit. 1974）.

〔3〕　实践中，法院也有权否认类似案件中原告的专利产品的广告支出纳入利润损失范围，但是，否认的原因并非是对额外支出的否认，而是因为专利权人难以证明此广告支出与专利产品之间的必然联系

〔4〕　《专利法》第65条规定：侵犯专利权的赔偿数额按照权利人因被侵权所受到的实际损失确定；实际损失难以确定的，可以按照侵权人因侵权所获得的利益确定。权利人的损失或者侵权人获得的利益难以确定的，参照该专利许可使用费的倍数合理确定。赔偿数额还应当包括权利人为制止侵权行为所支付的合理开支。

〔5〕　《最高人民法院关于审理专利纠纷案件适用法律问题的若干规定》第22条规定："人民法院根据权利人的请求以及具体案情，可以将权利人因调查、制止、侵权所支付的合理费用计算在赔偿数额范围之内。"

第二节　域外专利侵权惩罚性赔偿标准的法律规定

一、TRIPs 协议关于赔偿标准的规定

侵权损害赔偿制度是知识产权保护的一项重要内容。《与贸易有关的知识产权协议》（TRIPs）协议作为成员最多、水平最高、内容最全面的国际协定，率先明确了各成员国应遵循的基本原则。TRIPs 协议第三部分第 45 条规定了知识产权的赔偿费。该条第 1 款涉及赔偿原则，规定了侵权人需支付足以补偿权利人因知识产权侵权遭受的损害赔偿；第 2 款规定了侵权人所需支付的其他合理费用，例如律师费等[1]。第 45 条明确了侵权人所应承担的侵权赔偿责任，体现了补偿性原则，需补偿权利人遭受的侵权损害和其他合理费用，即使被告不知其行为构成侵权。因此可以看出，TRIPs 协议规定了两种计算损害赔偿的方式，与补偿性原则有相似之处：一是利润损失；二是包括律师费在内的合理费用。该协议设定了最低专利保护要求，对成员国具有重要的指导作用。

二、美国专利侵权损害赔偿的规定

美国是典型的判例法国家，专利领域的一些重要原则正是通过判例确立的。虽然如此，美国的专利法中却少见关于专利侵权损害赔偿的计算标准和详细要求。美国专利法认为，如果权利人

---

[1] TRIPs 第 45 条规定：对于故意或有充分理由应知道自己从事侵权活动的侵权人，司法机关有权责令侵权人向权利持有人支付足以补偿其因知识产权侵权所受损害的赔偿。司法机关还有权责令侵权人向权利持有人支付有关费用，其中可包括有关的律师费。在适当情况下，各成员可授权司法机关责令其退换利润或支付法定的赔偿，即使侵权人故意或有充分的理由知道自己从事侵权活动。

得以胜诉，就应得到足以补偿其损失的赔偿数额，包括专利使用费和法院规定的其他费用和利息。侵权赔偿数额最高可达评估数额的三倍。在诉讼中，为了保障权利人的利益，有关专家还可提供证词，以促进权利人获得全面赔偿。因此，我们可以得出美国专利法中关于损害赔偿数额的计算方式：

（一）权利人损失的利润

这一方式与我国《专利法》的规定最相类似，但也有所区别。美国《专利法》要求权利人需提供证据证明其间接损失：一是证明权利人具备生产足以满足市场需求的专利商品的实力；二是证明专利产品有市场需求；三是证明市场上不存在专利产品的非侵权替代产品。其中前两个要件极易证明，权利人可通过提供相关记录资料予以说明。第三个要件存在一定的难度，权利人除了要证明其在市场中不存在其他竞争者，还要证明其本应享有的被侵权产品挤占的销售量。相对于合理许可费计算方式，此种方式所得的赔偿数额明显较高，便于举证，在诉讼实践中更容易为权利人所采用。且合理专利许可费方式所确定的损害赔偿仅能作为最低标准，不能完全保障权利人的合法权益。

（二）合理的专利许可费用

专利使用费是指他人为使用专利产品或技术需要向专利权人支付的合理对价。美国《专利法》中规定的"专利使用费"既包含合理的许可使用费，也包含已经存在的专利许可费。即假设侵权人与专利权人已经达成了专利许可合意，并就许可费用达成一致，则应依据确定的专利许可使用费来计算损害赔偿数额。若专利权人选择适用利润损失方式计算赔偿数额，就需要专利权人证明自己的利益损失与侵权行为之间存在因果关系，[1]否则不能以该方式主张损害赔偿。因此，在计算损害赔偿数额时就存在一个具体顺位。与我国《专利法》明确规定的参照专利许可费1~3倍确定赔偿数额的计算方式不同，美国法律规定，当专利许可使用费不能确定时，可由法官依据行业惯例来确定损害赔偿数额，其中还包括其他费用和利息。

（三）加重赔偿原则的适用

在美国，当专利侵权诉讼案件中无法确定权利人所受的实际损失时，法官得以适用加重赔偿原则。加重赔偿原则是与填平原则、补偿性原则相对应的，是法院判定侵权人加倍赔偿权利人所受损失的一种赔偿原则。加重赔偿具有惩罚性，由法院或专家评估确定，针对被诉侵权行为人的故意侵权进行扩大赔偿，最高可达到侵权损害赔偿数额的3倍，与我国专利法之规定有相似之处。美国《专利法》通过加重赔偿原则提高了专利侵权成本，以达到限制和约束专利侵权行为之目的，这种做法有助于建立良好的市场竞争秩序，促进专利产品市场的健康发展。同时也有利于保障权利人的维权积极性，让被侵权人积极主动地拿起法律武器维护自身权益，保障充分救济和全面补偿，进而使法律制度日渐成熟。为了解决专利维权"赔偿低"的问题，《专利法》第四次修改草案增加了惩罚性赔偿制度。该制度的确立在一定程度上完善了我国的专利制度，有利于提高赔偿数额，调动行为人的守法积极性，有效遏制和打击侵权行为，充分保障专利权人的合法权益，为知识产权的发展保驾护航。

---

[1] 刘晓："中美专利侵权实际损失赔偿比较研究"，华东政法大学2012年硕士学位论文。

三、德国专利侵权损害赔偿的规定

德国《专利法》第 47 条规定了侵权损害赔偿的计算方式，包含了故意侵权和非故意侵权，为专利侵权损害赔偿数额划定了一个合理范围，即介于专利权人所受损失和侵权人违法获利之间[1]。侵权损害赔偿制度的设定初衷，是对专利权人因专利侵权行为所受到的经济损失（利润损失和许可使用费损失）进行补偿，使其恢复到侵权行为未发生时的状态。因此，专利侵权损害赔偿的成立，要求行为人对权利人所持专利存在基本认识，认识到其行为可能对他人所持专利构成侵权。如果涉案专利是权利人还未实施的专利技术，侵权行为仅能造成权利人的合理许可费损失。和专利权人依据实际损失计算赔偿数额的方法相同，此时权利人可基于合理的许可费、侵权人的非法获利等方法进行计算。值得注意的是，由于专利侵权案件的复杂性，被侵权人往往难以知晓全部侵权产品信息，不利于全面补偿其损失。因此，德国《专利法》第 140 条规定了侵权人的信息披露义务。即专利权人有权请求侵权人依法律要求履行告知义务[2]。让侵权人主动披露对其不利的数据信息得益于德国健全的社会诚信体系和完善的信用管理体系。但侵权人的披露义务并不能免除权利人应负的证明责任。

---

〔1〕　德国《专利法》第 47 条："故意侵权的侵权行为人，应当赔偿专利权人所遭受的损失，非故意侵权或者过失侵权的，法院可以在专利权人所遭受的损失与侵权人所获得的利益间确定一个比较合适的赔偿数额。"

〔2〕　德国《专利法》140（b）（3）：有告知义务的侵权人应当详细说明其所确知的产品制造者、供应商和其他在先所有人、服务用户或者商业客户和销售处的姓名和住所；和制造、交付、接收或者订货的产品数量，以及相关产品或者服务的价格。

四、日本专利侵权损害赔偿的规定

日本《专利法》确立了两种针对专利侵权损害赔偿的计算方式，[1]包括所得利润和非法获利。其中规定，侵权人因侵害行为获得的利益金额可推定为专利权人或实施人所受损失的金额。日本法院通常认定，专利权人获得非法获利赔偿是其实施涉案专利的必然结果。关于侵权人实施侵权行为的违法所得的计算方式有两种：纯利润计算方式是用侵权产品的总销售额减去侵权人的销售成本和一般管理费用，余下的部分就是权利人能获得的侵权赔偿数额。毛利润计算方式是指，由专利权人举证证明其涉案专利产品的毛利润。侵权人还可提供证据证明有关的成本费用，主张从毛利润数额中予以扣除。纯利润计算方式曾一度占据着主流地位，该计算方式一定程度上加重了权利人的举证责任，不仅要求权利人举证证明侵权人的销售数额，还要求证明侵权人耗费的必要费用，得出的损害赔偿数额也较低。所以，这一计算方法逐渐被取代。目前最主流的观点是将非法获利解释为侵权人的边际利润。法院一般会在诉讼中阐明侵权得利的计算方式，以及应扣除的侵权行为人为实施侵权支付的必要成本和人力成本，但不包括机械设备的折旧成本。日本《专利法》先后经历了三次修订，从实体和程序方面保障权利人获得及时有效的足额损害赔偿。实体方面，对第102条规定的损害额推定问题进行了修改，将原条文中"相当于实施该发明通常应获得钱款的数额请求赔偿"中的"通常"二字删去[2]。修改后的条文增加了法官的自由裁量权，法官可以根

---

〔1〕 参见日本《专利法》第102条。

〔2〕 日本《专利法》第102条第2款：专利权人或独占实施权人，对因故意或过失侵犯其专利权或独占实施权之人请求损害赔偿时，得以与实施该专利所应得到的实施费相当的金额，作为自己的损害额而请求赔偿。

据当事人之间存在的业务往来以及侵权行为人的获利情况予以综合认定，依据实质公平原则同时兼顾过程和结果的公平公正，以确定适当的符合个案情形的与使用费相当的数额。这一改动大大提高了许可费赔偿数额，也使得侵权赔偿中的许可费与正常专利许可费区分开来。此外，日本《专利法》中也规定了法定赔偿原则，即在专利侵权诉讼中，在损害事实已被认定的情况下，如果专利权人无法举证证明其遭受的侵权损害，则法官可综合双方法庭辩论和举证结果判定最终的损害赔偿额。

日本《专利法》第 102 条规定的赔偿额推定中也体现了"惩罚性赔偿"的相关内容。该条第 1 款规定在故意或过失侵权的前提下，侵权人的侵权非法获利可推定为专利权人或专利实施权人所受的损害。被侵权人在请求侵权损害赔偿时，可向故意侵权人或过失侵权人主张相当于自身正常实施专利发明所得金额的损害赔偿。若侵权人实施的侵权行为非因故意或重大过失时，法院可以综合案情确定具体的损害赔偿数额。这表明，日本《专利法》中虽然规定了侵权人应承担惩罚性赔偿责任，但并不是无条件适用的，仍需要专利权人对侵权人的主观要件承担举证责任。

五、澳大利亚专利侵权损害赔偿的规定

关于侵权损害赔偿数额的确定，上述国家普遍采用倍数衡量方式。在确定侵权损害赔偿适用的基数后，应设定适当的比例关系进行计算和衡量。澳大利亚的《专利法》中没有规定明确具体的倍数，代之以比例原则进行计算。在澳大利亚，如果一个理性的陪审团制定不可能的高额赔偿数额或者厘定的赔偿金额与具体案情不成比例时，则该数额就是过高的、不合理的。合理的损害赔偿数额应是结合具体个案来确定的。澳大利亚制定的这一规则能有效防止损害赔偿数额过高的情形。该规则是在一系列著名案

例中建立和完善的。在 1991 年的石油公司一案中，原告取得了一块空地上的降价汽油销售权，而在此前，被告已在该块土地上建立了地下油库和加油站。某日清晨，原告来该地取油时发现油库管道被扎破，此后一个月都不能正常使用。至此，原告将被告诉至法院，要求被告承担损害赔偿责任。一审法院判定被告承担 5527.9 澳元的补偿性赔款和 40 万澳元的惩罚性赔款。随后上诉法院将惩罚性赔偿数额降为 15 万澳元。最终澳大利亚高等法院维持了这一判决，认为一审法院评定的 40 万澳元惩罚性赔偿明显过高，与案情不成比例。该案中确定赔偿数额的重要依据是原告油库维修成本较低，且被告无其他侵权行为，因此上诉法院的评定的金额更为适当，更能体现公平正义[1]。

澳大利亚关于惩罚性赔偿的著名案例是 1996 年的 Backwell v. AAA. 案，该案争议的焦点也是赔偿数额过高问题。本案原告在被告意愿下接受了人工授精手术，但实际操作中被告注入的精液与原告在合同中约定的精液不符。随后，被告通知原告必须按要求终止妊娠，否则将不提供后续医疗服务，并且拒绝向原告提供澳大利亚境内其他人工授精项目的服务，原告的身份信息也将面临泄露风险。因此原告以过失侵权和合同违约将被告诊所诉至法院。一审法院判定被告应负 6.5 万澳元的补偿性赔偿和利息、12.5 万澳元的惩罚性赔偿。上诉法院认为一审法院在评定惩罚性赔偿金时未使用正确程序，并导致惩罚性赔偿数额过高。法官奥米斯顿（Ormiston）在评论中指出，即使一审陪审团全面否定了被告的答辩意见，只采纳原告的证词，也不应导致如此之高的惩罚性赔偿金。对于关于如何合理评定赔偿金额，法院存在意见分歧，仅

---

[1] 参见 Carson V. John Fairfax and Sons Ltd. (1993) 178 C. L. R. 44, 59; XL Petroleum (N. S. W.) Pty. Ltd. v. Caltex Oil Australia (1985) 155 C. L. R., pp. 448.

强调该案中被告对原告合法权益的漠视，对其最终确定的 6 万澳元也未给出详细的解释和理由。澳大利亚控制过高惩罚性赔偿之规则并非只适用于专利侵权领域，其本意在于避免出现过高惩罚性赔偿判决，使得赔偿数额与具体案情相适应，这一做法和思路值得肯定与借鉴。

六、我国台湾地区专利侵权损害赔偿的规定

我国台湾地区的专利侵权损害赔偿制度和大陆的赔偿制度有相似之处，主要包括权利人的利润损失、侵权人的侵权获利和法定赔偿。其中，台湾法律赋予法官极大的自由裁量权，不仅可以在法定赔偿数额范围内自由裁定赔偿数额，还可以裁定是否对侵权人采取侵权非法得利数额 2 倍以下的惩罚性赔偿。此外台湾地区的"专利法""商标法""著作权法"等知识产权法律中都规定专利权人有权请求侵权人负担费用，并可以将判决书的全部或部分内容刊登在报纸等媒体上。

我国台湾地区的专利侵权损害赔偿计算方式主要有以下几种：

1. 具体损害说

具体损害说的证明责任由专利权人承担，其需提供证据证明确实因侵权行为遭受了利益损失，否则法院将无法支持其诉讼请求，也不能据此判定侵权人承担赔偿责任。在实际诉讼中，具体损害方式的确定仅需考虑专利权人因侵权行为遭受的实际利益损失，被告因此支付的必要费用等不在法官的考虑范围之内。区别于大陆的是，台湾地区的相关法律中缺乏认定专利权人损失的具体方式，因此较难得到实际应用。

2. 差额说

差额说是指当权利人无法证明其具体损失时，可以其实施专利权通常可获得的利益与被侵权后实施该专利权所得利益的差额

作为受损数额。[1]我国大陆地区并无此种计算方法。该方法计算过程较粗略，易导致计算结果不准确，不能很好地体现损害赔偿成立和范围之间的因果关系，在实践中很少被使用。

3. 总利益说

总利益说是指在计算侵权损害赔偿数额时，扣除侵权人实施侵权行为的成本费用，以剩余利润作为权利人的损害数额。并将同行业利润标准认定为平均利润，大陆并无此类标准，所以该方式仅在台湾地区有所适用。

4. 销售收入作为侵权行为人所获利益

该方法是将侵权产品的销售收入认定为侵权人的获利数额，需要侵权人提供证据证明生产、销售侵权产品所支付的成本费、管理费等。大陆地区适用的专利法中并未规定这一方式。此种方式在计算损失时忽视了侵权人实施侵权所需支付的成本费用，因此最终得出的计算结果也缺乏合理性，非专利权人实际遭受的利润损失得不到赔偿，且可能损害侵权人的合法利益，与损害赔偿的基本原则也相违背。

通过上述分析可以看到，台湾地区与大陆关于侵权损害赔偿的计算方式有所近似，都规定了损害赔偿说和所得利益说。但二者也存在明显区别，大陆地区并不适用差额说和总销售额说，而是规定了相应的法定赔偿和合理许可使用费两种计算方式。相比来说，大陆的规定已形成了相对确定的体系，兼具科学性与合理性，更适合实践应用；台湾地区的学说较多，略显杂乱，且有些学说并不适合司法实践，缺乏实际可行性。

---

[1] 魏旭萍："两岸专利侵权制度及其法律适用比较分析（之一）：以我国台湾地区为视角"，载《黑龙江省政法管理干部学院学报》2012年第5期。

第三节 美国专利侵权惩罚性赔偿标准确定的法律适用

关于惩罚性赔偿制度构建，如果要考察立法完备和司法实践经验，必须以美国为代表。美国专利法规定，在专利侵权赔偿中，其赔偿数额必须能够补偿因专利侵权所造成的损失。[1]其损失所包括的利润损失和律师费等合理费用，仍然属于完全补偿性。依据填补性赔偿原则，美国通常在计算具体赔偿数额时，主要依据专利权人因侵权遭受的实际损失和专利许可使用费。可见，美国知识产权制度已十分完善，关于专利侵权损害赔偿的计算方式也自成体系，兼具科学性与可行性。因此，研究美国的专利侵权损害赔偿制度对我国《专利法》引入惩罚性赔偿制度具有重要的现实意义，有利于我国提高专利保护水平。

一、美国专利侵权赔偿规则的演变

为了促进科技发展和生产工艺的进步，为了保护发明人和创作者的利益，法律将赋予发明人和创作人一定期限的排他性权利[2]。虽然该条规定未出现"专利权"一词，但由此可以看出宪法对发明人和创作人劳动成果的重视和保护，以及促进科技和工艺发展的决心。1790 年，美国颁布了第一部《专利法》。该法规定，陪审团评定的损害赔偿金额对侵权人具有拘束力，侵权人必须足额支付。1793 年的《专利法》明确指出联邦法院可判定侵权人承担最高销售额或专利许可使用费三倍的损害赔偿责任。1836 年的《专

---

〔1〕 参见美国专利法第 284 条第 1 款。

〔2〕 参见美国联邦宪法第一章第 1 条第 8 款。

利法》规定权利人可向侵权行为人请求获得与侵权获利一样的损害赔偿。1870 年的《专利法》中，规定了专利权人获得的赔偿包括实际经济损失和侵权人所得利润在内的损害赔偿，这一计算方式产生的赔偿结果甚至高于发生专利侵权行为之前专利权人所能获得的利益。因为专利侵权行为发生后，专利权人不仅获得了因侵权造成损害的赔偿，而且获得了侵权人生产、制造、销售假冒专利产品所得的利益[1]，这明显是不合理的。为了遏制不合理损害数额的发生，美国国会于 1946 年删除了该项规定，将侵权损害赔偿数额限制为对专利权人所受损害的适当补偿，并规定了最低赔偿数额，即不得低于合理的专利许可费用、诉讼费用和相关利息等[2]。该规定在后续司法审判中得到了进一步解释。1964 年 Aro Manufacturing Co. vs. Convertible Top Replacement Co. 一案中，美国最高法院审理认为，补偿的目的在于弥补权利人因侵权行为遭受的利益损失，因此侵权人的侵权得利不应被考虑在内。毫无疑问，在侵权诉讼中，权利人应对其受到的侵权损害承担举证责任，不能直接将侵权人的侵权所得作为其损害数额。如果权利人主张此项内容，则应举证证明其利益损失与侵权人的行为存在因果关系[3]。根据现行的美国《专利法》，专利权人在侵权诉讼中可以主张的损害赔偿主要包括三部分：一是权利人因侵权行为损

---

〔1〕 李磊："美国专利侵权损害赔偿额的计算及借鉴意义"，载《宁夏社会科学》2016 年第 3 期。

〔2〕 参见 35 U. S. C. A 284：upon finding for the claimant the court shall award the claimant damages adequate to compensate infringement but in no event less than a reasonable roy-alty for the use made of invention by the infringer, together with interest and costs ad fixed by court.

〔3〕 John S. Torkelson, "Calculating Reasonable Royalty Damages for Infringement of Early-Stage Technology Patents", *Journal of Sedona Conference*, vol. 4, (2015), pp. 47~49.

失的销售利润。权利人应举证证明其因侵权行为遭受的具体损失金额，即证明侵权行为未发生时的应得利润。二是合理的专利使用费。当权利人无法证明其损失利益的具体数额时，只能依据合理的专利使用费向侵权人主张损害赔偿。因此，合理的专利使用费也是最低限度的赔偿责任，尤其是侵权人未实施侵权专利时，权利人只得以此主张赔偿。三是惩罚性赔偿金。当法院判定侵权行为成立恶意侵权时，可判令侵权人承担法院先前评定的赔偿数额的三倍责任。美国《专利法》的发展历史是一个循序渐进、不断完善的过程，从制定之初就重视对专利权人利益的保护和对侵权人的惩罚，形成了一套科学完善、切实可行的专利保护机制。并且专利权人在诉讼中可以主张的侵权损害赔偿范围也日益增大。二战后，美国国会意识到，过度的专利权保护制度可能会限制专利技术的推广应用，不利于科技和工艺的进步与发展，美国开始对专利权保护施加一定限制。总而言之，美国现行的《专利法》并非盲目保护权利人的利益，而是以弥补其受到的侵权损害为前提，防止专利权人获得比侵权行为未发生时更高的利益。这一思路兼有法律层面和经济学层面的目的，能有效平衡权利人和侵权人之间的利益纠纷。

二、现行美国专利侵权损害赔偿额的计算

美国现行的专利侵权损害赔偿主要由专利权人的利益损失、专利许可使用费、惩罚性赔偿金三部分组成。依据不同赔偿内容得出的侵权损害赔偿金额也不完全相同。

（一）所失利益的计算

所失利益是指专利权人因侵权人生产、销售侵权产品的行为而减少的销售利润。在实际认定中，法院一般遵循以下判断方法：首先要求专利权人提供充分证据证明，在侵权行为未发生时的应

得利润金额；其次，若专利权人主张其所失利润即侵权人的侵权所得时，应通过举证形式证明两者间存在着必然的因果联系；最后，如若专利权人不能提供证明二者存在因果关系的证据，只能选择向法院请求侵权人赔偿专利许可使用费的损失。[1]对二者因果关系的证明程度无须达到事实发生的必然性，只要求达到合理可能性即可[2]。专利权人主张的所失利润必须是可预期的利益，而非专利权人主张的全部损害。在 Rite Hite 案中，联邦法院就运用了这一原则，指出专利侵权诉讼中权利人主张的损害赔偿应具有正当理由，否则专利法将不予支持。例如侵权行为导致权利人的心脏病发作，则对于权利人支出的医疗费用则无专利法之依据[3]。总而言之，在计算专利权人所失利益时，专利权人应在诉讼中证明未发生侵权行为时应得的利润总额，只要计算得出的丧失利益数额具有合理性和可预见性，与专利权人所受侵害成比例即可。为了更清楚地理解和把握所失利益的计算或判断方法，以下本文将对所失利益的内容、侵权行为与所失利益之间的因果关系及侵权人对专利权人主张的损害赔偿应具有合理的可预见性进行阐释。

1. 所失利益的内涵

专利权人所失利益主要包括以下三个部分：

第一，所失销售。是指专利权人在侵权行为发生前后的专利产品的销售差额。根据该理论，专利权人的所失利益 = （侵权行为发生之前专利产品的销售收入 − 专利侵权行为发生后专利产

---

〔1〕 参见 King Instrument Corp. v. Otari Corp., 767 F. 2d 853, 863, 226 U. S. P. Q. 402, 409 (Federal Circuit. 1985).

〔2〕 参见 Kaufman Co. v. Lantech, Inc., 926 F. 2d 1136, 1141, 17 U. S. P. Q. 2d 1828, 1831 (Federal Circuit. 1991).

〔3〕 参见 Kaufman Co. v. Lantech, Inc., 926 F. 2d 1136, 1141, 17 U. S. P. Q. 2d 1828, 1831 (Federal Circuit. 1991).

品的销售收入）×专利产品销售利润率。[1]但该计算方式实际应用起来则要复杂得多。因为市场上存在的销售主体并非只有专利权人和侵权人，且产品的成本和价格受市场因素的变动而变动，并非一成不变。因此，这一计算方式仅适用于市场中销售该类产品的主体只有诉讼双方，且产品成本和价格均未发生变化的情况。

第二，价格侵蚀。是指在专利权人每年预期能提高的产品价格因侵权行为的损害无从实现，只能停止上涨甚至降低价格所产生的利润损失。根据该理论，专利权人所失利益 = 专利权人在侵权期间应获得的利润 − 专利权人在侵权期间实际实现的利润。市场因素是瞬息万变的，产品销量受诸多因素影响。该理论在计算损害赔偿时，将市场因素对销量的影响也考虑在内，与其他理论相比，更具公平性和合理性。其中的举证责任由专利权人承担。

第三，增加的成本。是指侵权行为发生后，为了保障产品销量所增加的非必需成本，例如广告营销费、产品改进费等。假设专利权的产品销量和价格未受到侵权行为的影响，则专利权人所失利益 = 因侵权人的侵权行为增加的成本。[2]侵权人的不公平竞争使得专利权人不得不增加额外的产品营销和改良等费用，因此这一部分合理支出应计算在专利权人所失利益金额之中。

2. 因果关系的认定

关于侵权行为与损害结果之间的因果关系，英美法通常将其分为两个层面，包括事实层面和法律层面。事实上的因果关系以

---

〔1〕 李磊："美国专利侵权损害赔偿额的计算及借鉴意义"，载《宁夏社会科学》2016 年第 3 期。

〔2〕 李磊："美国专利侵权损害赔偿额的计算及借鉴意义"，载《宁夏社会科学》2016 年第 3 期。

"若无则不"（But for）为标准进行判断。即二者间的事实因果关系表现为：若无侵权行为的发生，则专利权人不会丧失利润。法律上的因果关系以主力近因或可预见性为标准进行判断。由于"若无则不"在认定因果关系时过于抽象和宽泛，为了更好地判断专利权人所失利益与侵权行为之间的因果关系，美国联邦法院于1978年以判例形式确立了"四要件理论"，包括：一是市场对涉案专利产品有一定的需求量；二是市场上没有发现存在有产品可以替代专利产品；三是专利权人或许可使用人所形成的生产和实现的销售可以满足市场需求；四是专利权人能够提供所失利益数额的证据。

第一，市场对涉案专利产品有需求。联邦法院指出，专利权人可提供自身或侵权人的销售证明来说明市场对其专利产品的需求。并且专利权人如要证明侵权产品的销售情况，还需提供涉案侵权产品使用或包含其专利技术的相关证明。该专利技术应对消费选择具有直接影响。假设专利权人与侵权人的产品互为替代品，具有竞争关系。那么在专利侵权诉讼中，专利权人可通过对比侵权行为发生前后的产品销量，或通过市场调查对比侵权产品进入市场前后消费者购买意愿的变化来证明这一要件。相应地，如果侵权人有证据证明消费者购买侵权产品的原因并不在于产品使用的专利技术，即该产品技术对消费者的购买意愿不施加任何影响时，该要件不能成立。因此，虽然侵权产品侵犯了专利权人享有的独占性权利，但专利权人也不得主张将其专利产品销量减损的利润或侵权产品的销售额作为赔偿损害数额[1]。

第二，市场上不存在专利产品的替代产品。要证明该要件，

---

[1] Harold R. Brown Ⅲ., "Proof of Lost Profits Damages Following Rite - Hite v. Kelley", Journal of AIPLAQ, vol. 23, (1995), pp. 577.

首先要证明消费者对涉案专利的选择偏好。即消费者购买侵权产品是因为其具有和专利产品相同的专利内容。此外，专利权人还应提供证据证明同一市场领域中不存在其他竞争产品或经营者，即市场上的专利产品是独一无二的，无其他替代性产品。市场竞争具有抽象性和复杂性，不利于专利权人举证，因此，1989 年联邦法院提出了"市场分配法"。市场分配法是指专利权人依据涉案专利占据的市场份额来推算假设侵权行为不存在时其应获得的利润总额。简而言之，即使同一领域存在其他竞争者，专利权人也能通过其产品在市场中的原有份额，扣除侵权产品的市场份额后来计算。市场分配法具有其他方式无法比拟的优势。当专利权人不能证明市场中是否存在侵权产品时，可通过对比自身产品的市场占有率来证明侵权行为的存在和所遭受的利润损失，大大减轻了专利权人承担的证明责任。同时该分析方法不拘泥于专利权的特征，在分析中纳入了消费行为、市场份额和竞争关系等要素，为法院分析专利产品市场接受性提供了新视角。

　　第三，专利权人的生产和销售能力可以满足市场需求。专利权人在主张利益损失时，应证明即使不存在侵权行为，其生产和销售能力也能满足市场需求，即专利权人所损失的利益是其能够通过生产和销售获得的，反之则不能主张相关赔偿。在 Polaroid Corp. v. Eastman Kodak Co. 案[1]中，Polaroid 公司虽然主张其有增加生产规模的计划，但无法证明侵权期间其生产能力能否满足市场上增加的销量，因此，法院最终认定原告主张的增产计划不能证明其有充足的生产能力，对其主张的相应利益损失也不予支持。此外，若专利权人主张其海外销售利润因侵权行为受损，不仅要

---

〔1〕　参见 Polaroid Corp. vs. Eastman Kodak Co. , 16 U. S. P. Q. 2d（BNA）1481-1510 D. Mass, 1990.

提供证据证明其有能力满足境内市场需求，还要证明其有开展海外销售的能力，如在海外设立代理商、代办处等。这两个证明要件缺一不可，若专利权人无法证明，则法院对其主张的海外利润损失将不予认定。

第四，专利权人有证据证明所失利润的具体金额。即专利权人对其主张的所有利润损失都要进行举证，包括因侵权行为减损的销售额、因对抗侵权产品下调价格的损失、为维持销售增加的营销成本等额外费用，对专利产品造成的市场信誉消极影响的损害等。联邦法院为此设定了专利侵权人非法所得的计算方法、增加收益计算方法等计算上述损失数额。因此，依据前述四要件对所失利益与合理专利使用费间的关系进行分析，可以厘清二者间的因果关系：其一，若市场对专利产品不存在需求，则专利权人仅能主张合理专利费损失；其二，即使专利权人有证据证明专利产品的市场需求较大，但是只要在市场上出现了专利产品的替代产品，此时，专利权人也只能主张合理专利使用费损失；其三，假设市场对专利产品存在大量需求，且市场上没有发现专利产品的替代性产品，如果专利权人的生产能力有限，或者其生产能力与市场需要相距甚远，那么，专利权人也只能请求专利许可使用费损失；其四，即使专利权人满足前三项要件，如果不能提供利益损失的证据，则只能依据合理的专利使用费向侵权人主张损害赔偿。

3. 可预见性的认定

据前文所述，专利权人主张的侵权损害和侵权行为之间应具备因果联系。1995 年联邦法院进一步指出，专利权人所主张的损害赔偿除具备因果关系外，还需侵权人对其主张具备合理的可预见性。合理的可预见性是指依据损害赔偿的法理原则，侵权人应全面弥补专利权人所受损害。但在实际诉讼中，专利权人所主张的损害赔偿有可能超过法律保护的范围，若仍要求侵权人承担所有损害赔偿，则可能超出法律规定的界限，对侵权人造成不合理负担。因此，联邦法院意识到仅具有因果关系是不够的，还需要对其进一步限制，可预见性原则应运而生。即在具备因果关系的前提下，侵权人对专利权人主张的损害赔偿应具有合理的可预见性，对超出其预见能力的损害结果可不承担赔偿责任。在Ajinomoto Co., Inc. v. Archer-Daniels Midland Co. 案[1]中，侵权行为导致专利权人持股的子公司股价下跌，专利权人向法院主张子公司股价下跌造成的利润损失。联邦法院审理认为，股票市场本身就具有高风险性，股票价格变动涉及诸多因素，侵权人的侵权行为仅能成立其中一项原因，且对侵权人而言，其实施侵权行为时并不能预见专利权人股权下跌的损失。虽然侵权行为造成了股价下跌的结果，但由于侵权人对该结果缺乏可预见性，因此并不能纳入侵权损害赔偿范畴。

（二）专利使用费的计算

根据上文所述，当专利权人无证据证明其实际利益损失时，只得主张合理专利使用费损失。且依该规定，法院最终判定的损害赔偿数额不得低于侵权人本应支付的专利许可使用费。专利使用费计算法的目的不在于全面补偿专利权人丧失的利益，而在于通过设定一个赔偿底线，保障侵权行为发生时，专利权人所能获得的最低赔偿。其依据是专利许可费是法律规定的，取得专利权许可所需支付的合理对价，被侵权人在未经许可的情况下使用他人专利，至少应支付权利人要求的专利许可费用。专利使用费计算方法还包括以下三种：

---

[1] 参见 Ajinomoto Co., Inc. V. Archer-Daniels Midland Co., 1996, WL 621835（D. Del）.

第一，分析计算法。当确认专利侵权事实存在的前提下，将专利侵权人预期所能获得的利益减去专利侵权人不因专利优势所获得的一般利益，其差额可以认定为专利使用费。以上是从绝对数额进行计算的，如果将其换算为收益率也可进行计算，即将专利产品销售利润率减去普通产品的销售利润率就得出专利使用费率。

第二，比例计算法。是指直接将专利侵权产品的销售额或者销售利润乘上一个设定比率进行计算，其实这个比率就是专利产品优于普通产品的比率。这一计算方法简便易行。通常使用的比率有以下四种：第一种是确定为 25%，通常选择在专利侵权产品销售利润率的 20%~33% 的区间进行确定；第二种是以 5% 作为计算比例；第三种，通过研发成本推算专利使用费；第四种以他人意图支付的专利许可使用费来确定专利使用费。市场法则方法的使用存在明显缺陷，即当市场上不存在该类技术的许可先例时，无法适用该法则。

第三，假设协商法。是指预先假设侵权行为开始时，双方已自愿达成专利授权合意，在侵权诉讼中，法院将这一假设情况下得出的许可费用作为最终确定的专利使用费[1]。并且法官可采取适当的方法自行计算个案中的专利使用费，无须受限于当事人双方的主张。

（三）惩罚性赔偿金的计算

美国《专利法》规定了惩罚性赔偿金制度。当侵权人实施侵权行为存在主观故意时，法院可以根据已经判定的赔偿数额为基数确定惩罚性赔偿数额。对于侵权人存在恶意的主观条件，专利

---

〔1〕 假设协商法与强制授权在性质上有相似性，强制授权也是侵权行为人在侵权行为发生后，侵权行为人应负担的给予权利人在侵权行为发生前原本应给付的使用费，在给付后取得合法使用人的地位。

权人必须有充分、合理的证据予以证明。惩罚性赔偿金的目的在于遏制专利侵权人的主观恶意，保障专利权人的合法权益，维护专利法的尊严。惩罚性赔偿金的计算以专利权人可获得的损害赔偿数额为基础，方法较为简单。首先确定损害赔偿数额，依据的是权利人所失利益和合理的专利使用费，再以此为基数，按 1~3 倍的合理倍数计算惩罚性赔偿数额。该制度的目的在于惩罚，而非赔偿，其计算方式依赖于权利人所失利益和合理的专利使用费，不存在独立的计算方法和内容。在 Beatrice Foods Co. v. New England Printing & Lithographing Co. [1] 案中，联邦法院就依据惩罚性赔偿金制度的设立目的推翻了原审法院判定的 3 倍惩罚性赔偿金额。联邦法院认为，原审法院计算损害赔偿数额时并非出于惩罚目的，而是为了尽可能地弥补原告受到的损害。在此案中，联邦法院重申了惩罚性赔偿金适用前提之重要性，必须以侵权人存在主观恶意为前提。法官在使用惩罚性赔偿金计算方法时，必须阐明被告经证实存在的主观恶意，否则不能依据 3 倍标准恣意提高侵权赔偿数额。

（四）其他计算方法

美国对专利权人所失利益和专利使用费的计算方法上异彩纷呈，其特点各有千秋。关于专利权人所失利益和合理使用费的计算方法还有很多，包括经济学计算法、会计学计算法等。联邦法院并不排除专利权人用其他方法证明其所失利益和合理使用费。例如 Grain Processing Corp. v. Am. Maize – Prods. Co. [2] 和 Crystal

---

〔1〕　参见 Beatrice Foods Co. V. New England Printing &. Lithographing Co. 923F. 2d 1576 (Federal Circuit. 1991).

〔2〕　参见 Grain Processing Corp. V. Am. Maize–Prods. Co. 185 F. 3d 1341, 1350, 51 U. S. P. Q. 2d 1556, 1562 (Federal Circuit. 1999).

Semiconductor Corp. v. Tri Tech Microelectronics Int'l, Inc.[1]两个案例中，法官在判定专利权人所失利益数额时就采用了市场重建法等经济学计算方法。不同案例可以采用不同的计算方法，当事人可在诉讼中向法院主张适用新的损害数额计算方法。美国专利法规定的诸多计算方法中，并未明确具体顺位，各计算方法并无先后和优劣之分，原告可以自行主张，法院也可依据个案情形选择计算方法。随着经济学、会计学等精确的计算方法的应用，专利侵权诉讼中的原告利益将得到更好的保护和实现。

第四节　本章小结

为了实现兼顾目的和结果的实质公平，惩罚性赔偿的数额标准，不应只包含惩罚性赔偿的基数（即填平性赔偿数额），还要有可调整空间的加重赔偿的倍数。本章首先论证专利侵权惩罚性赔偿的范围，即计算实施惩罚性的基础；其次分析域外对专利惩罚性赔偿标准的司法适用；再次论述域外适用对我国的启示。

首先，论述了专利侵权惩罚性赔偿标准的确定原则和范围。笔者提出并论证了确定赔偿标准的原则：以填平性赔偿为惩罚基数，即首先以满足形式公平为大前提。惩罚性赔偿是填平性赔偿的补充，并以填平性赔偿的成立为前提[2]。由于具体案件中侵权人的非法获利与侵权成本基本相当，因此基于效率因素的考虑，理性行为人为了保障预期利益，对侵权行为不会故意为之。但在

---

〔1〕　参见 Crystal Semiconductor Corp. V. Tri Tech Microelectronics Int'l, Inc. 246 F. 3d 1336, 1354, 57 U S. P. Q. 2d 1953, 1963（Federal Circuit. 2001）.

〔2〕　罗莉："论惩罚性赔偿在知识产权法中的引进及实施"，载《法学》2014 年第 4 期。

社会整体视角中，"履行差错"可能导致侵权获利明显高于侵权成本的情形，使得行为人在利益驱使下实施侵权行为。因此，惩罚性赔偿原则旨在通过提高赔偿数额弥补侵权行为人非法获利与违法成本的差额，防止行为人基于侥幸心理实施侵权行为，以实现实质公平。

其次，笔者论证了赔偿标准的范围。在补偿性赔偿原则的基础之上，专利侵权损害赔偿的范围，不仅包括专利权人因侵权所造成的实际损失，而且包括专利权人在专利侵权诉讼中的合理费用。实际损失主要有两项：一是专利权人的利润损失，二是专利权人依法应获得专利许可使用费损失的相应赔偿。专利权人的利润损失，是指专利侵权人实施专利行为，侵权产品与专利产品在市场上形成了竞争关系，导致专利产品销售量下降、价格优势丧失和利润减少。而为了兼顾结果的公平而提出的专利权人可申请被告赔付的合理费用，一般包括差旅费、律师费、调查费、诉讼费等。由于技术因素等原因，专利纠纷案件比普通民事案件更为复杂，需要诉讼双方投入大量的时间、精力和金钱。因此，专利权人可向法院请求判决专利侵权人承担自己在制止侵权中的合理费用。我国《专利法》第 65 条和最高人民法院的司法解释中都将专利权人在诉讼中的合理费用纳入了计算赔偿的范围。

再次，笔者还通过域外专利侵权惩罚性赔偿标准的法律规定来进行对比分析。先分析了 TRIPs 协议关于赔偿标准的规定。侵权损害赔偿制度是知识产权保护的一项重要内容。《与贸易有关的知识产权协议》（TRIPs）协议作为成员最多、水平最高、内容最全面的国际协定，率先明确了各成员国应遵循的基本原则。TRIPs 协议第三部分第 45 条规定了知识产权的赔偿费。该条第 1 款涉及赔偿原则，规定了侵权人需支付足以补偿权利人因知识产权侵权遭受的损害赔偿；第 2 款规定了侵权人所需支付的其他合理费用，例如律师费等。[1]第 45 条明确了侵权人所应承担的侵权赔偿责任，体现了补偿性原则，需补偿权利人遭受的侵权损害和其他合理费用，即使被告不知其行为构成侵权。因此可以看出，TRIPs 协议规定了两种计算损害赔偿的方式，与补偿性原则有相似之处：一是利润损失；二是包括律师费在内的合理费用。该协议设定了最低专利保护要求，对成员国具有重要的指导作用。再分析英美法系代表国家美、澳以及大陆法系代表国家德、日和我国台湾地区专利侵权损害赔偿的相关立法规定。美国是典型的判例法国家，专利领域的一些重要原则正是通过判例确立的。虽然如此，美国的专利法中却少见关于专利侵权损害赔偿的计算标准和详细要求。美国专利法认为，如果权利人得以胜诉，就应得到足以补偿其损失的赔偿数额，包括专利使用费和法院规定的其他费用和利息。侵权赔偿数额最高可达评估数额的三倍。在诉讼中，为了保障权利人的利益，有关专家还可提供证词，以促进权利人获得全面赔偿。

另外，笔者也分析了美国专利侵权惩罚性赔偿标准确定的法律适用。如美国《专利法》规定了惩罚性赔偿金制度及计算方法，即当侵权人实施侵权行为存在主观故意时，法院可以把已经判定的赔偿数额作为基数确定惩罚性赔偿数额。对于侵权人存在恶意的主观条件，专利权人必须有充分、合理的证据予以证明。惩罚性赔偿金的目的在于遏制专利侵权人的主观恶意，保障专利权人的合法权益，维护专利法的尊严。惩罚性赔偿金的计算以专利权人可获得的损害赔偿数额为基础，方法较为简单，首先确定损害

---

[1] TRIPs 第 45 条规定：对于故意或有充分理由应知道自己从事侵权活动的侵权人，司法机关有权责令侵权人向权利持有人支付足以补偿其因知识产权侵权所受损害的赔偿。司法机关还有权责令侵权人向权利持有人支付有关费用，其中可包括有关的律师费。在适当情况下，各成员可授权司法机关责令其退换利润或支付法定的赔偿，即使侵权人故意或有充分的理由知道自己从事侵权活动。

赔偿数额，依据权利人所失利益和合理的专利使用费，再以此为基数，按一至三倍的合理倍数计算惩罚性赔偿数额。

最后，就域外关于专利侵权惩罚性赔偿标准的规定，笔者总结归纳了对于域外赔偿标准相关法律规定的借鉴意义。我国目前现行《专利法》也对于专利侵权损害赔偿金的数额计算方法有明确的规定，具体有以下四种：一是根据专利权人因侵权行为所遭受的实际损失来计算；二是依照侵权行为人因实施侵权行为所获得的非法利益来计算；三是依照涉案专利许可费使用费的合理倍数来计算；四是人民法院根据案情实际情况酌情参照法定赔偿来计算。并且专利法明确规定了该四种方式的适用顺序，只有当前一种方式无法确定赔偿数额时，后一种方式才能得以适用。[1]与美国相比，我国《专利法》新增了"侵权行为人的侵权得利"和"法院酌定数额"两种赔偿方式，关于赔偿方式的具体计算方法，我国可借鉴美国《专利法》中的有关规定。一是依专利权人因侵权遭受的实际损失计算；二是依照侵权人因侵权所获得的非法利益计算；[2]三是依照涉案专利许可费使用费的合理倍数计算；四是人民法院酌情判定法定数额的损害赔偿。

---

〔1〕　张玲、张楠："专利侵权损害赔偿额计算中的技术分摊规则"，载《天津法学》2013 年第 1 期。

〔2〕　殷宗萍："专利侵权损害赔偿的立法及司法实践研究：从中国与美国比较的视角"，载《中国高新技术企业》2012 年第 27 期。

第六章

域外专利侵权惩罚性赔偿对于我国的启示

　　通过分析以美国、英国、澳大利亚为代表的英美法系国家关于专利侵权惩罚性赔偿的规定，不难看出英美法系国家几乎都进行了双重立法，即通过立法和司法判例明确规定专利侵权惩罚性赔偿。而包括我国在内的大陆法系国家也在逐渐接受，并在司法实践中运用惩罚性赔偿制度。[1]

_____

〔1〕　大陆法系国家重视私法与公法的划分，虽然表面上不承认在私法里适用惩罚性赔偿，但是从其对专利权侵权的损失赔偿的计算方法中可以看出已带有明显惩罚性色彩，并且，德国对于专利权侵权采用承担刑事责任的方式进行调整。可见，在对待专利权侵权是否引入惩罚性赔偿问题的态度上，两大法系已经趋于一致。

第一节　惩罚性赔偿法律制度适用条件的启示

一、适用原则

在专利侵权纠纷的处理中，应当以惩罚性赔偿为原则。其理由如下：

首先，良法的要求是必须与社会要求相适应，与社会的感受相一致。司法判决的结果也必须符合绝大多数人的意愿，否则就是违背常理。在专利侵权损害赔偿中，涉嫌侵权人为谋取私利而侵犯他人专利权，受到的惩罚仅仅是侵权人的不当得利，势必进一步鼓励侵权积极性，进而不断地损害专利权人利益。因为，在司法现实中，专利权人获得的赔偿，往往既不是侵权人的不当得利，又远远小于侵权给专利权人造成的损失。即使真正实施了填平性的补偿赔偿原则，对于专利侵权人而言，也仅仅是侵权人失去了侵权收益，也没有给侵权人造成额外的损失。但是，如果专利权人因为举证困难、维权成本较高等因素放弃诉讼，侵权人的侵权就不成为教训，反而成了超常规经营的经验。可见，法律引进惩罚性赔偿原则是十分必要的。

其次，相对于专利权人，专利侵权人在未进行研发投资、不承担研发风险、又未经专利权人许可时就实施了专利技术，其专利产品的成本本身就低于专利权人和合法专利使用人，如果不追究其侵权责任，显然有失公平。然而，对于专利侵权行为又该如何处理呢？不加区别地适用补偿性赔偿或惩罚性赔偿也不够科学。因此，区分不同的侵权类型，分别实施不同的补偿原则比较公平。对于故意侵权、大面积侵权、屡纠屡犯等专利侵权人必须实施惩罚性赔偿，以保护专利权人的利益。

二、适用条件

前文中，笔者对几个代表性国家关于惩罚性赔偿适用条件的规定进行了比较考察。从适用的主观要件来看，几乎都规定为"故意侵权"或"恶意侵权"两种行为。那么，"故意侵权"或"恶意侵权"行为的本质含义是什么，笔者在《美国宾夕法尼亚州统一商业秘密法案》中找到了答案。所谓"故意和恶意"，是指专利侵权人对专利权人的权利的严重漠视，对自身侵权行为的严重疏忽，对侵权行为的完全懈怠。[1]亚拉巴马州的司法判例中有更加尖锐地指出，主观故意就是"压制、欺诈、放纵或恶意"。[2]

（一）适用要件

虽然对侵权人主观故意侵权实施惩罚性赔偿的处罚具有正当性，但是，笔者认为主观故意也只是构成惩罚性赔偿的适用条件之一。在此，我们以美国为例，美国在《惩罚性赔偿示范法》中提出了惩罚性赔偿的适用要件，最主要的要件有三：第一，专利侵权人在侵权行为成立后必须承担侵权赔偿责任，赔偿的前提是原告确实存在损失，即使是象征性损害（第五条 a. 1）；第二，专利权人在控告侵权时，必须承担举证义务，不仅要证明侵权事实的客观存在，而且要证明专利侵权人存在主观上的恶意（第五条 a. 2）；第三，针对专利侵权的事实和性质，实施惩罚性赔偿是理所当然的，唯有实施惩罚性赔偿才能起到对侵权行为惩前毖后的作用，否则被告可能存在屡禁不止的侵权行为。[3]

---

〔1〕 参见 PA. CONS. STAT. ANN. 5302 (2004), See Gretchen L. Jankowski, PRIMER ON PENNSYLVANIA TRADE SECRET LAW FOLLOWING ENACTMENT OF THE UNI-FORMTRADE SECRETS ACT, Pennsylvania Bar Association Quarterly, October, 2004, p. 4.

〔2〕 参见 Ala. Code 6-11-20 (a) (1993).

〔3〕 《惩罚性赔偿示范法》第 5 条：原告须提出明确且有说服力的证据来证明被告的恶意。

司法实践中，对于是否执行惩罚性赔偿的判决，美国法院和主审法官通常主要作如下三个方面的考量：首先，看客观要件，即考察被告的侵权行为。如果被告的行为达到了社会不可容忍的程度，确实给专利权人造成了较大的损害，加上其他影响惩罚性赔偿适用的条件，如果上述因素都经过确认，就有必要采用惩罚性赔偿原则。其次，审视主观要件，主要考察专利侵权人在实施侵权行为时的主观心理状态，此为判断专利侵权行为是否适用惩罚性赔偿的重要依据。如果有充分的证据证明，专利侵权人在不当动机驱使下、利用不当手段侵犯了专利权，已经构成恶意侵权行为，就应判定给予专利侵权人以惩罚性赔偿。美国法院的判决书中对恶意侵权出现多元化的描述，如邪恶动机（malice）、明示或默示的欺诈（actual or implied fraud）、故意或重大疏忽不顾后果、漠视或蓄意地不顾他人权利等，有的州还用重大过失（gross negligence）来形容。最后，看其他要件。除了主观要件和客观要件外，有时对其他要件，如原告请求，造成的损害影响巨大，存在侵害和损害的直接因果关系等。[1]

（二）侧重于主观过错

从上述分析可见，专利侵权惩罚性赔偿的适用条件主要是主观要件，也就是说，专利侵权人的主观心理状态是适用惩罚性赔偿的关键，而因侵权行为造成损失的客观要件主要影响惩罚性的程度，如超额赔偿的倍数。那么，之所以将主观要件作为适用惩罚性赔偿的重要条件，其理由：第一，从世界主要国家和地区立法实践来看，几乎所有国家都将适用于惩罚性赔偿原则的要件规定为"主观故意"侵权行为，也是以美国为代表的英美法系国家司法实践的成功经验。我国有学者研究认为，无论是大陆法系还

---

〔1〕　和育东：《美国专利侵权救济》，法律出版社 2009 年版，第 195 页。

是英美法系，都在不同形式、不同范围适用了惩罚性赔偿原则，其适用的主要标准是"恶意"标准。[1]第二，从既要考虑形式公平又要考虑实质公平的角度看，如果对所有的专利侵权都处以惩罚性赔偿，形式上看，似乎也不失公平，但是对过失侵权处以惩罚性赔偿实际上有违实质公平原则，也构成了对专利权人的过度保护。第三，在前述学者提出的侵权法的"道德利益理论"借鉴世界各国关于惩罚性赔偿适用条件的规定可见，不仅规定了构成要件是专利侵权人存在主观恶意，而且从立法和司法判例中对专利侵权赔偿中的惩罚性质进行了明确规定。我国《专利法》在第四次修改草案中，也将专利侵权惩罚性赔偿的适用主观要件设定为"故意"，客观要件设定为"侵权损失"，具有可行性。如果说与美国规定有差别，差别就在于并未将"课与惩罚金的必要"作为惩罚性赔偿适用的条件。我国《专利法》草案中规定，一方面，惩罚性赔偿的惩罚性主要体现在赔偿倍数的确定上，决定最高三倍的因素主要包括侵权行为的情节轻重、规模大小和损害程度；另一方面，合理惩罚倍数由审理法院和专利管理机关确定。法院和专利机关确定惩罚性赔偿的适用条件是"对于故意侵犯专利权的行为"。可见，《专利法》草案中，一是对惩罚性赔偿的适用标准作出了宽松的规定；二是决定惩罚性赔偿倍数的权利并非法官自由裁量权。

据此，笔者认为，我国《专利法》中专利侵权惩罚性赔偿责任的成立要件有三项：第一，要确认被告依法应承担的损害赔偿责任，适用于一般专利侵权的填补性赔偿责任；第二，原告必须能够提供确凿的证据，其证据足以证明被告漠视专利存在、出于

---

〔1〕 钱玉文、骆福林："论我国知识产权法中的惩罚性赔偿"，载《法学杂志》2009年第4期。

恶意侵犯专利权，完全构成了情节严重的故意侵权。第三，有课以惩罚性赔偿金的必要。对故意侵权者予以惩罚性赔偿，必须规定明确的适用条件，约束法官的自由裁量权。

三、故意的认定

在考察世界代表性国家对惩罚性赔偿适用条件的主观故意认定时，对我国的借鉴意义与启示主要有以下两点：

第一，在主观上有过错和无过错的区分。对主观无过错的处理，两大法系国家所采取的态度都采用了减轻法定责任的处理，而没有采取免除责任。我国学者认为，对于无过错责任，主张先行认定被告是否构成侵权，如果不构成侵权，应该依据不当得利确定赔偿责任。对于主观有过错责任，包括惩罚性赔偿责任。主观故意或恶意侵权是惩罚性赔偿责任的适用条件，换言之，专利侵权人的主观行为具有强烈的可谴责性，表现为恶意、欺诈、邪恶。

第二，对"故意""重大过失"和"一般过失"的理论区分。关于惩罚性赔偿的适用条件，我国需要依据本国具体国情进行论证。首先，大陆法系国家和我国台湾地区将"重大过失"纳入主观故意进行考量；其次，美国没有对"重大过失"作为主观故意进行认定，在判断专利侵权人的侵权行为是否构成故意侵权时，在确认专利侵权人明知专利权存在的前提下，美国法中有关"恣意侵权"的认定及其他因素的列举性规定，对我国立法具有借鉴意义：一是专利权人是否在专利产品上标注了专利标记。如果在专利产品上已作出标志，一旦出现专利侵权，就意味着专利侵权人属于明知；如果专利权人未作出专利标注，就需要专利权人提供侵权人事实上明知专利权存在的事实，如果专利权人不能提供侵权人事先明知的证据，专利权人不得要求侵权人承担惩罚性赔偿。二是专利侵权人是否在实施专利侵权行为之前就已经接触过存在专利标志的专利产品。三是在判断是否构成侵权行为时，需要对专利产品和侵权产品进行比较，从而得出是否构成直接侵权或形成等同侵权；四是专利权人是否告知专利侵权人其实施行为已构成专利侵权；五是专利侵权人是否故意对侵权行为主动掩盖。虽然上述要素不是所有案件分析中必须全部考虑的因素，但这些因素却是认定"明知"的重要要素。

在我国，侵权案件中主观故意的界定通常关注两点：一方面，专利侵权人从主观上对是否有能力对损害结果进行预见；另一方面，专利侵权人的侵权动机是否具有放任性。笔者建议我国立法应在保证形式和过程公平的前提下，对惩罚性赔偿的适用条件和举证责任予以明确，这样才有助于保障结果公平。首先，专利权人既然主张适用专利侵权的惩罚性赔偿，就必须承担举证责任，要保证有足够的证据证明专利侵权人属于故意、恶意侵权；其次，法院在尊重证据的基础上，对惩罚性赔偿作出判决。

在专利侵权惩罚性赔偿的具体案件中，我国在立法上如何确立"故意"侵权的认定的标准，笔者认为，既要借鉴美国的"综合检验法"，提供针对不同案件所采用的判断方法，又要参考美国在认定故意侵权时所考虑因素。但是，学术界对"故意"也有些争议：有的国家在"故意"认定时，将重大过失行为视同为"故意"侵权行为，适用惩罚性赔偿原则；英美法系国家拒绝重大过失行为适用惩罚性赔偿。我国也有学者赞成扩大专利侵权惩罚性赔偿的适用范围，即包括重大过失侵权行为和故意侵权行为。[1]笔者认为，我国在专利侵权赔偿中，惩罚性赔偿的适用范围必须严格限定，应该限于主观故意作为适用惩罚性赔偿的重要前提条件，[2]

---

〔1〕 王利明："美国惩罚性赔偿制度研究"，载《比较法研究》2003 年第 5 期。

〔2〕 戴志成："科学建立中国惩罚性赔偿制度的研究"，苏州大学 2007 年硕士学位论文。

不应该将重大过失行为适用于专利侵权的惩罚性赔偿。因为重大过失虽然与一般过失有所区别,但是本质上都是过失所致,其区别并非本质区别,如果将重大过失侵权行为纳入可惩罚性,有可能会滥用惩罚性赔偿原则。因此,惩罚性赔偿的主观过错应严格定义为"故意",对于过失侵权,无论情节轻重,应该统一适用补偿性赔偿制度。

第二节 惩罚性赔偿法律制度赔偿标准的启示

一、赔偿方式的选择性启示

通过上文对大陆法系和英美代表国家专利侵权损害赔偿方式的探讨,笔者得到了启示,认为美国适用的赔偿方式最具合理性,我国在未来构建相关制度时可予以借鉴。

从美国专利法第284条的演变可以看出,侵权损害赔偿设立之初的目的仅限于赔偿专利权人的损失,其救济方法随着司法实践的要求逐步改善,首先采取禁令方式,同时引入非法获利这一衡平法的救济方式;其次,引入了专利许可使用费方式,不再采用非法获利方式;最后,就是美国现行的两种方式,都是从权利人举证出发作出的规定,第一种是以专利权人利润损失为依据计算赔偿数额,第二种则是通过专利许可使用费计算赔偿。无论适用何种计算方式,专利权人都需承担一定的举证责任。

在专利权人自己实施专利权,并与侵权人之间存在竞争关系时,可以请求赔偿利润损失。依照普通逻辑推理,如果一个企业本身就不存在盈利能力,那么,其诉讼无论是合同原因还是侵权事由,都难以主张被告给自己造成了利润损失,所失利润损失,即"新营业规则"。所失利润赔偿方式以专利权人亲自实施专利为前提，包括销量减少、价格侵蚀和因侵权行为额外增加的费用等。相应地，如果专利权人与侵权人之间并不存在竞争关系，或专利权人无充分证据证明所失利润的具体数额，只能主张合理的专利使用费损失赔偿。

相比之下，所失利润的计算方式更为严格。该计算方法体现了专利侵权救济相对财产规则；专利许可使用费计算体现了"温和测算"，注重侵权救济的责任规则[1]。在实际诉讼中，这两种计算方式可以并用。即将侵权人的销售额一分为二，一部分适用所失利益方式进行计算，另一部分适用合理专利使用费进行计算。两种赔偿规则混合适用的情形发生在专利权人的销售额损失不能包含侵权人销售额的情形。[2]联邦法院拥有高度的自由裁量权，不仅可以裁量当事人选择的具体损失计算方法，还可裁量损害赔偿数额。美国联邦巡回上诉法院（CAFC）[3]指出，依照284条之规定计算损害赔偿时，地方法院可以自由决定计算方法。在Smith-kline案的计算方法的选择问题上，CAFC认为，损害赔偿数额作为

---

〔1〕 和育东："美国专利侵权救济制度研究"，中国政法大学2008年博士研究生学位论文。

〔2〕 这种情况往往发生在专利权人的销售对象只是侵权人销售对象中的某一部分消费群体，即"部分市场"情形或者专利权人只在部分地域内与侵权人形成市场竞争，即"部分地域"情形或者专利权人只在某个时期内与侵权人形成竞争，即"部分时期"情形，比如侵权行为已经发生年，但专利权人只是在近两年才一开始与侵权人形成市场竞争。

〔3〕 美国联邦巡回上诉法院（the United States Court of Appeals for the Federal Circuit），简称CAFC，是13个巡回上诉法院之一，住所设于哥伦比亚特区华盛顿，其管辖权是基于案件的事项（subject matter）而不是地理位置来确定的。CAFC最为人熟悉的职能是作为对专利确权、侵权诉讼的专属上诉法院。它受理来自美国专利商标局（PTO）的关于专利审查案件、美国联邦地区法院（DCT）专利侵权案件、和来自美国国际贸易委员会（ITC）的"337调查"案件的上诉。成立以来，美国联邦巡回上诉法院审理的案件大约有三分之一涉及专利。CAFC关于专利案件的许多重要判决在美国专利制度的发展中起了极其重要的作用。然而，CAFC管辖的案件并不限于专利。并且对于同属知识产权范畴的商标和著作权的相关案件，CAFC不具有管辖权。

一个事实问题，应由原告承担相应的举证责任，证明标准为优势证据标准。关于赔偿理论中使用的具体辅助性规则，则由法院自由裁量，例如计算合理许可费方法、确定边际利润的方法等。CAFC 同时强调，地方法院对损害赔偿计算方法拥有的自由裁量权并不意味着法院可以裁量"所失利润"和"合理的专利使用费"这两种赔偿方式的选择。需要注意的是，赔偿方式不属于方法选择，法院无自由裁量权。如果专利权人能证明所失利润，则可以主张以所失利润确定的赔偿数额，反之只能适用合理的专利使用费方式。假设专利权人主张并证明了侵权行为产生的所失利润，则法院可以自由裁定计算所失利润的合理方法，或通过自由裁量权决定涉案的侵权产品数量。计算赔偿数额的具体算法就属于辅助性规则，可由法官行使自由裁量权进行确定。

二、域外专利侵权惩罚性赔偿计算制度的启示

（一）对大陆法系专利侵权惩罚性赔偿计算制度的借鉴

大陆法系国家中，日本和我国台湾地区关于专利惩罚性赔偿计算制度具有借鉴意义。日本和我国台湾地区，不仅在专利法中引入惩罚性赔偿机制，而且在对侵权获利的实际计算中引入边际利润这一新的概念，在解决损害赔偿问题上发挥了重要作用。同时，要在结合我国法律适用的实际情况下，有选择性地吸收和借鉴具体规则。诚然，在专利权保护水平日益提高的前提下，将惩罚性赔偿制度纳入专利权保护领域是大势所趋。在实际应用中更要严格审慎，不断细化和完善惩罚性赔偿金的计算标准。美国对侵权损害赔偿中的惩罚性赔偿数额的确定施加了一定的限制性条款，明确了举证责任之分配，有利于防止过高惩罚性赔偿金及其不利影响，能最大限度地发挥惩罚性赔偿的目的和优势，进而促进我国专利侵权救济水平的提升。

（二）对美国专利侵权损害赔偿计算的借鉴

根据现行《专利法》规定了损害赔偿额计算的四种方式：一是依照专利权人因侵权遭受的实际损失计算；[1]二是依照侵权人因侵权所获得的非法利益计算；三是依照涉案专利许可费使用费的合理倍数计算；四是人民法院酌情判定法定数额的损害赔偿。[2]并且专利法明确规定了该四种方式的适用顺序，只有当前一种方式无法确定赔偿数额时，后一种方式才能得以适用[3]。与美国相比，我国《专利法》新增了权利人的侵权得利和法院酌定数额两种赔偿方式，关于赔偿方式的具体计算方法，[4]我国可借鉴美国《专利法》中的有关规定。

1. 依据专利权人因侵权遭受的实际损失计算

专利权人的实际损失相当于美国《专利法》中规定的专利权人所失利益，是指专利权人因侵权行为遭受的实际损害。2015 年通过实施的《最高院关于审理专利纠纷案件适用法律问题的若干规定》指出，专利权人的实际损失 = 专利权人因侵权减少的销售量×单件专利产品的合理利润。[5]当无法计算专利权人因侵权行为减损的实际销量时，可以将侵权产品的实际销量推定为专利权人减损的销量进行计算。[6]相较于美国专利法规定的专利权人所失

---

〔1〕 李磊："美国专利侵权损害赔偿额的计算及借鉴意义"，载《宁夏社会科学》2016 年第 5 期。

〔2〕 同上。

〔3〕 张玲、张楠："专利侵权损害赔偿额计算中的技术分摊规则"，载《天津法学》2013 年第 1 期。

〔4〕 罗莉："论惩罚性赔偿在知识产权法中的引进及实施"，载《法学》2014 年第 4 期。

〔5〕 殷宗萍："专利侵权损害赔偿的立法及司法实践研究——从中国与美国比较的视角"，载《中国高新技术企业》2012 年第 9 期。

〔6〕 参见《最高人民法院关于审理专利纠纷案件适用法律问题的若干规定》第 20 条第 1 款的规定。

利润和计算方法，我国现有规定存在以下不足：

第一，对专利权人所失利益的规定尚不完善。美国专利法规定的专利权人所失利益包括所失销售、价格侵蚀和额外成本三部分。[1]我国法律中仅有所失销售的相关规定，未涉及价格侵蚀和增加成本。仅依靠专利权人在被侵权前后的产品销量变化计算所失利润是不合理的，只有在静态的二人市场[2]中才能得出合理的计算结果，这一适用条件是极为苛刻的，在实践中难以实现。因此，我们可以借鉴美国的做法，在损害赔偿方式中引入价格侵蚀和增加成本等分析要素，进而得出精确合理、满足个案需求的专利权人所失利润数额。当专利权人在诉讼中提出相关证据时，法院应进行审理。

第二，欠缺因果关系认定理论。美国联邦法院十分重视专利权人所失利益与侵权行为之间存在的因果关系[3]，通过判例确立了四要件理论，包括市场对专利产品有需求、市场中不存在专利产品的替代品、专利权人的生产和销售能力足以满足市场需求、专利权人有证据证明所失利益。其中，市场中不存在专利产品的替代产品是指，由于信息不对称，消费者除了购买专利产品，就只能购买到侵权的产品。我们假设专利产品的市场需求固定不变，专利权人在侵权行为发生前后的销量差额只有一个影响因素，即侵权行为，则可以认为专利权人所失利益与侵权行为之间是有因果联系的。美国联邦法院还考虑到了市场中的其他竞争者，提出了"市场分配法"，使得计算结果更加科学合理。专利权人的生产

---

〔1〕　李磊："美国专利侵权损害赔偿额的计算及借鉴意义"，载《宁夏社会科学》2016 年第 5 期。

〔2〕　即市场上仅存在专利权人与侵权行为人两个销售者，产品销售量、销售价格、成本在侵权前后维持不变。

〔3〕　李磊："美国专利侵权损害赔偿额的计算及借鉴意义"，载《宁夏社会科学》2016 年第 5 期。

和销售能力可以满足市场需求，是指专利产品销量的减少是侵权行为导致的，如果未发生侵权行为，则专利权人有能力满足这一部分的市场需求。该要件要求专利权人承担举证责任。如果专利权人不能证明自身具备满足所失利润部分的市场需求，则不能主张该部分的损害赔偿。我国法律在设置损害赔偿制度时，一定程度上忽视了损害结果与侵权行为之间的因果关系，未考虑市场中的其他因素对专利权人所失销售额的影响。因此，我国的侵权损害赔偿制度可以合理借鉴美国的四要件理论，综合分析市场条件和专利权人的自身能力，防止不合理的计算结果反过来损害侵权人的利益。

第三，忽视了侵权人对损害结果应具有的可预见性。联邦法院不仅要求所失利益与侵权行为之间具有因果关系，还要求侵权人对损害结果具有合理的可预见性，即可预见专利权人主张的赔偿内容。可预见性规则可以防止专利权人滥用权利，加重侵权人的赔偿责任，能有效遏制高额的损害赔偿，有利于解决双方的侵权纠纷。

2. 依照侵权人因侵权所获得的非法利益计算

当专利权人的所失利益无法确定时，可推定适用侵权人的侵权所得。2015 年的《最高人民法院关于审理专利纠纷案件适用法律问题的若干规定》规定了侵权人侵权非法获利的计算方式，[1]即侵权的侵权得利 = 侵权产品的销售量×单件侵权产品的合理利润。[2]侵权非法获利，就是指侵权人实施侵权行为获得的非法利益。日本和我国台湾地区的法律中都有类似内容。该方式将侵权

[1] 殷宗萍："专利侵权损害赔偿的立法及司法实践研究——从中国与美国比较的视角"，载《中国高新技术企业》2012 年第 27 期。
[2] 李磊："美国专利侵权损害赔偿额的计算及借鉴意义"，载《宁夏社会科学》2016 年第 5 期。

人的侵权得利推定为专利权人所失利润。美国 1870 年的《专利法》将侵权行为人的非法所得包括在专利权人可得利益范围内，到 1946 年又删除了该项内容，专利权人只能主张所失利益、合理的专利使用费和惩罚性赔偿金三部分损失。这一做法的目的在于避免专利权人重复获利，获得比未发生侵权行为时更高的利益，这对侵权人来说是显失公平的。我国适用侵权获利的前提是无法确定专利权人所失利益，因此二者在法律上是不可能同时适用的，自然不会发生重复获利的情形。2015 年的《最高人民法院关于审理专利纠纷案件适用法律问题的若干规定》，对单件侵权产品的合理利润的计算方法进行了具体规定，一般情况按照营业利润来计算，如果侵权行为人长期以侵权谋取不法收益则按照销售利润来计算。[1]《最高人民法院关于审理侵犯专利权纠纷案件应用法律若干问题的解释》第 16 条，[2] 对于[3] 侵权行为人因实施专利侵权行为的非法获利提供了较为合理的计算方法。另外，对于产品外包装的外观设计实施侵权行为的，则按照外包装的市场作用以及价值确定合理的损害赔偿额，稍有难度的是目前国内市场许多产

〔1〕《最高人民法院关于审理专利纠纷案件适用法律问题的若干规定》第 20 条第 2 款：专利法第 65 条规定的侵权人因侵权所获得的利益可以根据该侵权产品在市场上销售的总数乘以每件侵权产品的合理利润所得之积计算。侵权人因侵权所获得的利益一般按照侵权人的营业利润计算，对于完全以侵权为业的侵权人，可以按照销售利润计算。

〔2〕《最高人民法院关于审理专利纠纷案件适用法律问题的若干规定》第 16 条：对于组装关系唯一的组件产品的外观设计专利，被诉侵权设计与其组合状态下的外观设计相同或者近似的，人民法院应当认定被诉侵权设计落入专利权的保护范围。对于各构件之间无组装关系或者组装关系不唯一的组件产品的外观设计专利，被诉侵权设计与其全部单个构件的外观设计均相同或者近似的，人民法院应当认定被诉侵权设计落入专利权的保护范围；被诉侵权设计缺少其单个构件的外观设计或者与之不相同也不近似的，人民法院应当认定被诉侵权设计未落入专利权的保护范围。

〔3〕 石峰、蔡杰原："原告住所地与网络侵权案件的法院管辖"，载《上海大学学报（社会科学版）》2011 年第 3 期。

品的外包装明显提升了产品的市场价格、直接影响经济收益，对于产品外观设计侵权的计算标准还有待完善。表面上看，我国关于侵权行为人所获利益的划分更为科学和细致，但不可否认的是，这些划分无形中加重了专利权人的举证责任。专利权人不仅要承担侵权产品销量的证明责任，还要承担侵权行为人的营业利润以及销售利润的证明责任，然而这些信息和数据往往都是侵权行为人的核心资料，除非其主动提供，否则专利权人无法获得此类资料进行举证。因此在诉讼实践中，法官依侵权所得认定损害赔偿数额的案例并不常见，此种计算方式有待进一步改进和完善。

3. 依照涉案专利许可费使用费的合理倍数计算

我国曾在 2013 年的审理专利纠纷的司法解释中将合理倍数规定为一至三倍，随后在 2015 年出台的司法解释中删除了该项规定。2015 年的审理专利纠纷司法解释第 21 条规定，当无法准确计算专利权人的利益损失以及侵权行为人非法所得的情况下，"可依据专利使用费的合理倍数来确定权利人的实际损害数额"[1]。在美国，相关专利立法中也有类似规定，即法院可以按照合理的专利使用费来判决补偿专利权人的受损利益，前提是专利权人无法提供证据证明其所受损利益。表面看来二者的规定并无明显差别，但实质上，二者设定的适用条件有所不同。我国法律设定的前提是，该专利权存在授权先例，有明确的专利许可费用以借鉴；而美国法律并无此限定，即使不存在授权先例和可参考的许可费用，法院也能通过自有裁量权，选择符合个案的计算方法，得出一个合

---

[1] 参见《最高人民法院关于审理专利纠纷案件适用法律问题的若干规定》第 21 条：权利人的损失或者侵权人获得的利益难以确定，有专利许可使用费可以参照的，人民法院可以根据专利权的类型、侵权行为的性质和情节、专利许可的性质、范围、时间等因素，参照该专利许可使用费的倍数合理确定赔偿数额；没有专利许可使用费可以参照或者专利许可使用费明显不合理的，人民法院可以根据专利权的类型、侵权行为的性质和情节等因素，依照专利法第 65 条第 2 款的规定确定赔偿数额。

理的许可使用费数额。通过对比不难发现，虽然两国法律都规定了合理使用费方式，但我国专利法设定的适用范围明显小于美国法律的设定。在诸多诉讼案中，涉案专利在诉讼发生前并未得到适用或授权，因此没有合理的使用费供法院参考，该计算方式欠缺前提条件，不能得出正确的赔偿数额。而美国法律之规定则不会面临此种困境，可依据分析计算法、比例计算法等计算方法得出科学、合理的专利使用费数额。笔者认为，我国可以借鉴美国这一做法和思路，增强专利侵权案件审判的灵活性，例如通过诉讼调解等方式，促使双方就专利使用费数额形成合意，进而判定专利权人所能获得的侵权损害赔偿数额。

4. 人民法院酌情判定法定数额的损害赔偿

我国《专利法》第65条，[1]针对在专利侵权赔偿的具体数额计算方法作出了规定。法定赔偿的使用前提是专利权人因侵权所遭受的实际损失难以计算、专利侵权人的侵权获利难以确定和专利许可使用费无法提供，此三者均难以适用，只有由审理法院综合专利侵权的主客观因素作出判定，其范围才属于法定的区间，即1万至100万元。法院在确定损害赔偿数额时，不得违反法律既定的适用顺序，只能依次使用上述计算方法。当适用前者不能确定损害数额时，方能使用后一种计算方式。但在司法现实中，法定赔偿却变成了法院最常采用的计算方式，这一做法与立法者本意相违背，亦不符合现行法律规定。

然而，一味无差别、无例外地采用法定赔偿的形式难以满足

---

〔1〕《中华人民共和国专利法》第65条规定：侵犯专利权的赔偿数额按照权利人因被侵权所受到的实际损失确定；实际损失难以确定的，可以按照侵权人因侵权所获得的利益确定。权利人的损失或者侵权人获得的利益难以确定的，参照该专利许可使用费的倍数合理确定。赔偿数额还应当包括权利人为制止侵权行为所支付的合理开支。权利人的损失、侵权人获得的利益和专利许可使用费均难以确定的，人民法院可以根据专利权的类型、侵权行为的性质和情节等因素，确定给予一万元以上一百万元以下的赔偿。

实质公平原则的要求，笔者将其弊端归纳如下：第一，变相减轻了专利权人的证明责任。专利权人本应举证证明其所遭受的侵权损失，如果法院滥用法定赔偿方式，则专利权人无须承担所失利益的证明责任，不利于实现司法公正。第二，忽视了法院查明真相的审判职责。过多使用法定赔偿方式会导致诉讼活动流于形式，忽视了法院自身具有的查明案件事实的责任，导致职责缺失。第三，不能全面保障专利权人的利益。在诉讼实践中，由于法定赔偿方式缺乏明确具体的认定标准，法院在适用时往往倾向于降低专利权人损害的认定数额，显然不利于专利权人合法权益的保障与实现。对此，笔者更倾向于借鉴美国方面的立法经验，逐步减少甚至取消法定赔偿方式的适用。美国专利法注重行为人的主观意图，规定了惩罚性赔偿制度，加强对恶意侵权的处罚力度。联邦法院可判定先前所确定的损害赔偿数额的 3 倍作为惩罚性赔偿金。

《专利法》中规定的专利使用费合理倍数计算方法仅是计算损害赔偿数额的一种方式，而超出部分并不能说明其具有惩罚不法侵权行为的目的，即便数额超出了专利权人实际损失的利益。惩罚性赔偿法律制度的创设初衷在于惩罚侵权，以惩罚赔偿金的形式保护专利权人，同时关注侵权人的主观意图。我国专利法之所以未规定惩罚性赔偿金，是因为我国特殊国情。专利作为知识产权的重要组成部分，是衡量一国科技实力的重要因素，在经济发展的过程中也发挥着不可替代的作用。我国专利申请量虽居世界前列，但核心技术含量远不及英、美等发达国家。再结合我国当前的经济发展状况，不宜过早地建立惩罚性赔偿制度。美国经过长期发展，确立了以专利权人所失利益和合理专利使用费为基础的侵权损害赔偿计算方式，举证责任由专利权人承担，并且在后续发展中不断引入新的计算方法和理论，使计算结果更加明确精确，兼具科学性与合理性。美国判例法以事实出发型诉讼为基础，灵活性较强，具有大陆法系无法比拟的优势，其中的许多方法和思路都给我们提供了有益经验。为正确适用惩罚性赔偿，实现专利市场健康发展和激励创新之目的，必须突破法定赔偿的"怪圈"，建立一套自成体系的、符合实际国情的侵权损害赔偿计算体系，实现专利权人与侵权人之间的利益平衡。

第三节　惩罚性赔偿法律制度具体构建及适用的启示

一、惩罚性赔偿法律制度域外适用的启示

（一）惩罚性赔偿制度的构建应立足本土

移植立法先进国家的制度安排，是为了使我国立法更加完备，是某项法律制度从无到有、从不完善到日益完备的过程。

英国是惩罚性赔偿制度的发源国，由于该制度可以有效保护、救济专利权人的权益，同时预防未来侵权行为的发生，因此逐步为欧美各国认可并纳入法律。随着经济、科技全球化发展，世界范围内专利侵权案件频发，惩罚性赔偿制度大有突破一国、一区域适用范围之势，而被大陆法系中的一些国家引入并加以适用。惩罚性赔偿制度的引入，既要研究引入的必要性，又要研究引入的条件。基于我国已经成为专利大国，与之相适应的是相对完备的专利立法，引入惩罚性赔偿制度就是对我国专利法的完善。但是，在适用条件设定上，又必须考虑国情，使其与我国要求相符合。在此，我们也可以以美国为例，美国之所以从英国引进惩罚性赔偿制度后，能够成为制度应用最好的国家，就在于在立法中充分考虑了本国国情，在司法实践中不断依据执行中存在的问题及时调整包括适用范围、惩罚性体现的加重赔偿倍数在内的具体

规定，使之与本国制度环境相适应。

我国拟在《专利法》引进惩罚性赔偿并非首例，此前我国已经在其他法中适用了这一制度，如《食品安全法》《侵权责任法》《房屋买卖合同司法解释》以及《消费者权益保护法》。从上述法律的司法实践看，在遏制侵权、维护合法权益方面，都发挥了积极有益的作用。这一点至少证明我国具备引进该制度的客观条件。但是，我国在《专利法》修改中引进惩罚性赔偿仍然需要不断总结经验，在确保法律体系完整的基础上，全面借鉴域外先进立法经验，严格适用条件，保证引进该制度后的良好运作。

（二）惩罚性赔偿条款应谨慎适用

通过综合、对比分析英美法系几个代表国家关于专利侵权惩罚性赔偿规定的不断完善以及大陆法系国家的逐步认可，我们发现各国对该制度的具体适用都采取了谨慎态度，一直未停息的学术争议也说明了这一点。

首先，从适用惩罚性赔偿案件的举证责任分配看，不仅英美法系国家无不对故意侵权的认定和惩罚性赔偿的适用都规定严格的条件限制，而且对认定中证据材料的提供进行了界定，一是专利权人必须有充分的证据对侵权人的主观恶意和自身遭受的侵权损失作出证明，对获得惩罚性赔偿的权利人提出了较高的举证要求。在侵权举证责任上，明显区别于适用补偿性赔偿的举证要求，仅需证明侵权事实和侵权损失客观存在。

其次，从惩罚性赔偿的适用范围的规定看，英美法系长期以来一直奉行保守态度。英国在认可该制度的前提下又明确进行了立法限制；美国也在司法实践中不断提高适用门槛，甚至规定一些附加条件。大陆法系国家和我国虽然也认为引入惩罚性赔偿制度具有必要性，但还是严格把关适用领域。

再次，从惩罚性赔偿数额的计算上看，英美法系国家对赔偿数额的计算方式也上升到立法层面；司法层面，为了防止法官滥用自由裁量权，允许陪审团对法官主张予以修正。

最后，近年来，美国专利制度也引发了一些新问题，尤其是专利流氓的出现，使得美国不得不在惩罚性赔偿适用中设立赔偿金的分割制度。这一点，我国专利法引入该制度之初就应该考虑制度实施可能带来的副作用，在立法规定中作出予以禁止的规定。

（三）妥善处理故意侵权与惩罚性赔偿之间的关系

虽然在域外法律规定中都将故意侵权作为适用惩罚性赔偿的前提，[1]但并不具有完全的绝对性，即并非只要属于故意侵权就必须采取惩罚性赔偿措施。[2]对于出于主观故意的专利侵权，既可以通过采取惩罚性赔偿原则的方式来惩罚侵权人；也可以通过适当扩大赔偿范围的方式，即在实施补偿性赔偿的同时，追加律师费等合理开支。

美国司法实践中，争议最大的问题是如何科学认定"故意"。尽管现行的专利法废除了要求侵权人提供律师意见书的规定，但是认为此实施不构成侵权的法律意见书仍然是重要的侵权抗辩事由。我国在专利权法修改中也应该对故意侵权的认定作出比较明确的规定，同时也应该对故意侵权与惩罚性赔偿之间的关系予以界定。

以上对我国的主要启示是：一要将维护专利权人利益和社会公众利益的平衡作为修法之目标；[3]二是理性审视专利侵权惩罚性赔偿。在《专利法征求意见稿》中，虽然明确规定了惩罚性赔

---

〔1〕　张诺诺："惩罚性赔偿制度研究"，吉林大学 2010 年博士学位论文。

〔2〕　李晓秋、刘舒婕："专利侵权惩罚性赔偿立法：我国台湾地区的实践及其启示"，载《科技管理研究》2016 年第 12 期。

〔3〕　李晓秋、刘舒婕："专利侵权惩罚性赔偿立法：我国台湾地区的实践及其启示"，载《科技管理研究》2016 年第 12 期。

偿的适用条件是故意侵权，但仍然缺乏对"故意"的界定和解释，类似于我国台湾地区立法存在的问题。如果不对故意的构成要件做出进一步限定，势必会给司法判断造成适用困难，难以实现制度设计的目的[1]。

二、惩罚性赔偿责任与其他责任的协调

（一）与补偿性赔偿责任的协调

此协调主要关注两种情形：一是惩罚性赔偿是否可以单独提请，二是两者之间的内在联系。

1. 惩罚性赔偿请求权的独立性

按照民法规定，专利权人的诉讼请求也适用不告不理原则，但针对惩罚性赔偿是否可以独立提起请求权，笔者认为，针对惩罚性赔偿，专利侵权人不应单独提起请求，理由如下：一是惩罚性赔偿以补偿性赔偿为基础，只有在补偿性赔偿确立后才可以实施惩罚性赔偿；二是惩罚性赔偿以补偿性赔偿为前提，补偿性赔偿金确定之后，才能计算出惩罚性赔偿的金额。[2]因此，惩罚性赔偿的请求只能与补偿性赔偿一并提出。

2. 两者存在内在联系

两种赔偿虽然目的、赔偿金额、举证要求、赔偿性质和适用前提等方面不同，但是两者间的必然联系毋庸置疑。在民事赔偿责任原则中，惩罚性赔偿只是以补偿性赔偿作为基本原则的例外或补充原则；另外，惩罚性赔偿法律制度的适用也首先要确定先适用补偿性原则，而后再考虑惩罚性赔偿适用的特殊条件；再者，两者的赔偿数额成比例或倍数关系，惩罚性赔偿的赔偿数额以补

---

〔1〕 张广良："惩罚性赔偿并非破解中国知识产权保护难题的良策"，载《中国专利与商标》2012 年第 1 期。

〔2〕 陈年冰："我国惩罚性赔偿制度研究"，山东大学 2013 年博士学位论文。

偿性赔偿的数额为基数，在法定合理倍数区间予以确定。

（二）与法定赔偿责任的协调

一旦我国《专利法》做出了惩罚性赔偿的规定，其赔偿方法主要将会有以下五种情况：一是依据专利权人因侵权遭受的实际经济损失；二是专利侵权人实施侵权所获得的利益；三是专利许可使用的费用；四是在专利权人实际损失和侵权获利难以计算时，由审理法院及其法官作出法定赔偿数额；五是在以上方法适用中确定赔偿基数，再加上合理倍数得到惩罚性赔偿数额。上述 5 种赔偿方式，前 4 种体现了补偿性，第 5 种属于非补偿性。由此可见，法定赔偿与惩罚性赔偿性质不同，前者属于补偿性赔偿，而惩罚性赔偿属于非补偿性赔偿。

有学者提出了法定赔偿与惩罚性赔偿能否二元并立？笔者愚见，两者不能并用，主要理由如下：

第一，法定赔偿方式虽然属于补偿性质，但又兼具惩罚性。法定赔偿与前三种赔偿方式相比存在明显区别，区别在于法定赔偿确定时，已经综合考虑了侵权情节、侵权人主观状态、损失程度和侵权影响等因素，也对故意侵权和过失侵权进行了区分，因此，两者并用将产生过度惩罚的消极效果。在此，美国的规定值得借鉴，美国不仅对两种赔偿方法规定择一适用，而且指出法定赔偿属于惩罚性赔偿的特殊方式。

第二，法定赔偿适用的前提条件是专利权人的实际损失和专利侵权人的侵权获利难以计算，且专利权人举证困难。法定赔偿之所以在司法实践中得到普遍采用，原因也很多，主要在于：一是实际损失和侵权获利确实难以计算；二是专利权人举证困难，又希望尽快结案，提高诉讼效率；三是实际损失和侵权获利非常不易计算，如果法官以此为依据计算结果也会有失公允，因为更多时候在司法判例中倾向于采取法定赔偿的方式处理专利侵权案件。但是，如果作出法定赔偿后再适用惩罚性赔偿，容易导致专利权人怠于举证，等候惩罚性赔偿结果。

第三，这两种赔偿方式都需要依据专利侵权的主观因素和客观因素，如果将两种方法合并使用，不仅增加了赔偿数额的不确定性，于确定赔偿数额不利，而且有违惩罚性赔偿制度建立的初衷。

（三）与行政责任的协调

我国现行《专利法》在专利保护上，确立了民法和行政法的双重保护体系，将惩罚性赔偿法律制度引入到我国《专利法》中来，实质上是给力度有限的民法保护增加了惩戒和制裁的作用，虽然对专利侵权赔偿增加了惩罚性，但是，该惩罚性不同于行政罚款、没收违法所得等行政处罚手段性质，其主要区别有二：

第一，适用程序不同。没收非法所得和行政罚款等手段属于行政处罚，适用行政法规定的程序；而惩罚性赔偿适用民事诉讼程序。

第二，赔偿中的受偿主体不同。惩罚性赔偿的受偿主体是专利权人；而行政手段的罚金等必须收归国库。在专利侵权案件处理过程中，民法和行政法可能会在处罚上发生冲突，最高法院的司法解释对此也做出了制度安排。[1]其规定的原则在于专利侵权案件不应同时适用民事和行政责任。我国《专利法》第四次修改中引进专利侵权的惩罚性赔偿原则，其性质应属于民事制裁，在具体适用中应该注意与行政责任的协调，在专利侵权赔偿中，按照优先适用原则，如果先实施了行政处罚，法院将放弃惩罚性赔偿的适用，反之，行政机关在法院已经对专利侵权做出适用惩罚

---

[1]　最高人民法院《关于审理商标民事纠纷案件适用法律若干问题的解释》第21条第2款规定："工商行政管理部门对同一侵犯注册商标专用权的行为已经给予行政处罚的，人民法院不再予以民事制裁。"

性赔偿的判决之后再以同一事实和理由实施行政罚款等处理。[1]

三、惩罚性赔偿法律制度构建的启示

绝大多数大陆法系国家对专利侵权惩罚性赔偿几乎都未作出明确规定，于我国有重要启示以及借鉴意义的应属我国台湾地区的相关法律制度。

（一）将维护专利权人利益和社会公众利益的平衡作为修法之目标

平衡各权利主体之间的利益关系是知识产权法律制度的基石，专利法律制度也概莫能外。尽管专利法以保护专利权人的合法权益为首要任务，但是享有专利权利益的并非仅有专利权人，还包括其他相关人和社会公众，只有实现利益人之间的利益平衡，才有助于实现立法目的。专利技术不仅仅是专利权人的个人财富，也是有助于推动整个社会不断进步和发展的共同财富。之所以说它是专利权人的个人财富，因为它是一种私权利，专利权人不仅享有垄断性的实施权，而且享有禁止使用权。之所以说专利技术又是一项公共财富是因为：一是专利技术的产生本身就推动了人类文明和科技发展；二是专利产品的早日投放市场，有利于人们享受技术发展带来的实惠；三是专利权除了需要保护还需要限制，在对专利权进行限制时，又为公共利益的需要提供了合法的机会。因此，我国在引进惩罚性赔偿制度时，必须注意专利限制与保护的协调，注重专利权人利益与公共利益及其他相关利益的平衡。

（二）理性审视专利侵权惩罚性赔偿

虽然我国已经将惩罚性赔偿制度引入部分单行法，如《食品安

---

[1] 和育东、石红艳、林生烨："知识产权侵权引入惩罚性赔偿之辩"，载《知识产权》2013 年第 3 期。

全法》《侵权责任法》《商标法》以及《消费者权益保护法》等，但对引入专利法是否具有必要性和可行性，仍然需要讨论。在产品安全、食品安全的法律中引入惩罚性赔偿条款，目的在于严肃惩治不法行为，保护社会公共利益安全。但对《专利法》中设立惩罚性赔偿条款，是否具有正当性，还存在一定的质疑。

在《专利法征求意见稿》中，虽然明确规定了惩罚性赔偿的适用条件是故意侵权，但仍然缺乏对"故意"的界定和解释，类似于我国台湾地区立法存在的问题。如果不对故意的构成要件做出进一步限定，势必会给司法判断造成适用困难，难以实现制度设计的目的。[1]由于举证困难的缘故，我国目前在专利侵权赔偿中的突出问题就是补偿难以弥补专利权人实际的损失，以至于我国多数侵权案件都以法定赔偿结案，这显然不符合实质公平原则所追求的目的和结果公平。可见，如果对故意构成要件不做出明确规定，影响举证困难的问题得不到解决，惩罚性赔偿的适用环境仍然堪忧。在赋予法官惩罚性赔偿计算中自由裁量权的同时，我们既要规定行使裁量权的规则，又要对自由裁量权作出限制性规定，防止出现权力滥用。

第四节　本章小结

域外专利侵权惩罚性赔偿对于我国借鉴以及未来构建并适用相关法律制度的启示，可大致归纳如下几个方面：

---

〔1〕　张广良："惩罚性赔偿并非破解中国知识产权保护难题的良策"，载《中国专利与商标》2012 年第 1 期。

一、关于适用条件的启示

首先，所谓"故意和恶意"，是指专利侵权人对专利权人的权利的严重漠视，对自身侵权行为的严重疏忽，对侵权行为的完全懈怠[1]。亚拉巴马州的司法判例中有更加尖锐地指出，主观故意就是"压制、欺诈、放纵或恶意"[2]。其次，将主观要件作为适用惩罚性赔偿的重要条件，其理由如下：第一，从世界主要国家和地区立法实践来看，几乎所有国家都将适用惩罚性赔偿原则的要件规定为"主观故意"侵权行为，这也是以美国为代表的英美法系国家司法实践的成功经验。我国有学者研究认为，无论是大陆法还是英美法系，都在不同形式、不同范围适用了惩罚性赔偿原则，其适用的主要标准是"恶意"标准。[3]第二，从既要考虑形式公平又要考虑实质公平的角度看，如果对所有的专利侵权都处以惩罚性赔偿，形式上看似乎也不失公平，但是对过失侵权处以惩罚性赔偿实际上有违实质公平原则，也构成了对专利权人的过度保护。第三，在前述学者提出的侵权法的"道德利益理论"。最后，在专利侵权惩罚性赔偿的具体案件中，我国在立法上如何确立"故意"侵权的认定的标准？

笔者认为，既要借鉴美国的"综合检验法"，提供针对不同案件应采用的判断方法，又要参考美国在认定故意侵权时所考虑因素。但是，学术界对"故意"也有些争议：有的国家在认定"故意"时，将重大过失行为视同"故意"侵权行为，适用惩罚性赔

---

[1]　参见 PA. CONS. STAT. ANN. 5302（2004），See Gretchen L. Jankowski, PRIMER ON PENNSYLVANIA TRADE SECRET LAW FOLLOWING ENACTMENT OF THE UNI-FORMTRADE SECRETS ACT, Pennsylvania Bar Association Quarterly, October, 2004, p. 4.

[2]　参见 Ala. Code 6-11-20（a）（1993）.

[3]　钱玉文、骆福林："论我国知识产权法中的惩罚性赔偿"，载《法学杂志》2009 年第 4 期。

偿原则；英美法系国家拒绝重大过失行为适用惩罚性赔偿。我国也有学者赞成扩大专利侵权惩罚性赔偿的适用范围，即包括重大过失侵权行为和故意侵权行为。[1]笔者认为，我国在专利侵权赔偿中，惩罚性的适用范围必须被严格限定，应该明确规定将主观故意作为适用惩罚性赔偿的重要前提条件，[2]不应该将重大过失行为适用专利侵权的惩罚性赔偿。因为重大过失虽然与一般过失有所区别，但是本质上都是过失所致，其区别并非本质区别，如果将重大过失侵权行为纳入可惩罚性侵权行为，有可能造成滥用惩罚性赔偿原则。因此，应将惩罚性赔偿的主观过错严格定义为"故意"，对于过失侵权，无论情节轻重，都应该统一适用补偿性赔偿。

二、关于惩罚性赔偿标准的启示

首先，是赔偿方式的选择。通过上文对大陆法系和英美代表国家专利侵权损害赔偿方式的探讨，笔者得到了启示，认为美国的赔偿方式适用最具合理性，可供我国在未来构建相关制度时借鉴。从美国专利法第 284 条的演变可以看出，侵权损害赔偿设立之初的目的仅限于赔偿专利权人的损失，其救济方法随着司法实践的要求逐步改善，第一，采取禁令方式，同时引入非法获利这一衡平法的救济方式；第二，引入了专利许可使用费方式，不再采用非法获利方式；第三，就是美国现行的两种方式，都是从权利人举证出发作出的规定，第一种是以专利权人利润损失为依据计算赔偿数额，第二种则是通过专利许可使用费计算赔偿。无论适用何种计算方式，专利权人都需承担一定的举证责任。

---

〔1〕 王利明："美国惩罚性赔偿制度研究"，载《比较法研究》2003 年第 5 期。
〔2〕 戴志成："科学建立中国惩罚性赔偿制度的研究"，苏州大学 2007 年硕士学位论文。

其次，赔偿计算制度。根据现行《专利法》规定了损害赔偿额计算的四种方式：一是依照专利权人因侵权遭受的实际损失计算；[1]二是依照侵权人因侵权所获得的非法利益计算；三是依照涉案专利许可费使用费的合理倍数计算；四是人民法院酌情判定法定数额的损害赔偿。[2]并且专利法明确规定了该四种方式的适用顺序，只有当前一种方式无法确定赔偿数额时，后一种方式才能得以适用[3]。与美国相比，我国《专利法》新增了权利人的侵权得利和法院酌定数额两种赔偿方式，关于赔偿方式的具体计算方法，[4]我国可借鉴美国《专利法》中的有关规定。

三、关于制度构建的启示

基于我国已经成为专利大国，与之相适应的是较为完备的专利立法，引入惩罚性赔偿制度就是对我国专利法的完善。但是，在适用条件设定上，又必须考虑国情，使其与我国要求相符合。在此，我们也可以以美国为例，美国之所以从英国引进惩罚性赔偿制度后，能够成为制度应用最好的国家，就在于在立法中充分考虑了本国国情，在司法实践中不断依据执行中存在的问题及时调整包括适用范围、惩罚性体现的加重赔偿倍数在内的具体规定，使之与本国制度环境相适应。

通过综合、对比分析英美法系几个代表国家关于专利侵权惩罚性赔偿规定的不断完善以及大陆法系国家的逐步认可，我们发

---

〔1〕 李磊："美国专利侵权损害赔偿额的计算及借鉴意义"，载《宁夏社会科学》2016 年第 5 期。

〔2〕 同上。

〔3〕 张玲、张楠："专利侵权损害赔偿额计算中的技术分摊规则"，载《天津法学》2013 年第 1 期。

〔4〕 罗莉："论惩罚性赔偿在知识产权法中的引进及实施"，载《法学》2014 年第 4 期。

现各国对该制度具体适用都采取了谨慎态度，一直未停息的学术争议也说明了这一点。尤其近年来，美国专利制度也引发了一些新问题，尤其是"专利蟑螂""专利流氓"等现象的出现，使美国不得不在惩罚性赔偿适用中设立赔偿金的分割制度。我国专利法引入该制度之初就应该考虑到制度实施可能带来的副作用，基于公平原则的考虑，在立法规定中作出予以禁止的规定。美国司法实践中，争议最大的问题是如何科学认定"故意"，尽管现行的专利法废除了要求侵权人提供律师意见书的规定，但是认为此实施不构成侵权的法律意见书，仍然是重要的侵权抗辩事由。我国在专利权法修改中也应该对故意侵权的认定作出比较明确的规定，同时也应该对故意侵权与惩罚性赔偿之间的关系予以明确。

第七章

我国专利侵权惩罚性赔偿制度的构建

为了使我国专利侵权惩罚性赔偿制度建立在合理的基础之上，本文对域外相关制度及其司法适用进行了分析、思考和充分借鉴，本章将在分析将惩罚性赔偿引入我国专利法的必要性、可行性的基础上，讨论我国如何构建该制度。

第一节　我国确立专利侵权惩罚性赔偿制度的必要性和可行性

为遏制猖獗的专利侵权，必须引入惩罚性赔偿，将故意侵权作为惩罚的对象。

一、确立专利侵权惩罚性赔偿的必要性

惩罚性赔偿制度具有遏制侵权和保障维权的

重要作用〔1〕，旨在在专利法领域充分引入我国有侵权责任法的权利保护功能。当然，这一制度毕竟是民法意义上的赔偿措施，不能代替公法上的保护手段。

（一）专利侵权的特殊性与"补偿性原则"的不足

有学者认为，无差别、无例外的"填平原则"满足形式公平〔2〕的基本要求，但实际上对专利权人和被许可使用的实际实施人而言又显得极不公平，即不符合实质公平原则。从专利权人角度考察，这一原则基本上没有考虑专利权人的胜诉风险和诉讼过程中的成本；对通过专利许可使用合同获得专利实施权者考察，这一原则不仅阻碍了许可合同的顺利订立，而且也影响许可使用费的确定。可见，"填平原则"不仅不能遏制侵权行为的发生，而且对专利侵权起到了鼓励作用。〔3〕为此，又有学者主张将惩罚性赔偿引入专利法，提议对故意侵犯专利权行为人予以惩罚性赔偿，或者通过追加行政处罚以加重对侵权人的处罚。〔4〕

由于专利权客体的"非物质性"和公开性，一项专利可以同时有多个不同的使用者，专利权人也难以禁止他人使用。除了将研发成果作为技术秘密进行保护外，经研发的技术成果如果要受到专利法保护，就必须依法将拟申请的专利技术向社会公开。如果拟申请的专利技术被公开，申请人就失去了被申请案迅速传播

---

〔1〕 唐义虎："关于专利侵权的惩罚性赔偿的思考"，载《河北科技大学学报（社会科学版）》2014 年第 12 期。

〔2〕 同上。

〔3〕 郑成思："中国侵权法理论的误区与进步：写在专利法再次修订与著作权法颁布十周年之际"，载《人民司法》2000 年第 10 期。

〔4〕 尹新天：《中国专利法详解》，知识产权出版社 2011 年版，第 731 页，"侵犯同一专利权的行为，既可能由同一侵权人在被法院责令停止侵权行为后'重操旧业'，也可能有不同侵权人在互不串通的情况下'不约而同'地同时进行。……如果在赔偿损失方面再采用'填平原则'，就难免会导致现实中侵犯专利权行为屡禁不止"。

的控制，也就失去了排除第三人实施的可能。

专利权客体的非物质性是知识产权的本质特征，[1]这一方面决定了专利权受到侵权具有易发性、隐蔽性、高获利性等特点，另一方面，专利权人在诉讼中也面临举证责任困难、维权成本高以及等待周期长的困难。专利权的客体虽然具有无形性，但其物质载体具有公开性和可复制性，在申请时已经被依法公开，这就给侵权人提供了便利。随着高新技术的不断发展，专利侵权呈现多元化的方式，而且侵权方式也更加隐蔽，因此侵权人获得高额非法利益的途径也表现出多元化的特点。专利侵权人违法实施专利技术，一般情况下呈现出低成本性和高获利性，这一利益驱动又促使意欲侵权人蜂拥而至，造成了现实中大面积侵权和侵权难纠的局面。

总之，专利侵权行为不仅专业性强、技术性高、隐蔽性强，而且侵权证据多由侵权人控制，证据的隐蔽性、易毁性和技术性，又使专利权人获得有效证据难、维权成本高、诉讼获胜率低，甚至因为诉讼成本较高而放弃诉讼、放弃维权，由此可见，专利维权难但侵权容易，助长了专利侵权人的不法行为。[2]有学者在分析专利维权难时，提到专利权人在面对侵权时，往往以一己之力面对多个侵权人，时间、精力和资金都成了维权成本，其经历了漫长的维权路，却不仅难以维权，而且影响了正常的权利实施，一方面自身不能享有垄断性权利，另一方面也给合法实施人造成了很大的伤害。面临大面积侵权，如果在专利侵权处理上一直延续补偿性原则，不仅难以使专利侵权人得到教训，而且还将严重

---

〔1〕　吴汉东：《知识产权基本问题研究（总论）》（第二版），中国人民大学出版社 2009 年版，第 21 页。

〔2〕　史玲、王英军："惩罚性赔偿制度在我国知识产权法领域的适用"，载《天津法学》2012 年第 1 期。

损害专利权人利益。[1]

专利侵权的特殊性，使我们认识到专利侵权赔偿不能仅限于补偿性原则。为此，笔者研究认为：第一，在专利侵权赔偿中引入惩罚性赔偿原则，无疑将加大专利侵权成本，使意欲侵权人惧怕侵权、不敢侵权；第二，我国采用惩罚性赔偿原则，有利于解决专利权人在诉讼中出现的"赢了官司赔了钱"的问题；第三，与行政处罚和刑事措施相比，惩罚性赔偿措施效率高、成本低，有利于优化社会资源的配置。[2]

专利权保护具有期限性，这一保护和限制的对立统一，决定了专利技术在使用时间上的有限性和技术更新的必然性。如果采用专利侵权补偿性原则，则专利权的易侵犯性，一方面抑制了专利权人在有效期限内获取最大经济利益，另一方面，限制了意欲合法使用专利技术的人，从而影响专利权人实施许可使用权。因此，补偿性赔偿措施成为专利侵权发生的诱因，而惩罚性赔偿原则发挥着对专利侵权的阻吓和遏制的作用。司法实践中，因为临时性禁令的实施条件较严格，所以法院一般不会发出临时性禁令，这就使得专利侵权人在明知侵权时仍继续侵犯专利权，虽然扩大了侵权损害的结果，但对专利权人举证提供了便利。

（二）我国专利侵权赔偿的现状

虽然我国专利法对侵权救济作出了明确规定，但是从司法现状看，首先，现行的损害赔偿数额的计算方法不够科学，目前我国通常采用专利权人的实际损失、专利侵权获得的实际利益、已经实施许可使用费的合理倍数、司法判定的法定赔偿额四种方法，

---

[1] 刘晓纯："侵权责任法视角下的专利侵权赔偿原则研究"，载《知识产权》2011 年第 9 期。

[2] 同上。

但是在司法实践中一直缺乏可操作性。[1] 原因在于：一是专利权人客观上难以提供因侵权造成的实际损失的证明，即使经过市场调研，取得了实际收入和目标收入的差额，又未必具有客观性；二是侵权人因侵权得到的实际利益如何判断，侵权人不会如实提供，专利权人也难以取得；三是如果专利权人已经实施了专利许可使用，可以通过司法程序确定合理倍数，但如果尚未实施许可使用，必然难以采用许可使用费倍数的方法。在以往的司法实践中，法院和法官多数情况下并不支持原告主张的计算方式，偏重于实施法定赔偿的原则。当然，在专利侵权案件中，也确有部分专利权人怠于举证，完全寄托于法定赔偿，这也直接导致了我国大量专利侵权赔偿案件中适用了法定赔偿方式。四是法定赔偿仍然是完全赔偿的重要方式，一方面法定赔偿并不能实现惩罚专利侵权人的目的，另一方面，法定赔偿又常出现法官滥用自由裁量权的现象，难以起到有效遏制不法侵权行为的作用。

（三）关于反对惩罚性赔偿的意见

当今世界，无论是已经采用专利侵权惩罚性赔偿制度的英美法系国家，还是尚未明确在专利侵权救济中适用惩罚性赔偿制度的国家和地区，长期以来都一直存在着对引进惩罚性赔偿制度的不同观点。肯定之声虽然嘹亮，但否定之声也不绝入耳。

1. 否定意见

持否定的意见包括：一是惩罚性赔偿有违宪法要求；二是原告如果取得巨额赔偿金，按照民法规定，存在不当得利之嫌；三是惩罚性赔偿的基础难以计算，或可能影响操作性，或容易导致该制度被滥用；四是惩罚性赔偿原则的实施，在加重专利侵权人赔偿责

---

〔1〕 史玲、王英军："惩罚性赔偿制度在我国知识产权法领域的适用"，载《天津法学》2012 年第 1 期。

任的同时，也必然使侵权企业的负担增加，甚至有可能因为处罚力度过大导致侵权企业破产，即使在困难中勉强经营，企业也会将受到的经济惩罚通过产品价格的抬高将负担转嫁给广大消费者。[1]

持反对意见者，还对专利损害赔偿的可行性进行了分析认为，司法现实中，目前所遇到的突出问题并非"填平性赔偿"是否能够补偿因侵权给权利人造成的损失，仅就填平性补偿都难以落实。由此他们得出结论，从现实出发，"惩罚性赔偿原则"的现实意义在我国还十分有限，引入的时机还不成熟。现阶段，保护专利权的主要方法就是要研究如何更好地贯彻"全面赔偿原则"，如通过完善企业财务、会计、审计等相关制度，提高企业内部管理和经营数据的透明度，促进"全面赔偿原则"有效实施。[2]

有学者从法理角度进行分析，既然专利法属于民商法领域，那么，专利法就应该按照民法理论规定，对平等主体利益进行调节，因此，在平等主体之间实施惩罚性赔偿原则有违民法理论。他们特别提出，有学者就民法理论解释不过去了，就提出要进行理论突破，专利法引入惩罚性赔偿正是理论上的突破，究竟是突破还是颠覆，是完善理论还是"恶搞"理论。这些学者对支持引入惩罚性赔偿原则的学者提出了尖锐的批评。

2. 肯定观点

支持将惩罚性赔偿原则引入我国专利法的学者，从解决现实问题、切实保护专利权人利益和促进专利应用等方面论证了自己的观点。

（1）可以有效惩罚现实的侵权人。首先，基于我国专利保护

[1] 张新宝：《侵权责任法立法研究》，中国人民大学出版社 2009 年版，第 447~448 页。

[2] 曾平、周详："知识产权损害赔偿责任研究：对知识产权损害赔偿的个案分析"，载《知识产权》2008 年第 4 期。

力度有限，以及专利容易被侵权和侵权手段的隐蔽性、复杂性，因此，专利侵权所获得的收益不仅大于侵权赔偿的金额，而且大于专利权人的损失。可见，专利侵权对于侵权人基本不存在风险。以上情形，必然决定了专利侵权的普遍存在。其次，基于我国目前适用的填平性补偿原则，以及司法实践中法院所作的赔偿判决并非是对专利权人损失的全额赔偿，因此，专利侵权人即使按照法院判决进行了赔偿，仍然还留下了相当的利益。可见，这一赔偿原则，不能对专利侵权起到震慑作用。如果我国专利法引入专利侵权惩罚性赔偿原则，专利侵权人除了基础赔偿还需要承担加倍赔偿，其负收益必然是其因侵权而需承担的责任。[1]同时，即使所计算的惩罚性赔偿基数不准确，即不足以填平专利权人的损失，但是最高三倍的惩罚性赔偿也会让侵权人产生负收益。

（2）威慑潜在的侵权人。仅仅依靠补偿性赔偿原则，对一般性专利侵权应该可以起到处理的作用，但是对于潜在的专利侵权人的威慑作用显然是不够的。为了防止出现大面积侵权和屡禁不止的侵权行为发生，我国需要引进惩罚性赔偿制度。虽然这一制度具有严格的适用条件，但是制度的存在和震慑作用的体现，对防止专利侵权具有现实意义。

（3）弥补专利权人的损失。作为侵权客体，专利权与一般财产权区别较大：一是专利权被侵犯不是只能被侵犯一次，有可能被多次侵犯，如已经被处罚的侵权人继续实施侵犯；二是专利侵权又可能出现多个侵权人，而且可能在不同地点有不同的侵权人同时侵犯；三是专利侵权既隐蔽性强，又难以证明，侵权嫌疑人对所侵犯的专利技术稍加改动就可能逃避侵权处罚，这就给侵权

---

〔1〕　胡海容、雷云："知识产权侵权适用惩罚性赔偿的是与非：从法经济学角度解读"，载《知识产权》2011 年第 2 期。

的认定带来一定的困难。四是专利侵权案件的诉讼周期较长，有人称为旷日持久，此言不虚。在司法实践中，专利侵权人有多次机会可以提起宣告专利无效的请求，这样不仅延长了维权时间，也将加大维权成本。五是专利侵权举证困难，不仅维权费用较高，而且很难获得侵权信息。由此可见，如此大的维权成本，如此长的维权周期，如果依照填补性赔偿原则，即使完全实施赔偿也很难真正弥补专利权人所遭受的损失。[1]

（4）支持专利的许可使用。我国专利转化率较低是不争的事实，据可靠资料显示，我国专利转化率仅只有 20% 左右，远低于世界平均水平。因此，有学者认为，专利侵权可以促进专利运用；也有学者担心，专利侵权至少意味着专利被运用，总比专利沉睡要好。因此，有人推理说，严格的专利侵权赔偿势必影响专利的运用。其实这些论述都具有不合理性。笔者认为，专利未被投入运用并不能否认专利的有效性，无论专利是否投入使用，未经专利权人许可实施其专利技术，都是专利侵权。在采用专利侵权补偿性原则的前提下，专利侵权人宁可接受处罚也不愿意支付许可使用费，不仅侵犯了专利权人利益，也破坏了正常的市场秩序。引入惩罚性赔偿后，专利权人权衡利弊得失，一般会放弃在专利侵权问题上铤而走险，选择专利权许可使用从而成为一种主动的行为。

综合上述两种不同的意见，笔者支持我国专利法中引入惩罚性赔偿制度，其理由有：第一，有数据显示我国从 2011 年开始已经成为世界第一专利申请大国，我国的国家知识产权局也作为国际上承担专利申请的五大局之一。当然，在专利领域，我国仍然处于大而不强、多而不优的阶段，李克强总理在会见国际知识产

---

[1] 胡海容、雷云："知识产权侵权适用惩罚性赔偿的是与非：从法经济学角度解读"，载《知识产权》2011 年第 2 期。

权总干事时也提到在知识产权保护问题上，还要注重"普惠"和"包容"，这也体现了我国政府对知识产权保护水平的态度。虽然如此，但是，从长期的科技发展看，采用惩罚性赔偿原则，一方面可以有效遏制专利侵权，鼓励发明创造的积极性，另一方面，有利于我国从专利大国向专利强国迈进。第二，在专利法中引入惩罚性赔偿原则，是否与专利法属于民法范畴相违背？这一担忧是不必要的。从民法领域看，一方面，适用惩罚性赔偿的目的是解决补偿性赔偿原则的缺陷，另一方面，惩罚性赔偿原则并非侵权赔偿的基本原则，仅是在特殊情形下才适用的原则。第三，有人担心，引入惩罚性赔偿原则，有可能致使专利权人滥用"惩罚性请求权"，虽然这个问题有一定的合理性，但是只要将行使惩罚性赔偿的权利依法加以规范，这一担心完全可以避免。

二、确立专利侵权惩罚性赔偿制度的可行性

关于我国专利法中是否适用惩罚性赔偿制度，学者们就其可行性的研究主要集中在三个方面：一是我国商标法的成功实施；二是惩罚性赔偿制度在我国单行法中已经取得的立法经验以及经过了司法实践的检验；[1]三是域外，尤其是美国在知识产权领域实施的惩罚性赔偿制度对于我国的启示。第三点已经在以上各章中体现，在此主要从第一点和第二点进行论证。

（一）我国《商标法》已经确立了惩罚性赔偿制度

我国在知识产权领域引入惩罚性赔偿制度，始于 2014 年的新《商标法》颁布实施。《商标法》中加入惩罚性赔偿制度，打破了我国知识产权领域仅适用全部补偿原则的惯例。我国修改前的

---

〔1〕　唐义虎："关于专利侵权的惩罚性赔偿的思考"，载《河北科技大学学报（社会科学版）》2014 年第 4 期。

《商标法》规定，对于商标侵权行为，侵权人赔偿数额按照侵权获利或权利人损失计算，或处于 50 万元以下法定赔偿[1]；我国现行的《著作权法》也作出了相同的规定[2]；我国专利法对专利侵权行为也规定依据权利人损失、侵权获利、专利许可使用费倍数和法定赔偿计算赔偿。以上补偿性赔偿的规定，体现了民法关于赔偿理论的损害与救济相一致原则。

我国现行的《商标法》规定，对于商标侵权损害造成的赔偿，主要依据权利人现实损失、侵权人非法所得和商报许可使用费计算；对存在主观恶意且手段恶劣的商标侵权，允许处以 1 倍以上 3 倍以下的惩罚性赔偿。[3]随着我国《商标法》的实施，我国《著作权法》第三次修订和《专利法》的第四次修订也都在紧张进行之中。从《著作权》修改草案看，规定适用惩罚性赔偿的条件是"故意侵权两次以上"，惩罚性赔偿标准是 2 倍以上 3 倍以下。从《专利法》修改草案看，规定了对故意侵权可以适用于惩罚性赔偿，体现惩罚性的倍数最高为 3 倍。由此可见，我国拟在知识产权领域全面引入惩罚性赔偿制度。

（二）惩罚性赔偿原则在我国其他法律中的应用

在专利法中引入惩罚性赔偿原则也不是首次尝试。早在 1993 年，我国的《消费者权益保护法》就引进了惩罚性赔偿，[4]其赔偿范围包括违约的赔偿、缔约过失的赔偿以及侵权的赔偿。[5]

---

[1] 参见我国修改前的《商标法》56 条第 2 款。
[2] 参见我国《著作权法》49 条。
[3] 参见我国现行《商标法》63 条。
[4] 《消费者权益保护法》第 49 条规定：经营者提供商品或者服务有欺诈行为的，应当按照消费者的要求增加赔偿其受到的损失，增加赔偿的金额为消费者购买商品的价款或者接受服务的费用的一倍。
[5] 唐义虎："关于专利侵权的惩罚性赔偿的思考"，载《河北科技大学学报（社会科学版）》2014 年第 4 期。

1999 年我国颁布的新的《合同法》也作出了明确规定，依据《消费者权益保护法》的规定，对于经营者在经营和服务中存在欺诈行为，消费者可申请违约赔偿。[1]

2003 年最高人民法院就商品房买卖中出现的合同纠纷问题作出了司法解释，针对出卖人将出售的房屋进行抵押、再出售和房地产公司虚假销售行为确立了加倍处罚的规定，即由出售人承担购房人所付款项一倍的赔偿责任。[2]

2009 年，我国针对当时出现的牛奶等食品不达标问题，紧急出台了《食品安全法》，一是出台了一系列食品安全标准；二是对于发现不能达到安全标准的食品，消费者可以要求按照消费金额给予 10 倍的经济赔偿。此赔偿正是针对严重违约行为或侵权行为所设立的惩罚性赔偿。同年 12 月，我国又颁布了《侵权责任法》，在产品质量问题上规定了赔偿责任和惩罚性赔偿原则。[3]

2013 年，我国对《消费者权益保护法》进行了修订，将对于经营者在经营中存在欺诈行为的，消费者可以请求加倍赔偿，倍

---

　　[1]《合同法》第 113 条 第 2 款规定："经营者对消费者提供商品或者服务有欺诈行为的，依照《中华人民共和国消费者权益保护法》的规定承担损害赔偿责任。"

　　[2]《最高人民法院关于审理商品房买卖合同纠纷案件适用法律若干问题的解释》8 条规定：具有下列情形之一的，导致商品房买卖合同目的不能实现的，无法取得房屋的买受人可以请求解除合同、返还已付购房款及利息、赔偿损失，并可以请求出卖人承担不超过已付购房款一倍的赔偿责任：（一）商品房买卖合同订立后，出卖人未告知买受人又将该房屋抵押给第三人；（二）商品房买卖合同订立后，出卖人又将该房屋出卖给第三人。第 9 条规定：出卖人订立商品房买卖合同时，具有下列情形之一，导致合同无效或者被撤销、解除的，买受人可以请求返还已付购房款及利息、赔偿损失，并可以请求出卖人承担不超过已付购房款一倍的赔偿责任：（一）故意隐 瞒没有取得商品房预售许可证明的事实或者提供 虚假商品房预售许可证明；（二）故意隐瞒所售房屋已经抵押的事实；（三）故意隐瞒所售房屋已经出卖给第三人或者为拆迁补偿安置房屋的事实。

　　[3]《侵权责任法》第 47 条："明知产品存在缺陷仍然生产、销售，造成他人死亡或者健康严重损害的，被侵权人有权请求相应的惩罚性赔偿。"

数是三倍。对于因产品缺陷给消费者造成损失的，有权要求执行二倍以下的惩罚性赔偿。[1]三倍赔偿是针对商品或服务致使消费者受伤害、残疾或者死亡的赔偿标准；二倍赔偿是针对经营者造成消费者严重精神损害的惩罚性赔偿制度。

实践证明，我国实施的惩罚性赔偿制度已经被证明是有效的、成功的，为专利法在一定条件下引入这一制度提供了参考依据。

第二节　我国专利侵权惩罚性赔偿的适用条件和赔偿标准

适用惩罚性赔偿原则的基本前提是存在侵权责任。对于不同的民事侵权和不同的侵权客体，自然存在不同的责任大小和特点。考察侵权责任法，既包括一般侵权行为，又包括特殊侵权行为；构成一般侵权行为的责任，既有过错责任，又包括非过错责任。在一般侵权行为中，适用过错责任的要件包括四个方面，即侵权人存在过错、侵权行为客观发生、存在损害事实及侵权与损害具有关联性。我国专利侵权适用过错责任原则，对于构成一般侵权行为，在损害赔偿方面遵循补偿性赔偿原则；对于构成严重侵权行为，且符合主观故意、情节恶劣和后果严重的，可以适用惩罚性赔偿原则。对于特殊侵权行为，可以适用无过错责任原则，但

---

〔1〕《消费者权益保护法》第55条规定："经营者提供商品或者服务有欺诈行为的，应当按照消费者的要求增加赔偿其受到的损失，增加赔偿的金额为消费者购买商品的价款或者接受服务的费用的3倍；增加赔偿的金额不足五百元的，为五百元。法律另有规定的，依照其规定。""经营者明知商品或者服务存在缺陷，仍然向消费者提供，造成消费者或者其他受害人死亡或者健康严重损害的，受害人有权要求经营者依照本法第49条、第51条等法律规定赔偿损失，并有权要求所受损失2倍以下的惩罚性赔偿。"

前提条件必须是侵权行为与损害事实之间存在因果关系。

我国现行《商标法》和《著作权法》《专利法》草案关于惩罚性赔偿条件的规定虽然不统一，但都是针对主观故意、主观恶意、情节严重而设立的。[1]在司法实践中，还需要对"主观故意"和"情节严重"作出清晰的界定，对惩罚性赔偿的请求主体、何时请求、如何请求也需要加以明确。

一、适用条件

在论文第四章已经对域外惩罚性赔偿制度的适用条件进行了分析，该适用条件包括主观条件、客观条件和权利人请求三个方面。主观条件包括侵权人主观上的故意、侵权动机、侵权行为的可责性；客观条件方面要考虑侵权情节的严重程度和侵权造成的损害后果等。

（一）两大适用要件

1. 侵权人存在主观故意

在侵权责任确定中，过错责任原则是民法中主要的归责原则，即侵权人承担侵权责任的前提是主观上存在过错。从侵权责任法来看，侵权人的过错，包括故意侵权与过失侵权。对于上述两种侵权行为，部分国家在专利侵权惩罚性赔偿的适用上，都将主观故意确立为主观要件。立法，多数国家均采取审慎的态度，将主观过错要件规定为故意。因为惩罚性赔偿原则属于例外情形，区别于在民事责任中补偿性赔偿的普适原则，其在赔偿责任上超越了"填补性"原则，介入了公法意义上的"惩罚性"，因此，惩罚性赔偿必然应该适用更严格的条件[2]。在适用标准确定上，我国

---

〔1〕　曹新明："知识产权侵权惩罚性赔偿责任探析：兼论我国知识产权领域三部法律的修订"，载《知识产权》2012 年第 4 期。

〔2〕　梁晓琳："知识产权惩罚性赔偿制度研究"，大连海事大学 2014 年硕士学位论文。

采用惩罚性赔偿原则的领域立法与司法实践中已经有过成功实践经验。[1]可见，我国专利侵权惩罚性赔偿的适用条件也应该参照国内外立法实践，其主观过错需要以故意为核心。

然而，如何具体认定"故意"的标准？在司法实践中，法官需要考虑六个因素：一是侵权人是否知道专利权的客观存在，也就是侵权之前的确知；二是在专利侵权诉讼中，侵权人对侵权事实、被控告事实的态度，是善意接受还是恶意抵抗；三是专利侵权过程所持续的时间；四是专利侵权的动机；五是专利侵权人是否存在故意隐藏侵权行为；六是专利侵权人是否存在重复侵权，如明知专利权存在而实施侵权行为，或被确认侵权后仍然实施侵权行为，或被法院处理后继续实施专利侵权行为。[2]

2. 侵权情节严重或存在严重损害后果

适用于惩罚性赔偿制度的侵权情节严重和严重损害后果，其提出是基于一般侵权和产生一般侵权后果提出的。其责任的后果主要针对民事和刑事责任之间的责任，且侵权行为人存在严重的主观过错时，才适用惩罚性赔偿。由此可见，惩罚性赔偿制度并非适用于一般侵权案件，即情节轻微和后果不严重的案件，仅适用于侵权情节恶劣、手段非正常的案件。适用惩罚性赔偿的案件具有可责性、难以容忍性，不仅严重侵犯了专利权人的利益，而且扰乱了正常的市场秩序。为了防止此类事件的发生，使现实专利侵权人得到有力的制裁，使潜在专利侵权人受到震慑，有必要在填平性赔偿的基础上进行加倍惩罚。

关于侵权上的"情节严重"，我国《商标法》将社会反应强烈

---

[1] 我国已在现行的《消费者权益保护法》《侵权责任法》和《食品安全法》中设置了惩罚性赔偿条款，在相关领域建立惩罚性赔偿制度。

[2] 杜甲华："我国建立惩罚性赔偿制度之理论障碍批判"，载《社会科学辑刊》2009年第5期。

作为适用惩罚性赔偿的客观要件规定，[1]但该条款仅是原则性的规定，面对复杂、专业的知识产权纠纷案件，具有操作性和适用性不强的问题，对此，笔者建议将专利侵权行为的"恶劣性"[2]和主观故意一起作为考量是否适用惩罚性赔偿的因素。

所谓"损害后果严重"，并非仅局限于对专利的有形损害，包括专利权人因侵权行为遭受的既得和可期待的所有的经济利益损失等。损害后果的严重性主要从因侵权给专利权人造成的损失予以考察，虽然严重程度难以量化，但笔者建议，可以通过与专利权人实施专利所获得的收益进行比较，如果侵权所得与专利权人专利收益相当甚至更多，应该当然界定为后果严重；如果专利权人自己未实施，也未进行许可使用，应该参照专利价值评估结果对损害后果进行认定。值得强调的是，损害后果的认定是以专利侵权人主观故意已经确定为前提，如果专利侵权不构成主观故意，则即使损害后果严重也不适用惩罚性赔偿。可见，适用惩罚性赔偿的主观要件和客观要件应该同时具备，这就决定了适用惩罚性赔偿制度的审慎性，否则，就可能出现专利权人滥用惩罚性赔偿制度的请求权，导致对专利侵权人过度惩罚。

（二）我国对故意侵权的认定

1. 我国对故意侵权认定的影响因素

在故意侵权认定标准的确立上，既要适应我国的经济发展水平，又要考虑专利制度的立法目的和价值取向。

（1）应当站在国际高度，既要考虑本国国情，又要考虑与国际认定水平接轨。现代专利制度是适应经济发展、科技发展水平的

---

[1]　参见我国《商标法》第 67 条第 1 款。

[2]　杜甲华、崔畅："论惩罚性赔偿在知识产权损害赔偿责任中的适用"，载《辽宁大学学报（哲学社会科学版）》2016 年第 5 期。

产物。〔1〕由于各国政体和制度环境不同，各国立法机关考虑问题的初衷也不尽相同，〔2〕因此，各国惩罚性赔偿制度适用条件必然存在区别，既不能不作界定，又不能生搬硬套，必须分析各个影响因素，对侵权故意进行科学界定。

第一，我国与发达国家的技术发展水平存在较大的差异。基于我国从技术上比较来看仍然属于技术输入国，自主创新能力一般，实施与发达国家相当的专利保护水平，显然相对于发展中国家不利。有可能因为对专利权的过度保护，影响专利创新和推广运用。因此，在引入惩罚性赔偿时，需要对其适用的主观条件即故意侵权进行严格的标准限制，作为专利侵权损害赔偿的例外情形，仅将枉顾专利权人利益、故意侵权者作为惩罚对象。〔3〕

第二，我国大量企业尤其中小企业创新能力偏弱，自我保护能力偏低。面对故意侵权的指控，美国专利法规定，涉嫌侵权企业必须聘请企业外部的律师出具意见书，以此证明企业专利侵权不构成故意情形。此律师意见书的出具并非是一种公益行为，需要涉嫌侵权企业支付一笔不菲的费用，少则几万美元，多则十几万美元。而且即便如此，律师意见书也不能必然证明不存在故意侵权。〔4〕在美国，涉嫌专利侵权企业尚不愿支付律师意见费用，何况我国企业呢？〔5〕我国仍是发展中国家，大部分中小企业没有

---

〔1〕 蒋舸："著作权法与专利法中'惩罚性赔偿'之非惩罚性"，载《法学研究》2015年第6期。

〔2〕 因为法是体现统治阶级意志的社会规范，即各主权国家执政党执政理念的规范的总称。

〔3〕 和育东、石红艳、林声烨："知识产权侵权引入惩罚性赔偿之辩"，载《知识产权》2013年第3期。

〔4〕 温世扬、邱永清："惩罚性赔偿与知识产权保护"，载《法律适用》2004第12期。

〔5〕 2011年9月美国国会通过的专利改革法案（美国发明法案）第17条规定："被控侵权人没有事先征求专利律师关于涉嫌侵权的意见，或者未向法院或陪审团提出这样的律师意见，不可被用于证明故意或诱导侵权。"

自主创新能力和自主知识产权，它们或采取仿制的方式制造市场需要的产品，或依旧生产着成本高、收益低的传统产品，但它们却担负着90%以上的人员就业问题。这些企业虽然也作为创新主体不断升级自己的产品，但毕竟不适应承担律师费用，因此，我国不适宜将提供律师意见书确定为涉嫌专利侵权人否认构成故意侵权的义务。笔者建议，我国可以以"客观轻率行为"作为判断是否故意侵权的标准。

第三，我国社会公众的专利意识还不够强。我国专利制度的建立区区30多年，专利意识普遍不强，既包括创新意识和专利创造意识，也包括专利保护意识。虽然我国通过司法改革成立了知识产权专门法院，正式确立了知识产权领域民事、行政和刑事三合一的审判体系，但是专利侵权案件复杂多样，侵权判断需要较强的专业性，在具体司法实践中，即使侵权事实被法院认定，专利侵权人继续实施侵权行为，也未必就必然形成枉顾权利、漠视权利存在和专利权人利益，还必须对具体问题进行具体分析。

（2）将故意侵权作为认定标准符合专利法的立法宗旨。第一，应当处理好正当利用专利技术和专利侵权的关系。无论在技术研发、专利申请过程中，还是为了专利利用，专利检索作为一种工具，无疑对促进专利技术的再创新和专利利用的合法性发挥着重要的作用。但是，因为曾经进行专利查询就将专利侵权嫌疑人的专利侵权确定为故意侵权行为，必然严重违背专利法的要求，其表现有：一是在现有专利技术的基础上研发新的技术产品，因为研发时对已有专利的参考，当面临专利侵权时是否被认定为故意侵权；二是为了避免构成专利故意侵权，企业通常不使用专利检索工具，一旦侵权，涉嫌侵权企业完全可以以事前并不知情为由推脱，为此，对专利采取积极不检索的策略，成为减轻侵权责任的一大法宝，也正好与专利制度的相关内容相排斥；三是就技术创新而言，其既包括原始创新，又包括改造性创新，可见，在现有技术基础上的创新也是重要的创新形式，也是专利法促进专利传播和鼓励再创新的体现。如果广大企业都因为担心遭受故意侵权的危险，不去参考和研究已有的专利成果，必然会抑制我国的技术发展。从以上论证可见，我国在确立专利故意侵权的标准时，必须注意专利制度整体要求，避免与专利法的内容发生矛盾。

第二，法律并不抑制自由挑战专利的有效性。不容怀疑，专利诉讼不仅成本高，而且旷日持久。在美国，为何专利诉讼案件大多都通过调解的方式结案，就因为专利诉讼需要原告和被告投入大量人力、物力和财力，诉讼费用动辄上百万美元。当然，专利权人可以申请诉前禁令和财产保全等措施，使专利侵权人不能正常生产和经营。因此，涉嫌专利侵权人面临专利权人的高标准维护权利，或被动接受，或主动出击，如主动查找证据提起专利无效请求。任何专利都存在有问题的可能，从专利侵权人角度看，挑战专利有效性，不仅对专利问题进行了实证，而且可以解除侵权威胁。从社会整体利益看，专利被宣告无效后，专利技术自动进入公共领域，推动了专利技术的运用。

（3）密切关注我国专利制度的特殊性。从专利类型和组成看，我国拥有的专利与美国专利的区别，在于我国实用新型专利占比较大，近几年发明专利虽有迅速增加，但是实用新型专利仍然占比 40% 左右。如在 2013 年，我国实用新型专利申请近 155 万件，比上年增长近 30%。实用新型专利仅作形式审查，在涉及专利诉讼中关于故意侵权认定上存在特殊性。[1]

对于实用新型专利诉讼案件，判断是否存在故意侵权，需要对专利权进行价值评估，并将专利评估报告作为侵权赔偿依据。

---

〔1〕 李明德：《美国知识产权法》，法律出版社 2014 年版，第 140 页。

但是，在对实用新型专利进行评估时，如果发现实用新型专利存在恶意申请，必然受到涉嫌专利侵权人的警告，不仅表示自身不侵权，而且专利权人已经获得的许可使用费也有可能退还被许可人。此时，即使涉嫌专利侵权人的行为构成故意侵权，甚至可能被执行惩罚性赔偿，但一旦受到涉嫌专利侵权人的警告，专利权人必然会妥协。因此，我国在故意侵权认定标准确立时，需要考虑实用新型专利的特殊性。

2. 审慎界定故意侵权的标准

对专利故意侵权标准的界定，不仅影响专利侵权惩罚性赔偿制度的构建，而且需要考虑专利侵权惩罚性赔偿的制度成本。关于故意侵权的本质，上文已经有所规定，即涉嫌专利侵权人明知专利权的客观存在，仍然实施专利技术并放任侵权结果的行为。这一本质揭示，可以防止独立发明人和善意使用人的实施行为构成故意侵权，从而受到惩罚性赔偿的严肃处理。

第一类，如果涉嫌专利侵权人属于独立发明人，系实施了自身独立完成的技术，那么，此"侵权"行为不仅不构成故意侵权，而且如果独立发明人的实施行为如果早于专利权人的申请，还可以依据专利先用权的规定，在原有范围内继续实施其专利技术，这一继续使用被视为非侵权行为，因为，专利技术实施人依法享有专利先用权。

第二类，涉嫌专利侵权人质疑专利的有效性。因为故意侵权成立的前提条件是专利侵权人实施侵权行为之前是对有效专利明知的。如果涉嫌专利侵权人在实施专利技术之前对专利的有效性存在质疑，如涉嫌专利侵权人在受到专利侵权控告后，由确切事由对专利提起了无效宣告的请求。此时，涉嫌专利侵权人的侵权行为不应该被认定为故意侵权。这一规定，无疑激发了侵权人挑战专利有效性的主动性。

不仅如此，无论是对于适用惩罚性赔偿制度的功利主义考察，还是从适应国情理性引入该制度的愿望出发，边际合法行为[1]都应视为非"故意侵权"行为。所谓边际合法行为，在主观方面，主要表现为对原始创新主动提出改进方案的意愿；在客观方面，主动发现现有专利存在问题，通过对现有专利的技术性能提高、技术方案的改进的实施行为。因为研发技术成果的可专利性存在不明确的界限，在专利侵权的认定上也存在多元化因素的影响，所以，我们不能排除边际合法行为存在专利侵权的可能性，但是，其侵权行为属于有效率的侵权，不同于真正的故意侵权。其理由有：一是边际合法行为不仅有利于使现有技术得以优化，而且有助于推动技术的再创新和运用，对整个领域的技术进步发挥着重大作用；二是我国技术创新的伟大实践中，多以模仿创新和改进创新为主基调，其边际合法行为正是这一创新模式的重要体现，因此，对边际合法行为的包容，无疑是对我国企业尤其中小企业自主创新的一种激励。为此，笔者建议将边际合法行为作为故意侵权认定的抗辩事由，用法律形式排除其适用惩罚性赔偿。

二、确定专利侵权惩罚性赔偿的依据

我国《专利法》对专利侵权赔偿作出了规定[2]。最高人民法

---

[1] 边际合法行为指通过规避设计、反向工程、窄化或优化现有专利等方式对现有有效专利进行利用的非许可行为。

[2] 《专利法》第 65 条规定："侵犯专利权的赔偿数额按照专利权人因被侵权所遭受的实际损失来确定；专利权人的实际损失不能确定的，可以按照侵权行为人因实施侵权行为所获得利益来确定。专利权人所遭受的损失或者侵权行为人获得利益都难以确定的，可以参照专利许可使用费倍数合理来确定。专利侵权损害赔偿数额应包括专利权人为制止侵权行为人实施侵权行为所支付的合理费用。专利权人所遭受的实际损失、侵权行为人获得的利益以及专利许可使用费均难以确定的，法院可根据专利权的类型、侵权行为性质、侵权行为人的主观恶意程度以及情节等因素，确定侵权行为人给予专利权

院的司法解释也作出了明确规定[1]。笔者首先认为，我国现有补偿性赔偿是惩罚性赔偿的基础，如果补偿性赔偿难以确定，应该由专利价值评估部门确定其价值，作为实施惩罚性的基础。其惩罚性的体现就是确定赔偿倍数。在此，通过分析我国现有补偿性规定确定惩罚性赔偿基础。

（一）我国现有专利法关于侵权损害赔偿的规定

1. 以专权利人遭受的损失为依据

涉嫌专利侵权人如何承担赔偿责任，主要考察因为侵权行为人实施专利行为，给专利权人造成了经济损失，如销售量下降、市场占有率下降、销售价格降低、竞争力下降等，通过将其造成的损失量化，作为损害赔偿的重要依据。对此，我国《专利法》第65条作出了规定，即按照专利权人因侵权行为给自己造成的经济损失数额来确定侵权损害赔偿数额。最高人民法院的司法解释也作出了相应的规定，[2]规定了侵权行为被确定后，专利侵权损害赔偿数额的两种计算方式：第一种，依据专利侵权人侵权所得利润确定损害赔偿，在此有两个重要数据，一是专利权人销售数额因侵权受到的影响，二是专利权人生产的专利产品的销售利润率。第二种，虽然确定侵权行为影响了专利权人的销售，如果被影响的销售额无法确定，或者无法准确计算，可以考察因侵权影响

（接上页）人一万元以上一百万元以下的赔偿。"

〔1〕《最高人民法院关于审理专利纠纷案件适用法律问题的若干规定》第20条规定："法院依照专利法第57条第1款的规定追究侵权行为人的赔偿责任时，可以按照专权利人的诉讼请求按照专权利人因被侵权所遭受的损失或者侵权行为人因侵权所获得的利益来确定专利侵权损害赔偿数额。"第22条规定："法院可以根据专权利人的请求和具体案情，可以将专权利人因调查、制止侵权行为所支付的合理费用计算在专利侵权损害赔偿数额范围内。"

〔2〕《最高人民法院关于审理专利纠纷案件适用法律问题的若干规定》第20条第2款。

专利权人的销售量来计算专利侵权损害赔偿数额。

2. 以侵权人所获得的利益为依据

在确定专利侵权损害赔偿数额时，虽然首选依据是专利权人因侵权造成的经济损失，但是，在专利权人的经济损失难以确定时，其次选择依据专利侵权人实施侵权行为所获利益来确定专利侵权损害赔偿数额。我国《专利法》明确规定，在确定专利侵权赔偿数额时，如果专利权人因侵权所遭受的实际经济损失难以确定，就依据专利侵权人所获的经济利益进行计算。最高人民法院在《关于审理专利纠纷案件适用法律问题的若干规定》中也作出了规定，即在专利侵权损害赔偿案件中，由受理案件的法院进行确定：一是聘请审计单位对专利侵权人的财务情况进行审计，通过审计其专利产品销售额、销售利润，确定侵权利润；二是将侵权利润作为计算专利侵权赔偿的依据。这一规定，不仅可以将侵权利益全部补偿给专利权人，而且减轻了专利权人的举证责任。但是，我国并非所有企业的财务制度都很健全，为了避税，不少企业的销售并没有全部体现在财务收支账目上，其实司法确定中仍然困难很大。

3. 以专利许可使用费的倍数为依据

我国专利法还规定，确定专利侵权赔偿数额的依据是有顺序安排的，即如果专利权人因侵权行为所遭受的经济损失难以确定，专利侵权人因侵权所获得的经济利益也难以计算，第三个依据是考察专利许可使用合同中确定的费用，其费用的 1~3 倍作为专利侵权损害赔偿的依据。在此，1~3 倍如何确定，法律规定由案件受理法院依据侵权情节是否严重、侵权人的主观恶性程度、损害造成的后果严重程度、专利许可使用费的标准、侵权性质的恶劣程度等予以确定。

所谓专利许可使用费，是指专利权人在许可他人使用时，双方签订专利许可使用合同，合同中包括使用范围、使用时间、使用费用等，经专利权人许可使用属于合法使用。但是，在确定许可使用费倍数时，还应该考虑其他因素：一是专利许可使用的形式。专利许可存在三种形式，即独占使用、排他使用和普遍使用。此三种形式，许可使用费因使用程度不同，因此，其许可费用标准存在一定的差异，独占性许可费用较高，排他性许可使用次之，普通许可使用收费最低。那么，究竟以哪一种许可使用方式的费用标准为依据呢？法律上并没有作出具体规定，因为现实中专利权人的许可使用方式属于双方合同约定的结果，不能明确规定以哪一种方式的收费标准作为计算损害赔偿的依据。通常以普通许可方式的费用标准作为依据，但是如果现实中专利权人是以排他性许可适用，如何借鉴企业收费标准呢？为此，法律规定了 1~3 倍的标准，在考虑如何适用时，既要考虑侵权性质、损害后果等因素，也应该考虑具体的许可使用方式，以合理确定适用倍数。二是许可使用的时间长短和范围大小，也影响着许可使用费的标准，也必然应该作为确定倍数的依据。

有学者认为，相对于专利权人损失和侵权人不当收入而言，专利许可使用费偏低，需要追加倍数予以确定损害赔偿数额。但是，倍数的确定权归法官裁量，裁量的依据必须充分，以防自由裁量失控。

4. 以法定赔偿确定损害赔偿

当前三个依据都难以确定时，如前两个数据难以计算，专利许可使用不曾出现，无法参照，此时，法律规定专利侵权损害赔偿适用法定赔偿。所谓法定赔偿，是指审理案件的法院法官在缺少确定专利侵权损害赔偿数额时，综合分析侵权情节轻重和影响侵权赔偿数额的因素，对损害赔偿数额进行确定。我国《专利法》规定，当专利权人损失、侵权人收益无法确定，专利许可使用费难以参照时，审理法院可以依据案情确定专利侵权人向专利权人支付一万以上一百万以下的赔偿数额。[1] 以上四种专利侵权赔偿方式的适用是有顺序的。法定赔偿是最后一种方式，前三种方式难以适用时，才适用法定赔偿。如果前三种方式可以确定，则不能采用法定赔偿方式。

（二）确定惩罚性赔偿基数的规则

关于专利侵权惩罚性赔偿金数额的确定，借鉴美国等立法经验，需要确立惩罚性赔偿的基数和体现性惩罚性的倍数。以何为依据来确定赔偿基数呢？我国《专利法征求意见稿》第 65 条中规定，适用惩罚性赔偿的计算基数，应以侵权给专利权人造成的实际经济损失或者以专利侵权人实施侵权行为所获经济利益为基数。没有对上述损失和利益难以查清并确认的补充条款。那么，当上述两种情形难以适用时，惩罚性赔偿金的计算基数如何确定呢？因此，有学者建议，为了确保立法的有效性和可操作性，其计算基数可以作出分别规定：一是如果对专利权人损失或侵权非法获利可以确定，应该以此为基数；二是如果专利权人的实际损失或专利侵权人的非法获利难以确定，可以参照专利许可使用的费用标准或法官确定的法定赔偿结果确定惩罚性赔偿的基数。

针对上述论述，首先，笔者认为，惩罚性赔偿原则是惩罚专利侵权人的例外规定或称特殊规定，作为补偿性赔偿原则的有益补充，可以把补偿性赔偿原则的适用作为前提。我国在专利法中引入了惩罚性赔偿原则，并不能改变补偿性赔偿原则作为普适原则的地位。之所以引进惩罚性赔偿原则，是因为补偿性赔偿原则对恶意侵权、多次侵权的现实行为的惩罚力度不足，对潜在的恶意侵权行为的震慑力不够，并非是对补偿性赔偿原则的放弃。引

---

〔1〕 参见我国《专利法》第 65 条。

入惩罚性赔偿的根本目的在于实现震慑和惩戒功能,既不是对专利权人利益的过度保护,也不是增加对专利权人的额外补偿。[1]因此,惩罚性原则的适用,应该以补偿性赔偿为基础,在补偿性原则已经适用的前提下适用惩罚性赔偿。其次,笔者认为以专利许可使用费为依据来计算惩罚性赔偿的基数的方法不够科学,因为这一数据与侵权损失和侵权获利数额缺少关联性。笔者认为惩罚性赔偿倍数及惩罚性赔偿金的具体数额以补偿性赔偿的额度作为基数,这也符合形式公平是实现实质公平的前提。这方面,美国的司法实践值得借鉴,美国早期也曾以专利许可使用费作为惩罚性赔偿的计算基数,[2]但在实践中还是出现了问题一是专利许可使用费并非专利实施所能带来的收益,二是专利的价值在于对专利的垄断使用权,因此,专利法修改中将专利权人损失作为了惩罚性赔偿的计算基数。考察我国侵权责任法可见,实施专利侵权赔偿制度,本质上就是要实现对专利权人实际损失的全部弥补,因此,在赔偿原则中填平性的补偿性赔偿是履行赔偿责任的最重要的原则。

三、专利侵权赔偿的惩罚性确定

在讨论专利侵权赔偿的惩罚性问题,势必需要针对补偿性赔偿的倍数和惩罚性上限来确定。

如何体现专利侵权的惩罚性赔偿的惩罚性,我国学者们经过研究都提出了自己的观点,集中起来有三种观点,第一种观点认为,惩罚性赔偿就是在补偿性赔偿的基础上确定一个合理的倍数,既可以加重对专利侵权人的惩罚,又使专利权人的合法利益得到

---

〔1〕 王利明:"美国惩罚性制度赔偿研究",载《比较法研究》2003 年第 5 期。

〔2〕 唐珺:"我国专利侵权惩罚性赔偿的制度构建",载《政治与法律》2014 年第 9 期。

保护和补偿。[1]此观点借鉴了我国在食品安全法上的规定，先有确定的补偿金额，再考虑相应的倍数。第二种观点认为，惩罚性赔偿数额的确定应该以法定赔偿为基础，在法定赔偿数额已有规定 1 万~100 万的基础上，再设置一个对恶意侵权行为可以处以如100 万~300 万元的处罚。[2]第三种观点认为，对惩罚性赔偿额度的设定应该采用弹性的金额标准，因为倍数确定同样存在法官自由裁量，确定弹性金额制更具有操作性。[3]笔者赞成以补偿性赔偿为基数，乘合理倍数确定惩罚性赔偿金额。

（一）严格控制上限

1. 三倍上限的提出

虽然应该在损害赔偿中引入惩罚性，但是不是惩罚性力度越高越好，规定最高倍数是对损害赔偿中可惩罚性的限制。基于专利侵权的特殊性和我国国情，如何确定适当倍数呢？2012 年，国家知识产权局在《专利法征求意见稿》第 65 条规定，专利故意侵权行为确定以后，由专利管理机关或者知识产权法院依据专利侵权人的主观恶意、侵权规模、侵权引起的损害结果等因素，[4]在已经确定的专利权人因侵权的经济损失或专利侵权人的侵权获利作为赔偿基数，最高提高三倍。[5]此规定中的"最高提高至三倍"主要借鉴了美国的三倍赔偿制度。在《专利法草案》修改过

---

〔1〕 庄秀峰："保护知识产权应增设惩罚性赔偿"，载《法学杂志》2002 年第 5期。

〔2〕 钱玉文、骆福林："论我国知识产权法中的惩罚性赔偿"，载《法学杂志》2009 年第 4 期。

〔3〕 胡海容、雷云："知识产权侵权适用惩罚性赔偿的是与非——从法经济学角度解读"，载《知识产权》2011 年第 2 期。

〔4〕 唐珺："我国专利侵权惩罚性赔偿的制度构建"，载《政治与法律》2014 年第 9 期。

〔5〕 张玲、纪璐："美国专利侵权惩罚性赔偿制度及其启示"，载《法学杂志》2013 年第 2 期。

程中，我国又将"最高提高至三倍"修改为"一至三倍"。笔者解读，因为个案具体情况千变万化，"一至三倍"并没有明确关于具体执行一倍或二倍甚至三倍的规定，所谓"三倍"是对专利侵权实施惩罚性赔偿额所设定的上限，具体适用倍数由专利管理机关或知识产权法院行使自由裁量权。

2. 设立上限的理由

我国专利法之所以参考美国的立法规定，将惩罚性赔偿金的倍数上限做出限制规定，其原因如下：

第一，如果对惩罚性赔偿金不加限制，或倍数过高，其产生的效应不符合惩罚性赔偿金的救济功能的要求。[1]进一步分析，惩罚性赔偿力度过大，虽然可以使专利权人获得更充分的赔偿，甚至赔偿数额超过了实施专利所带来的收入，但是，这笔收入过大，不仅影响专利权人实施专利的积极性，而且也不可能增加公共福利。

第二，已经实施专利侵权惩罚性赔偿制度的国家，其赔偿金规定给我国提供了借鉴。在此我们以美国为例，虽然美国在历次专利法修改中，都对适用惩罚性的基数作出了调整，但是以"三倍"作为加重赔偿的力度系数并没有改变。1793 年美国《专利法》关于惩罚性赔偿的基础是专利许了使用费，当时规定"至少三倍"；1836 年美国《专利法》将"至少三倍"修改为"最高三倍"。这一修改实际上是将"下限规定"调整为"上限规定"，也使惩罚性标准从没有上限到有了上限限制。[2]又如我国台湾地区，其"专利法"明确规定，对于专利故意侵权行为，由审理法院依据侵

---

〔1〕　张新宝、李倩："惩罚性赔偿的立法选择"，载《清华法学》2009 年第 4 期。

〔2〕　胡海容、雷云："知识产权侵权适用惩罚性赔偿的是与非：从法经济学角度解读"，载《知识产权》2011 年第 2 期。

权的具体情节，[1]以因侵权给专利权人造成的经济损失为基础，根据侵权行为的具体情节，由法院判决专利侵权人给予专利权人不超过3倍的赔偿金。由此可见，经过了200多年的发展，惩罚性赔偿法律制度关于赔偿额上限的设定已为各国立法所采纳并日臻成熟。

第三，英美法系国家的司法实践也证明，惩罚性赔偿金的确定受到多因素的限制，正体现对惩罚性的进行上限控制的立法精神。[2]如1997年，英国上诉法院曾针对一起专利侵权索赔案件，责令审理此案的法官和陪审团一起，对赔偿的标的进行价值评估，准确评价所适用的惩罚性赔偿金额。[3]为了准确计算惩罚性赔偿金，上诉法院提出了具体要求：[4]一是明确惩罚性赔偿属于惩罚性手段，所适用的基础是原告的损失已经得到补偿性赔偿；二是如果法官和陪审团认为补偿性赔偿金不足以对专利侵权人的行为给予制裁，才可以启动惩罚性赔偿措施；三是惩罚性赔偿金属于对被告严重侵权行为的惩罚，是给原告的一笔额外补偿，不体现公共福利性；四是惩罚性赔偿金必须与被告的可相适应，不得高于所适应的最低金额。[5]

---

〔1〕 唐珺："我国专利侵权惩罚性赔偿的制度构建"，载《政治与法律》2014年第9期。

〔2〕 同上。

〔3〕 著名案例有：Loudon v. Ryder，［1953］1 All E. R. 741（C. A.）（assault）；Dumbell v. Roberts，［1944］1 All. E. R. 326（C. A.）（false imprisonment）；Bull v. Vazquez，［1947］1 All E. R. 334（C. A.）（defamation）；Tuidge v. Wade，95 Eng. Rep. 909（C. P. 1779）（seduction）；Leith v. Pope；96 Eng. Rep. 777（C. P. 1779）（malicious persecution）；Bulli Coal ining Co. v. Osbourne，［1899］All E. R. 506（trespass）；Owen & Smith v. Reo Motors，［1934］151 L. T. R. 274（C. A.）（trespass to goods）.

〔4〕 参见 Rookes，［1964］A. C. at p1228.

〔5〕 唐珺："我国专利侵权惩罚性赔偿的制度构建"，载《政治与法律》2014年第9期。

在英国惩罚性赔偿的司法实践中，若干经验可资借鉴，比如确定惩罚性赔偿金一般要考虑的六种因素：[1]一是实施惩罚性赔偿的可行性，即考虑被告所能承受的赔偿能力的大小；二是基于原告的经济实力，是否应该获得一定数额的惩罚性赔偿金；三是本案实际原告和被告的个数；四是被告的侵权行为与原告行为有无关系，侵权行为是否因原告行为引起；五是被告侵权是否存在处于考虑社会公共健康利益的善意；[2]六是是否存在对惩罚性赔偿金进行限制的必要条件。[3]除此之外，英国要求陪审团对法官在评价惩罚性赔偿金额时给予一般性指导。[4]

我国《专利法》仍处于修改过程中，应该参考美国、英国和澳大利亚的司法实践，列举性制定专利侵权惩罚性赔偿中合理倍数的影响因素，设计出一套便于操作的倍数控制方法，例如，由最高法院的司法解释中，将案情和倍数的关系设置一些比率，规定什么情形适用哪一个倍数。[5]这样，不仅"最高三倍"应当成为我国专利领域惩罚性赔偿倍数的上限规定，而且也构建一种"一至三倍"具体适用的机制，以防止该自由裁量权力的滥用。

3. 最高额限制方法的选择

在已经做出"一至三倍"规定的基础上，是否还有必要设立

---

[1] See Cassell, [1972] A. C. at 1063; Thompson v. Commissioner of Police of the Metropolis, [1998] Q. B. 498, 517（C. A.）; Riches v. News Group Newspapers Ltd., [1986] Q. B. 256, 276（C. A.）; Holden v. Chief Constable of Lancashire, [1987] Q. B. 380, 388（C. A.）.

[2] 比如在印度，一些企业实施他人专利技术制造生产并销售侵权专利药品的情形，这些侵犯专利权的药品也通过代购、网购的形式一部分流入了中国。

[3] 唐珺："我国专利侵权惩罚性赔偿的制度构建"，载《政治与法律》2014年第9期。

[4] 温世扬、邱永清："惩罚性赔偿与知识产权保护"，载《法律适用》2004年第12期。

[5] 王利明："惩罚性赔偿研究"，载《中国社会科学》2000年第4期。

最高额限制。据此持否定观点的学者认为，对专利侵权中的惩罚性赔偿，其惩罚性的实现属于案件审理的知识产权法院及法官的自由裁量权，既然已经确定了上限倍数，在设立最高限额实属多余。肯定的观点认为，采用最高额限制主要立足于惩罚性赔偿的可行性，一方面，可以限制法官自由裁量的任意性，另一方面，考虑专利侵权人的实际赔偿能力。除上述观点外，还有学者认为，综合最高限额和最高倍数的限制，两者同时作用，以合理使用惩罚性赔偿原则。[1]笔者认为，在实施以补偿性赔偿为基础，辅之以合理倍数原则，已经完整体现了专利侵权的惩罚性赔偿原则，不宜再适用最高额度限制。理由有二：一是由于专利权的客体具有特殊性，不同的专利其技术含量、市场价值、获利能力等方面差别巨大，统一规定其最高限额，在专利侵权赔偿方面不具有操作性；二是惩罚性赔偿的确定以补偿性赔偿为基础，不应该考虑专利侵权人的赔偿能力。因为考虑专利侵权人的赔偿能力，表面上有利于实现专利权人获得赔偿，但实际上对专利权人的利益保护是不公平的，现实中确有部分中小企业因不愿支付专利许可使用费而选择专利侵权。

（二）确定合理倍数

1. 确定合理倍数的影响因素

在惩罚性赔偿适用上，第一步是认定专利故意侵权的构成，判定符合惩罚性条件后，第二步就是确定合理倍数。为了实现个案最有水平的震慑作用，需要分析影响惩罚性赔偿倍数的影响因素，笔者认为，影响因素包括积极因素和消极因素。所谓积极因素，是指与惩罚性倍数的正相关因素，包括专利侵权人是否存在

---

〔1〕 石阳媚："完善专利侵权惩罚性赔偿规则的思考"，载《公民与法（法学版）》2016年第6期。

掩盖侵权事实的行为，专利侵权人在侵权诉讼中是否存在恶意抗辩等，如果值得考虑的积极因素越多，专利侵权人就越有可能加重侵权责任，惩罚性的倍数也会应相应提高。所谓消极因素，是指与惩罚性倍数的负相关因素，在我国改进创新的前提下，主要包括专利侵权人曾善意与专利权人进行许可使用的协商，而专利权人在不存在合理理由的情况下拒绝专利许可。此前，侵权人与专利权人的许可适用协商虽未成功，还可以事后协商，即专利侵权人已经实施专利技术，仍然坚持与专利权人协商许可使用事宜。这种情形被研究证明，部分专利权人事前不许可使用，在事后许可时，通过高额的许可使用费逼迫专利侵权人难以获得许可使用，排斥竞争，在一定程度上损害了公共利益。[1]

以上事实如果成立，即专利权人在不合理地拒绝许可的情况下，又提出了惩罚性赔偿之诉，据此推断：从专利权人角度来看，获得惩罚性赔偿金额的预期收益将大于许可使用的费用。从惩罚性赔偿的后果看，如果确定高倍数的惩罚性赔偿，其结果一方面助长了专利权人的排除竞争行为；另一方面，不利于促进专利许可使用，也增加了诉讼成本，造成了资源浪费。可见，如果上述消极因素存在，就应该审慎判罚高倍数的惩罚性赔偿。

2. 如何具体确定倍数

在我国《专利法》草案修改稿中，不仅确立了执法主体，即专利管理机关和知识产权法院享有惩罚性倍数确定的自由裁量权，而且确立了合理的倍数范围，即以一至三倍为宜[2]。理由：其一，专利侵权案件各有特性，如被侵权的对象分为三种形式、侵

---

〔1〕　寇宗来："专利保护宽度和累积创新竞赛中的信息披露"，载《经济学》2004年第2期。

〔2〕　钱玉文、骆福林："论我国知识产权法中的惩罚性赔偿"，载《法学杂志》2009年第4期。

权的主观恶性程度不同、侵权手段以及其恶劣程度不同、侵权行为损失大小不同、侵权获利各异等，这些因素的存在，决定了在实施惩罚性赔偿中不宜设定一个固定的倍数。其二，对于不同专利形式、不同的专利质量，其商业价值必然存在差别，如原始创新的专利价值大于改进创新的专利价值，因此，在确定具体赔偿数额时，不能设定固定的赔偿金额标准。其三，惩罚性赔偿以补偿性赔偿为基础，前者的实施以后者的请求权为前提。专利权人提出补偿性赔偿的请求时，如果还符合惩罚性赔偿的条件，专利权人还应该针对惩罚性赔偿再次提出赔偿请求，这二次请求构成法院作出惩罚性赔偿的适用条件。[1]

四、我国《专利法》第四次修改的具体建议

（一）我国现行《专利法》规定的解读

我国现行《专利法》在 65 条中就专利侵权赔偿数额作出了规定[2]。在此规定中，可见我国尚未引入惩罚性赔偿原则，其赔偿主要适用补偿性赔偿原则。[3]

我国现行《专利法》规定，针对专利侵权行为，在赔偿数额

---

〔1〕 朱丹："知识产权惩罚性赔偿制度研究"，华东政法大学 2013 年博士学位论文；张俊杰："论知识产权惩罚性赔偿制度之合理性"，载《法制与社会》2009 年第 11期。

〔2〕 2008 年《专利法》第 65 条："侵犯专利权的赔偿数额按照权利人因被侵权所受到的实际损失确定；实际损失难以确定的，可以按照侵权人因侵权所获得的利益确定。权利人的损失或者侵权人获得的利益难以确定的，参照该专利许可使用费的倍数合理确定。赔偿数额还应当包括权利人为制止侵权行为所支付的合理开支。""权利人的损失、侵权人获得的利益和专利许可使用费均难以确定的，人民法院可以根据专利权的类型、侵权行为的性质和情节等因素，确定给予一万元以上一百万元以下的赔偿。"

〔3〕 国家知识产权局条法司：《2008 专利法研究》，知识产权出版社 2009 年版，第 325 页。

确定时，依据专利许可使用费的加合理倍数。[1]在此规定的合理倍数，有学者认为，这一方式其实已经体现了在专利侵权损害赔偿中的惩罚性；也有学者认为，此方式的赔偿原则依然属于"填补性"的，主要考虑因侵权给专利权人造成的实际损失，并未体现惩罚性。……适用专利许可费的合理倍数正是为了弥补专利权人的实际经济损失，不应视同是惩罚专利侵权人。[2]

我国现行《专利法》规定，[3]在专利权人实际损失和专利侵权人侵权获利难以查证的情况下，[4]由法院适用法定赔偿。此规定的现实意义可以从司法实践中得到证明，据可靠资料，在专利侵权诉讼案件中，除了调解结案外，判决侵权赔偿的案件90%以上都是通过法定赔偿的原则。[5]法定赔偿的裁定属于法律赋予法官的自由裁量权，其权利的灵活性体现在1万至100万的范围内。有法官认为，法定赔偿已经具备惩罚性，理由在于专利权人遭受的侵权损失难以查询，专利侵权人又证明自己不存在侵权获利或获利甚少，其实际赔偿数额由法官依据侵权情节轻重酌定。[6]有学者认为，法定赔偿的实施是有条件的，不可否认，法定赔偿是否具有合理性，法定赔偿的数额或高于专利权人损失或低于专利权人损失，此结果仍然是以补偿专利权人的实际损失为前提，并不体现惩罚性赔偿原则。[7]

---

〔1〕 参见我国《专利法》第65条第1款。

〔2〕 崔国斌：《专利法：原理与案例》，北京大学出版社2012年版，第731页。

〔3〕 参见我国现行《专利法》第65条第2款的规定。

〔4〕 朱丹："知识产权惩罚性赔偿制度研究"，华东政法大学2013年博士学位论文。

〔5〕 林文、徐梅：《专利诉讼证据实务操作指引》，知识产权出版社2011年版，第257页。

〔6〕 易健雄、邓宏光："应在知识产权领域引入惩罚性赔偿"，载《法律适用》2009年第4期。

〔7〕 史玲、王英军："惩罚性赔偿制度在我国知识产权法领域的适用"，载《天津法学》2012年第1期。

经过我国近几年地方法院的司法实践，也证实了现行的补偿性赔偿原则存在对于专利权人保护力度微不足道、没有起到惩前毖后、遏制不法侵权行为发生的作用。如北京市人民法院在处理专利侵权纠纷案件时，认为现有证据中，查清了专利侵权人侵权获利情况，则不应该适用法定赔偿。[1]有学者认为，人民法院在司法实践中，为准确确定赔偿数额，应选择有利于实现完全补偿的计算方法，这一点被认为具有惩罚性质。[2]

（二）《专利法》第四次修改案的特点及完善建议

1. 我国《专利法》本次提请公开征求意见的草案具备两大特点及分析

第一，新增了专利侵权的惩罚性赔偿条款。其理由如下：一是虽然我国的自主创新水平不够高，但是，从 2011 年开始我国已经成为专利大国，《专利法》的完备性十分重要，引入惩罚性赔偿原则就是完善专利法的必然要求。二是我国司法实践证明，目前涉及专利侵权的判例，专利权人的合法权益很难得到有效保护，他们因专利侵权所遭受的损失也很难通过仅适用补偿性赔偿原则而完全弥补，往往导致"赢了官司赔了钱"的这样有违实质公平原则的法律困境。三是专利侵权案件处理中，客观上存在诉讼成本高、维权成本高、诉讼周期长、举证难度大等难题，仅仅依靠补偿性赔偿原则也不能维护专利权人的利益。四是专利侵权案件不断增加，依靠专利侵权的补偿性原则难以对未来潜在的不法侵权行为起到震慑和警示作用。

第二，赋予了专利行政管理机关自由裁量侵权赔偿数额的职

---

〔1〕 北京市高级人民法院知识产权庭：《北京市高级人民法院知识产权审判新发展（2006~2011）》，知识产权出版社 2012 年版，第 288 页。

〔2〕 曾平、周详："知识产权损害赔偿责任研究：对知识产权损害赔偿的个案分析"，载《知识产权》2008 年第 4 期。

能。在我国现行的《专利法》中，专利管理机关虽然就专利侵权赔偿依法具有调解职能，但其调解结果并不具有执行力。调解不成，当事人可以提起诉讼。《专利法》第四次修改案中，不仅强化了专利管理机关的调解效力，而且赋予了专利管理机关确认专利侵权惩罚性赔偿数额的职能。有学者认为，这一新的规定，不仅提高了调解协议的执行效力，而且增加了专利管理机关对专利侵权损害赔偿数额的判定职能，同时减少了诉讼的发生。笔者持否定态度，认为不应该赋予专利行政管理机关确认专利侵权惩罚性赔偿数额的职能，理由如下：一是已经实施专利侵权惩罚性赔偿制度的国家，都规定了司法确定原则，也都对法官行使自由裁量权实施了约束制度；二是由专利行政管理机关和知识产权法院共同行使这一自由裁量权，容易出现实际执行标准不一，因为此确认本身就缺少标准，或不宜确立标准，再有两个机关行使权利必然出现确认结果出现客观差异；三是惩罚性赔偿具有"准刑罚性"，由行政机关行使赔偿金确认权利显然不妥；四是如果规定由专利行政管理机关确认惩罚性赔偿金，那么如当事人对确定的结果不服，仍然需要提起诉讼，回到司法途径解决，影响效率，因此建议由法院独家确定惩罚性赔偿金。

2. 专利侵权惩罚性赔偿制度需要细化

该制度是基于专利侵权人存在主观恶性而设立的。我国《专利法》第四次修改中，基于专利故意侵权行为，引入了惩罚性赔偿制度。制度的前提是存在专利侵权人主观恶意；制度内容包括专利侵权惩罚性赔偿数额和体现惩罚性的一至三倍。上述规定，虽然可以有效惩罚现实的专利侵权行为，震慑潜在的专利侵权行为，但是此规定仍然存在局限性，对于"提高到一至三倍"的具体实施规定比较原则化，可操作性差。为此，需要通过制定专利法实施细则和司法解释，根裾侵权情节轻重、侵权实施规模大小、损害结果的严重程度等因素来确定损害赔偿额。

3. 设立惩罚性赔偿金分割制度以抑制专利投机

强化惩罚性赔偿的震慑功能，关键是确保被告实施了赔偿，原告得到了赔偿，其实重点还真不在于原告的实际所得。[1]值得关注的是，专利侵权惩罚性赔偿制度的适用和专利权人对赔偿金的预期，不仅将影响权利人维权的策略和动机，助长排除竞争行为，还可能刺激专利套利和投机，甚至催生"专利流氓"。所谓专利流氓，又被称为专利主张非实施体，是一种新生的商业模式，通常指不实质上实施专利，仅为了收取许可使用费或针对侵权提起诉讼的非实施体。[2]如果专利流氓的目的在于获得巨额惩罚性赔偿，势必偏离专利法立法宗旨。如果被告构成故意侵权，此时，属于专利流氓的原告是否被禁止获得惩罚性赔偿，禁止获得虽然合理但于法无据。为此，笔者建议参考美国法上的惩罚性赔偿金分割制度，依据我国鼓励改进创新的需要，针对专利主张非实施体，制定适合我国国情的惩罚性赔偿金分割制度。该制度的内涵有：一是对并未进行实质实施的讼争专利，由法院进行审查，原告不能提供独立研发、生产和销售专利产品的证据，有可能被确认为非实施体。二是如果专利侵权行为适用于惩罚性赔偿，其体现惩罚性部分赔偿金归入政府制定机构，用于支持当地的科技创新。该制度的建立，一方面可以缩小专利流氓的投机空间，另一方面，刺激创新主体的研发积极性。值得强调的是，该制度的实施并未削弱适用故意侵权的惩罚性赔偿制度的功效，反而最大限度地实

---

〔1〕 Crump D, "Evidence, Economics and Ethics: What Information Should Jurors Be Given to Determine the Amount of a Punitive Damage Award", *Journal of Maryl and Law Review*, vol. 57 (1), (1998), pp. 26~27.

〔2〕 Forsberg H, "Diminishing the Attractiveness of Trolling: the Impacts of Recent Judicial Activity on Non-Practicing Entities", *Pittsburgh Journal of Technology Law and Policy*, vol. 12, (2012), pp. 153~180.

现了惩罚性赔偿之于社会公共利益的特殊意义。

第三节　本章小结

一旦我国《专利法》修改草案送审稿最终通过并引入了惩罚性赔偿制度，应重点针对主观故意侵权行为加以适用。首先就是保证制度目的的公平，进一步有效地遏制专利侵权行为。当下，高新技术产业成为经济高速发展的助推器，甚至成为国家综合国力的象征，加大对高新技术产业尤其是专利技术的保护力度有助于我国朝着具有自主创新能力的创新型国家转变。国务院于2011年末下发的《关于进一步做好打击侵犯知识产权和制售假冒伪劣商品工作的意见》，其中核心思想就提到了要对侵权行为加大惩治力度，为依法打击不法侵权行为提供法律保障，从而更好地保护知识产权。党的十八大报告也指出，"实施知识产权战略，加强知识产权保护。促进创新资源高效配置和综合集成，把全社会智慧和力量凝聚到创新发展上来"。[1]在《专利法》中引入惩罚性赔偿法律制度，能够对我国专利技术和专利产品起到长期有效的保护作用，战略高度上也能跟我国当前发展方向保持高度一致。

我国引入专利侵权惩罚性赔偿制度，既要考虑立法目的，又要考量立法效果，即笔者的主要观点——以实现兼顾目的和结果的实质公平。在考量通过惩罚性对专利侵权行为的遏制效果时，首先要确定惩罚性措施的对象，即确立存在主观故意侵权行为为惩罚性赔偿措施的实施对象，避免扩大对象范围，回避将过失侵

---

〔1〕　胡锦涛："坚定不移沿着中国特色社会主义道路前进，为全面建成小康社会而奋斗——在中国共产党第十八次全国代表大会上的报告"。

权人划入惩罚性赔偿处罚的范围。对于非故意专利侵权行为，仍然适用于补偿性损害赔偿原则。专利侵权手段的恶劣程度和客观上造成的损害后果严重性，主要作为判断惩罚力度的客观条件。而当事人请求也是适用惩罚性赔偿的重要前提，如果专利权人不提出惩罚性赔偿的请求，审理法院不应该主动作出适用惩罚性赔偿的判决。[1]

其次，在确定惩罚性赔偿金数额时，考虑国情和个案中赔偿的必要性和可能性。笔者建议，适用惩罚性的赔偿的基数应该选择补偿性实际赔偿额度。在赔偿基数的基础上选择的倍数一至三倍应该是可取的。考察我国其他类型侵权中实施的惩罚性赔偿制度，一般选择一倍赔偿。但是在美国，规定了三倍赔偿原则，适用专利侵权的惩罚性赔偿。基于上述理论和司法实践，我国 2016 年发布的专利法修改草案中也确定了一至三倍的惩罚性原则。[2]

再次，我国确定一至三倍赔偿原则之后，具体适用倍数时需要考虑影响因素：一是侵权行为给专利权人带来的后果，包括专利权人因侵权遭受的经济损失、商誉损失及不良社会影响；二是专利侵权人的情况，包括专利侵权获利情况、专利侵权人财务状况、资产情况、赔偿能力等；三是专利侵权行为的时间长短以及侵权的频率；四是专利侵权的手段、地点、方式和范围。

另外，我国专利法中引入惩罚性赔偿制度，是我国科技、经济和社会发展水平的需要。在制度实施中，既要充分发挥制度的

---

[1] 钱玉文、骆福林："论我国知识产权法中的惩罚性赔偿"，载《法学杂志》2009 年第 4 期。

[2] 《中华人民共和国专利法修改草案（送审稿）》第 65 条第 3 款规定："对于故意侵犯专利权的行为，人民法院可以根据侵权行为的情节、规模、损害后果等因素，将根据前两款所确定的赔偿数额提高至一至三倍。"

作用，又要防止应制度被滥用和异化。[1]在防止专利侵权惩罚性赔偿制度滥用方面，需要考虑专利权人利益和公共利益之间的平衡，既要避免专利权人将惩罚性收益代替专利权行使，又要防止专利权人将制度作为纯粹的竞争工具。[2]

最后，设立惩罚性赔偿金分割制度以抑制专利投机。强化惩罚性赔偿的震慑功能，关键是确保被告实施了赔偿，原告得到了赔偿，其实重点还真不在于原告的实际所得。[3]值得关注的是，专利侵权惩罚性赔偿制度的适用，专利权人对赔偿金的预期，不仅将影响权利人维权的策略和动机，助长排除竞争行为，还可能刺激专利套利和投机，甚至催生"专利流氓"。如果专利流氓的目的在于获得巨额惩罚性赔偿，势必偏离专利法立法宗旨。如果被告构成故意侵权，那么，属于专利流氓的原告是否被禁止获得惩罚性赔偿？于情于理，专利流氓、专利蟑螂这种有违专利法立法宗旨、不利于促进专利成果转化的集体或个人，不应该成为申请惩罚性赔偿的主体，但是由于目前其作为一股新兴势力，各国有关专利立法尚没有禁止其申请和获得的依据，但这显然是有违实质公平原则的。基于此，笔者建议参考美国法上的惩罚性赔偿金分割制度，依据我国鼓励改进创新的需要，针对专利主张非实施体，制定适合我国国情的惩罚性赔偿金分割制度。该制度的内涵有：一是对并未进行实质实施的讼争专利，由法院进行审查，原告不能提供独立研发、生产和销售专利产品的证据，有可能被确

---

〔1〕　温世扬、邱永清："惩罚性赔偿与知识产权保护"，载《法律适用》2004 年第 12 期。

〔2〕　李洪江："专利侵权纠纷适用惩罚性赔偿责任概述"，载《中国发明与专利》2012 年第 1 期。

〔3〕　Crump D，"Evidence, Economics and Ethics: What Information Should Jurors Be Given to Determine the Amount of a Punitive Damage Award"，*Journal of Maryl and Law Review*, vol. 57（1），（1998），pp. 26~27.

认为非实施体。二是如果专利侵权行为适用于惩罚性赔偿，其体现惩罚性部分赔偿金归入政府制定机构，用于支持当地的科技创新。该制度的建立，一方面可以缩小专利流氓的投机空间，另一方面，刺激创新主体的研发积极性。

结　论

　　笔者首先通过对惩罚性赔偿的基本理论研究着手，发现英美法系和大陆法系由于各自特点，对于本选题的主要研究对象惩罚性赔偿这一法律制度的性质界定存在争议。由罗马法发展起来的大陆法系，长期坚持传统民事责任形式不应该有涉及公法范畴的惩罚性，一旦拥有了惩罚性就应该是具有公法性质的法律制度；不同于演绎性思维的大陆法系，发展于英国普通法基础之上的英美法系更注重归纳式思维，目前普遍实施该法律制度的大多数国家仍是在私法范畴内对其进行规定，且具体适用该制度的个案也多是民事诉讼，调整平等主体之间的侵权之诉。然而，笔者更倾向于接受目前有学者提出的混合性质说，即惩罚性赔偿法律制度是一种带有惩罚性的民事责任形式，不同于传统民事赔偿责任形式无差别、无例外地采取大陆法系倡导的填平式的补偿性赔偿形式，为了避免侵权成本过低而造成的后续问题，通过提高侵权成本来震慑和警示那些仍心存侥幸的不法分子。惩罚性赔偿法律制度不以单纯的制度实现为目的，而是在制度形式和程序公平的前提之上兼顾目的和结果公平，能够最大限度地直接将惩罚赔偿金用来补偿被侵害一方实际损失的同时惩前毖后有效遏制侵权行为的法律制度。

笔者又从专利侵权的可惩罚性，即针对专利侵权的可适用性出发，进一步研究了适用该法律制度的理论和实践依据，主要通过已实施惩罚性赔偿法律制度的两大法系的代表国家的具体适用经验的比较。作为可适用惩罚性赔偿法律制度的前提条件，笔者首先在文中对侵权行为及其构成要件进行了必要界定；其次是确定专利侵权损害赔偿的范围，即根据专利侵权损害赔偿的五个基本原则（全面赔偿、侵权获利返还、法定数额赔偿、惩罚性赔偿和协商解决）对专利权人的损失进行最大限度的赔付，力求实现目的和结果的实质公平。笔者根据理论及实践依据的研究，进一步认识了专利侵权惩罚性赔偿制度的本质，同时确定了该法律制度可以在我国知识产权领域针对专利侵权进一步实施和适用的合理性与可行性。

理论研究需要结合实践，笔者随后又对专利侵权惩罚性赔偿在域外一些目标国家的相关法律条文中的具体规定以及国际组织的相关规定中寻找启示。首先是有关国际条约和国际协议中，并没有明确的关于惩罚性赔偿的具体规定，但是也不难看出惩罚性赔偿的端倪，比如一些明显带有完全补偿原则之外的惩罚性内容。而后，笔者又对域外两大法系的数个代表性国家的相关法律规定进行了概述，通过对比发现，惩罚性赔偿法律制度正逐渐被各国法律承认和接纳，虽然很多国家具体法律条文中未见明确规定，但都对原有的民事责任中的填补式补偿性赔偿形式进行了改进或调整。所得到的启示是，域外各国家和地区也是出于对弱势群体以及社会重大公共利益的考虑，对专利侵权的（故意）认定更加科学合理化、量化具体化，同时对于惩罚赔偿金的范围赋予更大的机动性，即不仅仅是因专利侵权所造成的直接损失。为了实现制度设计的公平性，笔者接下来又对专利侵权惩罚性赔偿的适用条件进行进一步研究。

　　进一步强调惩罚性赔偿法律制度的适用条件，也是符合实质公平原则的，对于"故意"的认定区别于以往无差别、无例外的一刀切式的扩大适用范围，对于那些没有主观恶意且不会严重危害社会重大公共利益的侵权行为，为了兼顾结果的平等与特殊性，适用惩罚性赔偿这一法律制度也需要触发必要的适用条件。而一旦触发了适用惩罚性赔偿的必要条件，对于惩罚性赔偿的具体标准也需要进行合理地度量。惩罚性赔偿原则旨在通过提高赔偿数额弥补侵权行为人非法获利与违法成本的差额，防止行为人基于侥幸心理实施侵权行为，以实现实质公平。因此，专利侵权惩罚性赔偿标准的确定及范围就显得尤为重要。为了兼顾结果的公平而提出的专利权人可申请被告赔付的合理费用，一般包括差旅费、律师费、调查费、诉讼费等，实践中，我国《专利法》第65条和最高人民法院的司法解释中都将专利权人在诉讼中的合理费用纳入了计算赔偿的范围。通过和域外实施该法律制度的国家和地区的法律规范对比研究发现，我国《专利法》新增了权利人的侵权得利和法院酌定数额两种赔偿方式，而关于赔偿方式的具体计算方法，我国可借鉴美国《专利法》中的有关规定，即一至三倍的度量空间。

　　江平教授曾言："没有司法独立，就没有司法公正。"这种观点同样适用于具体部门法之间，私法与公法之间固然存在竞合与交融，然而专利法需要有一套独立的法律制度来有效遏制专利侵权行为的发生，仅凭公法的惩罚力度因为不能将刑事罚金或行政罚款直接用于完全弥补受侵害专利权人的实际损失，这显然忽视了结果公平的重要性。因而，一套符合我国基本国情、适用条件明确、惩罚力度合理的积极能动的惩罚性赔偿法律制度才是保障我国专利法实现公平正义的必然选择。

参考文献

一、中文文献

（1）著作类

1. 王立民：《古代东方法研究》，学林出版社 1996 年版。

2. 王利明：《侵权责任法研究》（上卷），中国人民大学出版社 2016 年版。

3. 张民安：《过错侵权责任制度研究》，中国政法大学出版社 2002 年版。

4. 张民安：《现代法国侵权责任制度研究》，法律出版社，2007 年版。

5. ［德］格哈德·瓦格纳，王程芳译：《损害赔偿法的未来——商业化、惩罚性赔偿、集体性损害》，中国法制出版社 2012 年版。

6. ［德］迪特尔·梅迪库斯，杜景林、卢谌译：《德国债法总论》，法律出版社 2004 年版。

7. 于敏：《日本侵权行为法》，法律出版社 2006 年版。

8. 张文显：《二十世纪西方法哲学思潮研究》，法律出版社 2006 年版。

9. ［古希腊］亚里士多德，王旭凤、陈晓旭译：《尼各马可伦理学》，中国社会科学出版社 1990 年版。

10. ［古希腊］亚里士多德，廖申白译：《尼各马可伦理学》，商务印书馆 2003 年版。

11. ［古希腊］柏拉图，郭斌和、张竹明译：《理想国》，商务印书馆 1986 年版。

12. 杜景林、卢谌：《德国民法典评注》，法律出版社 2011 年版。

13. ［美］艾伦·沃森，李静冰、姚新华译：《民法法系的演变及形成》，中国政法大学出版社 1992 年版。

14. 梁慧星：《民法总论》（第四版），法律出版社 2011 年版。

15. ［德］克雷斯蒂安·冯·巴尔，张新宝译：《欧洲比较侵权行为法》，法律出版社 2001 年版。

16. ［美］路易斯·罗斯乔尔·赛里格曼，张路译：《美国证券监管法基础》，法律出版社 2004 年版。

17. ［德］马格努斯，谢鸿飞译：《侵权法的统一：损害与损害赔偿》，法律出版社 2009 年版。

18. ［法］拉法格，王子野译：《思想起源论》，生活·读书·新知三联书店 1963 年版。

19. ［爱尔兰］J. M. 凯利，王笑红译：《西方法律思想简史》，法律出版社 2002 年版。

20. 李明德：《美国知识产权法》，法律出版社 2003 年版。

21. 司法部法学教材编辑部编审，彭万林主编、覃有土、李开国副主编：《民法学》（第二次修订版），中国政法大学出版社 1999 年版。

22. 曾世雄：《损害赔偿法原理》，中国政法大学出版社 2001 年版。

23. ［奥］考茨欧、威尔科克斯：《惩罚性赔偿金：普通法与大陆法的视角》，中国法制出版社 2012 年版。

24. 吴汉东：《知识产权基本问题研究（分论）（第二版）》，中国人民大学出版社 2009 年版。

25. 尹新天：《中国专利法详解》，知识产权出版社 2011 年版。

26. 王承守、邓颖懋：《美国专利诉讼攻防策略运用》，北京大学出版社 2006

年版。

27. 国家知识产权局条法司：《2008 专利法研究》，知识产权出版社 2009 年版。

28. 崔国斌：《专利法：原理与案例》，北京大学出版社 2012 年版。

29. 林文、徐梅：《专利诉讼证据实务操作指引》，知识产权出版社 2011 年版。

30. 北京市高级人民法院知识产权庭：《北京市高级人民法院知识产权审判新发展（2006~2011）》，知识产权出版社 2012 年版。

31. 张新宝：《侵权责任构成要件研究》，法律出版社 2007 年版。

32. 张新宝：《侵权责任法立法研究》，中国人民大学出版社 2009 年版。

33. 和育东：《美国专利侵权救济》，法律出版社 2009 年版。

34. 王利明：《侵权行为法归责原则研究》，中国政法大学出版社 2003 年版。

35. 尹新天：《中国专利法详解》，知识产权出版社 2011 年版。

36. 张广良：《知识产权侵权民事救济》，法律出版社 2003 年版。

37. 冯晓青：《专利侵权：专题判解与学理研究》，中国大百科全书出版社 2010 年版。

38. 李明德：《美国知识产权法》，法律出版社 2003 年版。

39. 王承守、邓颖懋：《美国专利诉讼攻防策略运用》，北京大学出版社 2006 年版。

40. 曾世雄：《损害赔偿法原理》，中国政法大学出版社 2001 年版。

41. 张乃根：《美国专利法判例选析》，中国政法大学出版社 1995 年版。

42. 胡忠：《知识产权法比较研究》，中国人民公安大学出版社 2004 年版。

43. 陈聪富：《因果关系与损害赔偿》，北京大学出版社 2006 年版。

44. 阳平：《论侵害知识产权的民事责任——从知识产权特征出发的研究》，中国人民大学出版社 2005 年版。

45. 王军：《侵权法上严格责任的原理和实践》，法律出版社 2006 年版。

46. 吴汉东、郭寿康：《知识产权制度国际化问题研究》，北京大学出版社 2010 年版。

47. 张玲：《专利法理论与实务研究》，天津人民出版社 2002 年版。

48. 杨立新：《侵权法论》，人民法院出版社 2013 年版。

49. 孔祥俊：《商标法适用的基本问题》，中国法制出版社 2012 年版。

50. 郑成思：《知识产权论》，法律出版社 2001 年版。

51. 何敏：《知识产权基本理论》，法律出版社 2011 年版。

52. 王迁：《知识产权法教程》，中国人民大学出版社 2011 年版。

53. 陈聪富：《侵权规则原则与损害赔偿》，元照出版有限公司 2005 年版。

54. 杨立新：《〈中华人民共和国侵权责任法〉条文解释与司法适用》，人民法院出版社 2010 年版。

55. 吴欣望：《知识产权：经济、规则与政策》，经济科学出版社 2007 年版。

56. 程永顺：《中国专利诉讼》，知识产权出版社 2005 年版。

57. 闫文军：《专利权的保护范围：权利要求解释和等同原则适用》，法律出版社 2007 年版。

58. 郑永锋：《中医药专利大全》，中国中医药出版社 1994 年版。

59. 王利明：《判解研究》（第 1 辑），人民法院出版社 2006 年版。

60. 杨立新：《疑难民事纠纷司法对策》，吉林人民出版社 1991 年版。

61. 王成：《侵权损害赔偿的经济分析》，中国人民大学出版社 2002 年版。

62. 王利明：《违约责任论》（修订版），中国政法大学出版社 2003 年版。

63. 杜景林、卢谌：《德国民法典评注：总则、债法、物权》，法律出版社 2011 年版。

64. 金福海：《惩罚性赔偿制度研究》，法律出版社 2008 年版。

65. 王凌红：《专利法学》，北京大学出版社 2007 年版。

66. 关淑劳：《惩罚性赔偿制度研究》，中国人民公安大学出版社 2008 年版。

67. 王利明、周友军、高圣平：《中国侵权责任法教程》，人民法院出版社 2010 年版。

68. 王迁：《知识产权法教程》（第 2 版），中国人民大学出版社 2009 年版。

69. 童兆洪：《民营企业与知识产权司法保护》，浙江大学出版社 2006 年版。

70. 范长军：《德国专利法研究》，科学出版社 2010 年版。

（2）论文期刊类

1. 王利明："惩罚性赔偿制度研究"，载《中国社会科学》2000 年第 4 期。

2. 杨栋："外国法院惩罚性赔偿判决的承认与执行"，载《政治与法律》1998 年第 5 期。

3. 张远煌："现阶段报复社会性犯罪的主要诱因及因果链条解析"，载《河南大学学报（社会科学版）》2013 年第 1 期。

4. 金福海："惩罚性赔偿不宜纳入我国民法典"，载《烟台大学学报（哲学社会科学版）》2003 年第 2 期。

5. 金福海："论惩罚性赔偿责任的性质"，载《法学论坛》2004 年第 3 期。

6. 杨立新："我国消费者保护惩罚性赔偿的新发展"，载《法学家》2014 年第 2 期。

7. 余艺："惩罚性赔偿责任的成立及其数额量定"，载《法学杂志》2008 年第 1 期。

8. 王立峰："惩罚性赔偿的道德基础"，载《山东审判》2003 年第 1 期。

9. 王利明："美国惩罚性赔偿制度研究"，载《比较法研究》2003 年 第 5 期。

10. 梁慧星："试论侵权行为法"，载《法学研究》1981 年第 2 期。

11. 王卫国："中国消费者保护法上的欺诈行为与惩罚性赔偿"，载《法学》1998 年第 3 期。

12. 钱玉文，骆福林："论我国知识产权法中的惩罚性赔偿"，载《法学杂志》2009 年第 4 期。

13. 李洪江："专利侵权纠纷适用惩罚性赔偿责任概述"，载《中国发明与专利》2012 第 1 期。

14. 易健雄、邓宏光："应在知识产权领域引入惩罚性赔偿"，载《法律适用》2009 年第 4 期。

15. 史玲、王英军："惩罚性赔偿制度在我国知识产权法领域的适用"，载《天津法学》2012 年第 1 期。

16. 郑成思："中国侵权法理论的误区与进步：写在《专利法》再次修订与《著作权法》颁布十周年之际"，载《人民司法》2000 年第 10 期。

17. 刘晓纯："侵权责任法视角下的专利侵权赔偿原则研究"，载《知识产权》2011 年第 9 期。

18. 曾平、周详："知识产权损害赔偿责任研究：对知识产权损害赔偿的个案分析"，载《知识产权》2008 年第 4 期。

19. 温世扬、邱永清："惩罚性赔偿与知识产权保护"，载《法律适用》2004 年第 12 期。

20. 冯晓青："专利法第四次修改旨在提升国家创新能力"，载《中国社会科学报（法学版）》2012 年 10 月 17 日第 A07 法学版。

21. 谢铭洋："'我国'专利侵害惩罚性损害赔偿之实践与分析——智慧财产法院 97 年度民专诉字第 3 号民事判决解析"，载《法令月刊》2010 年第 5 期。

22. 魏旭萍："两岸专利侵权制度及其法律适用比较分析（之一）——以我国台湾地区为视角"，载《黑龙江省政法管理干部学院学报》2012 年第 5 期。

23. 谢哲胜："惩罚性赔偿"，载《台大法学论丛》2001 年第 1 期。

24. 张广良："惩罚性赔偿并非破解中国知识产权保护难题的良策"，载《中国专利与商标》2012 年第 1 期。

25. 张玲、张楠："专利侵权损害赔偿额计算中的技术分摊规则》载《天津法学》2013 年第 1 期。

26. 陈燕萍："知识产权领域惩罚性赔偿制度的中国式选择探析"，载《科技与法律》2012 年第 5 期。

27. 祝建辉、缪小明："专利侵权适用惩罚性赔偿制度的经济分析"，载《情报杂志》2006 年第 11 期。

28. 何培育、曹珂："两岸专利侵权法律责任的比较与借鉴"，载《科技管理研究》2009 年第 9 期。

29. 胡海容、雷云："知识产权侵权适用惩罚性赔偿的是与非——从法经济学角度解读"，载《知识产权》2011 年第 2 期。

30. 潘德勇："国际法方法的源流与发展"，载《重庆理工大学学报（社会科学版）》2010 年第 8 期。

31. 王博："不断涌现的国际法研究新方法"，载《全国商情（理论研究）》2011 年第 7 期。

32. 王本宏、范圣兵："论惩罚性赔偿在我国侵权法领域的适用"，载《安徽农业大学学报（社会科学版）》2002 年第 5 期。

33. 李晓秋："专利侵权惩罚性赔偿制度：引入抑或摒弃"，载《法商研究》2013 年第 4 期。

34. 张韬略、黄洋："《德国专利法之简化和现代化法》评述——浅析德国专利法律的最新修改"，载《电子知识产权》2009 年第 10 期。

35. 朱广新:"惩罚性赔偿制度的演进与适用",载《中国社会科学》2014 年第 3 期。

36. 杨晓慧:"惩罚性赔偿法律制度探析",载《经营管理者》2014 年第 35 期。

37. 朱凯:"惩罚性赔偿制度在侵权法中的基础及其适用",载《中国法学》2003 年第 3 期。

38. 孙效敏、张炳:"惩罚性赔偿制度质疑——兼评《侵权责任法》第 47 条",载《法学论坛》2015 年第 2 期。

39. 李建华、管洪博:"大规模侵权惩罚性赔偿制度的适用",载《法学杂志》2013 年第 3 期。

40. 明宇、司虎克:"德国、法国、英国、意大利国际体育专利的竞争情报分析",载于《体育科学》2012 年第 9 期。

41. 杨志敏:"德国法院对专利等同原则的适用及其启示",载《法商研究》2011 年第 4 期。

42. 王果:"对《专利法》确立惩罚性赔偿的质疑——一个实证研究的视角",载《沈阳大学学报(社会科学版)》2015 年第 4 期。

43. 徐楠轩:"恶性专利侵权行为的法律规制——兼评《专利法》第四次修改",载《知识产权》2015 年第 1 期。

44. 宋伟民、刘芳:"经济法的公平:形式公平与实质公平的统一",载《法制与社会》2008 年第 7 期。

45. 赵启杉:"竞争法与专利法的交错:德国涉及标准必要专利侵权案件禁令救济规则演变研究",载《竞争政策研究》2015 年第 2 期。

46. 陈博勋:"境外专利侵权惩罚性赔偿相关规定及其对我国的启示",载《法制与社会》2014 年第 16 期。

47. 马新彦、邓冰宁:"论惩罚性赔偿的损害填补功能:以美国侵权法惩罚性赔偿法律制度为启示的研究",载《吉林大学社会科学学报》2012 年第 3 期。

48. 潘成林:"论高新技术企业专利侵权的惩罚性赔偿",载《郑州轻工业学院学报(社会科学版)》2009 年第 5 期。

49. 李友根:"美国惩罚性赔偿制度的宪法争论——过重罚金条款与我国的惩

罚性赔偿法律制度",载《法学论坛》2013 年第 3 期。

50. 冯灵、袁晓东:"美国专利侵权惩罚性赔偿制度及其启示",载《商业经济研究》2015 年第 6 期。

51. 张玲、纪璐:"美国专利侵权惩罚性赔偿制度及其启示",载《法学杂志》2013 年第 2 期。

52. 刘晓纯:"侵权责任法视角下的专利侵权赔偿原则研究",载《知识产权》2011 年第 9 期。

53. 李司杰:"试论我国惩罚性赔偿制度的不足及完善",载《法制博览》2013 年第 12 期。

54. 杨小莲:"我国商标侵权惩罚性赔偿制度现实可行性分析",载《现代经济信息》2014 年第 3 期。

55. 唐珺:"我国专利侵权惩罚性赔偿的制度构建",载《政治与法律》2014 年第 9 期。

56. 郝敏:"药品专利强制许可制度在发展中国家的应用——从'抗癌药代购第一人'陆勇事件谈起",载《知识产权》2015 年第 8 期。

57. 冯晓青,罗娇:"知识产权侵权惩罚性赔偿研究:人文精神、制度理性与规范设计",载《中国政法大学学报》2015 年第 6 期。

58. 曹新明:"知识产权侵权惩罚性赔偿责任探析:兼论我国知识产权领域三部法律的修订",载《知识产权》2013 年第 4 期。

59. 胡海容、雷云:"知识产权侵权适用惩罚性赔偿的是与非:从法经济学角度解读",载《知识产权》2011 年第 2 期。

60. 和育东、石红艳、林声烨:"知识产权侵权引入惩罚性赔偿之辩",载《知识产权》2013 年第 3 期。

61. 陈年冰:"重视惩罚性赔偿制度的激励功能——以《消费者权益保护法》中的惩罚性赔偿法律制度为例",载《西北大学学报(哲学社会科学版)》2013 年第 2 期。

62. 李洪江:"专利侵权纠纷适用惩罚性赔偿责任概述",载《中国发明与专利》2012 年第 1 期。

63. 左萌:"专利侵权中的惩罚性赔偿",载《电子知识产权》2012 年第 10 期。

64. 郝敏："药品专利强制许可制度在发展中国家的应用——从'抗癌药代购第一人'陆勇事件谈起"，载《知识产权》2015年第8期。

65. 崔明峰、欧山："英美法上惩罚性赔偿制度研究"，载《河北法学》2000年第3期。

66. 徐楠轩、连洁："食品安全法中惩罚性赔偿的适用"，载《行政与法》2009年第8期。

67. 崔国斌："我国惩罚性赔偿制度之完善"，载《复印报刊资料（民商法学）》1997年第10期。

68. 石睿："美德两国惩罚性赔偿之当前发展"，载《法制与社会》2007年第2期。

69. 陈旭潇："从比较法的角度看我国惩罚性赔偿制度的必要性"，载《犯罪研究》2011年第4期。

70. 黄白："浅析惩罚性赔偿制度的引入"，载《法制与社会》2011年第24期。

71. 王利明："美国惩罚性赔偿制度研究"，载《比较法研究》2003年第5期。

72. 朱凯："惩罚性赔偿制度在侵权法中的基础及其适用"，载《中国法学》2003年第3期。

73. 杨栋："外国法院惩罚性赔偿判决的承认与执行"，载《法学论坛》1998年第5期。

74. 张保红："论惩罚性赔偿制度与我国侵权法的融合"，载《法律科学（西北政法大学学报）》2015年第2期。

75. 王晓刚："论'各尽所能按需分配'与'各尽所能各得其所'"，载《探索》2005年第3期。

76. 张远煌："现阶段报复社会性犯罪的主要诱因及因果链条解析"，载《河南大学学报（社会科学版）》2013年第1期。

77. 张新宝、李倩："惩罚性赔偿的立法选择"，载《清华法学》2009年第4期。

78. 石佳友："论侵权责任法的预防职能：兼评我国《侵权责任法草案》（二次审议稿）"，载《中州学刊》2009年第4期。

79. 许明月："资源配置与侵犯财产权责任制度研究——从资源配置的效果看

侵犯财产权事责任制度的设计"，载《中国法学》2007 年第 1 期。

80. 徐瑄："关于知识产权的几个深层理论问题"，载《北京大学学报（哲学社会科学版）》2003 年第 3 期。

81. 李洪江："专利侵权纠纷适用惩罚性赔偿责任概述"，载《中国发明与专利》2012 年第 1 期。

82. 周金城、吴俊彦："论专利法之惩罚性赔偿"，载《月旦法学杂志》2005 年总第 118 期。

83. 谢哲胜："惩罚性赔偿"，载《台大法学论丛》2001 年第 1 期。

84. 徐昕："通过私力救济实现正义——兼论报应正义"，载《法学评论》2003 年第 5 期。

85. 于冠魁、杨春然："论惩罚性赔偿的性质"，载《河北法学》2012 年第 11 期。

86. 陈桂明、纪格非："美国证据法中的保密特权原则及其对我国证据立法的启示"，载《法学评论》2002 年第 2 期。

87. 钱玉文、骆福林："论我国知识产权法中的惩罚性赔偿"，载《法学杂志》2009 年第 4 期。

88. 罗莉："论惩罚性赔偿在知识产权法中的引进及实施"，载《法学》2014 年第 4 期。

89. 林德瑞："论惩罚性赔偿"，载《中正大学法学集刊》1998 年第 1 期。

90. 陈妮："经济法追求的实质公平"，载《北京工业大学学报（社会科学版）》2008 年第 4 期。

91. 董安生、何以："论不公平关联交易赔偿中的实质公平原则"，载《理论界》2012 年第 10 期。

92. 兰桂杰："论我国民法的公平原则"，载《大连海事大学学报（社会科学版）》2002 年第 4 期。

93. 易军："民法公平原则新诠"，载《法学家》2012 年第 4 期。

94. 刘运宏、康建业："上市公司关联交易中的实质公平与形式公平"，载《新疆大学学报（哲学人文社会科学版）》2008 年第 5 期。

95. 裴圣慧、梅术文："试论民法公平原则的实现"，载《湖北社会科学》2004 年第 6 期。

96. 王强："试析民法中的公平原则"，载《法制与社会》2015年第2期。

97. 胡玉鸿："正确理解弱者权利保护中的社会公平原则"，载《复印报刊资料》2015年第1期。

98. 杨思斌、吕世伦："和谐社会实现公平原则的法律机制"，载《法学家》2007年第3期。

99. 李晓桃、袁晓东："美国专利侵权惩罚性赔偿制度及其启示"，载《科技管理研究》2016年第10期。

（3）学位论文类

1. 何育东："美国专利侵权救济制度研究"，中国政法大学2008年博士学位论文。

2. 金珅亦："美国专利侵权损害赔偿额的确定以及对我国的借鉴"，华东政法大学2014年硕士学位论文。

3. 纪璐："美国专利侵权损害赔偿制度及其借鉴"，南开大学2012年硕士学位论文。

4. 张庆会："我国专利侵权惩罚性赔偿制度研究"，华东政法大学2013年硕士学位论文。

5. 郑永锋："药品专利侵权判定规则研究"，中国政法大学2008年博士学位论文。

6. 邹琳："英国专利制度发展史研究"，湘潭大学2011年博士学位论文。

7. 朱丹："知识产权惩罚性赔偿制度研究"，华东政法大学2013年博士学位论文。

8. 周志远："论我国专利侵权惩罚性赔偿制度"，华东政法大学2014年硕士学位论文。

9. 孙浩城："中美专利侵权损害赔偿比较研究"，烟台大学2014年硕士学位论文。

10. 周渝："欧盟自由贸易协定中TRIPS-plus知识产权执法条款的研究"，西南政法大学2015年硕士学位论文。

11. 朱亮："专利侵权惩罚性赔偿制度的研究"，华东政法大学2014年硕士学位论文。

12. 雍灵："经济法视野中的公平"，西南政法大学2006年博士学位论文。

13. 邢娜："论我国专利侵权惩罚性赔偿制度的构建"，华南理工大学 2014 年硕士学位论文。

14. 李阳："专利侵权惩罚性赔偿研究"，黑龙江大学 2015 年硕士学位论文。

15. 张庆会："我国专利侵权惩罚性赔偿制度研究"，华东政法大学 2013 年硕士学位论文。

16. 韩宝庆："地方公安高校教育质量分析及对策研究"，东北师范大学 2008 年硕士学位论文。

17. 曹永根："防止外空武器化的法律途径"，哈尔滨工业大学 2010 年硕士学位论文。

18. 陈年冰："我国惩罚性赔偿制度研究"，山东大学 2013 年博士学位论文。

19. 张晓梅："惩罚性赔偿制度的反思与重构"，上海交通大学 2014 年博士学位论文。

20. 张诺诺："惩罚性赔偿制度研究"，吉林大学 2010 年博士学位论文。

21. 冯剑："劳务派遣在中国的发展轨迹：从企业边界视角的一种解释"，西南财经大学 2012 年硕士学位论文。

22. 徐楠轩："论惩罚性赔偿引入中国法"，湘潭大学 2005 年硕士学位论文。

23. 朱利霞："论我国产品责任中惩罚性赔偿制度的完善"，吉林财经大学 2013 年硕士学位论文。

24. 李冰："惩罚性赔偿制度研究"，郑州大学 2006 年硕士学位论文。

25. 莫路明："论商品房消费者权益的保护"，湘潭大学 2004 年硕士学位论文。

26. 赵岚晴："美国惩罚性赔偿制度研究"，上海社会科学院 2013 年硕士学位论文。

27. 申振华："论我国消费者权益保护法中的惩罚性赔偿制度"，中国政法大学 2006 年硕士学位论文。

28. 杜称华："惩罚性赔偿的法理与应用"，武汉大学 2012 年博士学位论文。

29. 杨柳青："论惩罚性赔偿在我国环境侵权中的适用"，昆明理工大学 2009 年硕士学位论文。

30. 程琳："惩罚性赔偿的法理与运用"，西南政法大学 2005 博士学位论文。

31. 余艺："惩罚性赔偿研究"，西南政法大学 2008 年博士学位论文。

32. 李洁："惩罚性赔偿制度研究"，武汉大学 2013 年博士学位论文。

（4）其他资料

1. 周海波："美国烟草巨案带来的反思"，载《经理日报》2004年9月29日。

2. 舟野："美国烟商输官司赔巨款"，载《法制日报》2002年10月8日。

3. 陈丽平："惩罚性赔偿应只设下限不设上限"，载《法制日报》2013年9月24日第003版。

二、外文文献

（1）著作类

1. Franz Bydlinski, *System and Prinzipien des Privatrechts.* , Wien：Springer，1996.

2. Simon Deakin，Angus Johnston &. Basil Markesinis. , *Markesinis and Deakin's Tort Law*，Oxford University Press，2013.

3. Arthur Best &. David W. Barnes. , *Basic Tort Law：Case，Statues，and Problems*，New York：Aspen Publishers. , 2010.

4. Aaron D. Twerski，James A. Henderson，Jr. &. W. Bradley Wendel. , *Torts：Cases and Materials*，New York：Wolter Kluwer Law &. Business.

5. Peter W. Huber. , *Liability：The Legal Evolution and Its Consequences*，NewYork：Basic Book Press，1990.

6. Walter K. Olson. , *The Litigation Explosion：What Happened When American Unleashed the Lawsuit.* , NewYork：Truman Talley Books Press，1991.

7. Bean David. , *Injunctions*，London：Sweet &. Maxwell Press，2007.

8. Marc A. &. Franklin. , *Gilbert law summaries：Torts. Chicago，Harcourt Brace Legal and Professional Publications*，Inc. Press，2008.

9. Janice M. Mueller, *An Introduction to Patent Law*，Beijing：CITIC Publishing House Press，2003.

10. Mark A. Glick &. Lara A. Reymann and Richard Hoffman, *Intellectual Property Damages：Guidelines and Analysis*，New Jersey：John Wiley &. Sons Press.

11. JamesM. Fischer, *Understanding Remedies*，New York：Matthew Bender Press，1999.

12. Donald S. Chisum，Craig Allen Nard，Herbert F. Schwartz，Pauline Newman &. F. Scott Kieff, *Cases and materials：Principles of Patent Low*，New York：

Foundation Press, 2004.

13. Arthur R. Miller &. Michael H. Davis, *Intellectual Property: Patents, Trademarks, and Copyright*, Beijing: Law Press, 2004.

14. Richard A. Epstein, *Torts.*, Beijing: CITIC Publishing House Press, 2003.

（2）论文期刊类

1. John F. Duffy &. Richard Hynes, "Statutory Domain and the Commercial Law of Intellectual Property", *Journal of Virginia Law Review*, vol. 102, 1 (2016).

2. E. Jeffery Grube, "Punitive Damages: A Misplaced Remedy", *Journal of Southern California Law Review*, vol. 66, (1993).

3. James Young Hurt, "Reasonable Royalty for Patent Infringement of Non-direct Revenue Producing products", *Journal of the Franklin Pierce Center for Intellectual Property*, vol. 56, 2, (2016).

4. Allison, John R., Mark A. Lemley &. David L. Schwartz, "Our Divided Patent System", *University of Chicago Law Review*, vol. 82, (2015).

5. Helmut Koziol, "Punitive Damages: A European Perspective", *Journal of Louisiana Law Review*, vol. 68, 3 (2008).

6. David G. Owen, "A Punitive Damages Overview: Functions, Problems and Reform", *Journal of Villanova Law Review*, vol. 39, 2 (1994).

7. Ernet C. Stiefel, "US: Punitive Damages Awards in Germany", *Journal of American Comparative Law*, (1991).

8. A. Mitchell Polinsky, "Steven Shavell Punitive Damages: An Economic Analysis", *Journal of Harvard Law Review*, (1998).

9. Theodore Eisenberg, John Goerdt, Brian Ostrom, David Rottman &. Martin T. Wells, "The Predictability of Punitive Damages.", *Journal of Legal Studies*, vol. 6, (1997).

10. Volker Behr, "Punitive Damages in America and German Law-Tendencies towards Approximation of Apparently Irreconcilable Concepts", *Journal of Chicago-Kent Law Review*, (2003).

11. John Y. Gotanda, "Punitive Damages: A Comparative Analysis", *Columbia Journal of Transnational Law*, vol. 42, (2003).

12. Bethany Rabe, "Constitutionality of Split-Recovery Punitive Damage Statutes: Good Policy but Bad Law", *Journal of Utah Law Review*, (2008).

13. Bergen Chris, "Exxon Shipping Co. v. Baker: The Supreme Court Tightens the Purse Stringson Corporate Punitive Awards", *Tulane Environmental Law Journal*, vol. 22, (2009).

14. Michael Rustad &. Thomas Koenig, "The Historical Continuity of Punitive Damages Awards: Reforming the Tort Reformers", *Journal of American University Law Review*, vol. 42, (1993).

15. White Patrick, "The Practical Effects of Split-Recovery Statutes and Their Validity as a Tool of Modern Day Tort Reform", *Journal Drake Law Review*, vol. 50, (2002).

16. Suzuki J. Kodama F, "Technological Diversity of Persistent Innovators in Japan: Two Case Studies of Large Japanese Fines", *Journal of Res Policy*, vol. 33, (2004).

17. Lemley M. A &. Tangri R. K, "Ending Patent Law's Willfulness Game", *Journal of Berkeley Technology Law*, vol. 18, 4, (2003).

18. Mark A. Lemley &. Carl Shapiro, "Patent Holdup and Royalty Stacking", *Journal of Texas Law Review*, vol. 85, (1991).

19. Philippe Chappatte, "FRAND Commitments - The Case for Antitrust Intervention", *Journal of European Competition*, vol. 2, (2009).

20. Thomas B. &. Colby, "Beyond the Multiple Punishment Problems: Punitive Damages as Punishment for Individual Private Wrongs", *Journal of Minnesota Law Review*, vol. 87, (2003).

21. Dan Markel, "Retributive damages: a theory of punitive damages as intermediate sanction, *Journal of Cornell Law Review*, vol. 94", (2009).

22. Marc Galanter, "Shadow play: the fabled menace of punitive damages", *Journal of Wisconsin Law Review*, vol. 1 (1), (1998).

23. Anthony J. &. Sebok, "Punitive damages: from myth to theory", *Journal of Iowa Law Review*, vol. 92, (2007).

24. Anthony J. &. Sebok, "Private law, punishment, and disgorgement: What does

it mean to say that a remedy punishes", *Journal of Chicago-Kent Law Review*, vol. 78, 3, (2003).

25. Dorsey D. Ellis Jr, "Fairness and efficiency in the law of punitive damages", *Journal of South California Law Review*, vol. 56, 1, (1982).

26. Sheila B, "Two worlds collide: How the Supreme Court's recent punitive damages decisions affect class actions", *Journal of Baylor Law Review*, vol. 60 Fall, (2008), p. 880.

27. Robert D, "Cooter: Punitive damages, social norms, and economic analysis", *Journal of Law &. Contemp*, vol. 60, (1997).

28. Catherine M, "Sharkey: Punitive damages as societal damages", *Journal of Yale Law*, vol. 113, (2003).

29. Benjamin C, "Zipursky: Atheoryof punitive damages", *Journal of Texas Law Review*, vol. 84, (2005).

30. David G. Owen, "Aggravating punitive damages", *Journal of University of Pennsylvania Penumbra*, vol. 158, (2010).

31. Margaret Jane Radin, "Compensation and commensurability", *Journal of Duke Law*, vol. 43, 10, (1993).

32. Donald C. Massey, Martin A, "Stern: punitive damages symposium: punitive damages and the Louisiana Constitution: Don t leave home without it", *Journal of Louisiana Law Review*, vol. 56, (1996).

33. Michael Rustad &. Thomas Koenig, "The historical continuity of punitive damages awards: reforming the tort reformers", *Journal of American University Law Review*, vol. 42, (1993).

34. Andrew M. Kenefick, "The Constitutionality of Punitive Damages Under the Excessive Fine Clause of the Eighth Amendment", *Journal of Mich. Law Review*, (1987).

35. Lyndon F. Bittle, "Punitive Damages and the Eighth Amendment: an Analytical Framework for Determining Excessiveness", *Journal of Cal. Law Review*, (1987).

36. Christopher B. Seaman, "Reconsidering the Georgia-Pacific Standard for Rea-

sonable Royalty Patent Damages", *Journal of Brigham Young University Law Review*, vol. 1, (2010).

37. Seaman, C. B, "Willful Patent Infringement and Enhanced Damages After In re Seagate: An Empirical Study", *Journal of Iowa Law Review*, vol. 97, (2012).

38. Shapiro, C, "Injunction, hold-up, and patent royalties", *Journal of American Law and Economics Review*, vol. 12, 2, (2010).

39. Jon E. Wright, "Willful Patent Infringement and Enhanced Damages–Evolution and Analysis", *Journal of Georgia Mason Law Review*, vol. 97, (2001).

40. Daralyn J. Durie &. Mark A. Lemley, "A Structured Approach to Calculating Reasonable Royalties", *Journal of Lewis &. Clark Law Review*, (2010).

41. Preston Moore &. Jackie Nakamura, "The United States Patent Marking and Notice Statute", *Journal of AIPLA Quarterly*, vol. 22, (1994).

(3) 其他资料

1. Claudia Milbradt Thorsten Vormann, "Patentrechts modernisierung–die wichtigsten Aenderungen", avuilable at http://www. cliffordchance. com/showimage/showimage. aspx? LangID=UK&binaryname=/1712_ nl_ patentrechtsmoderniierung s_ 6-005767. pdf, last visited on 2009-09-13.

2. Damien Geradin, "Reverse Hold-ups: The (Often Ignored) Risks Faced by Innovators in Standardized Areas", Paper prepared for the Swedish Competition Authority on the Pros and Cons of Standard – Setting, Stockholm, 12th November 2010.

3. Schaerr G C. &. Loshin J R, "Doing Battle with 'Patent trolls' Lessons from the Litigation Front Lines", Research paper of Winstin Strawn LLP, (2011).

后　记

　　我生于一个略有学术氛围的家庭，祖父退休前在家乡一所师范类院校中文系从教三十载；父亲于华中科技大学管理学院获得博士学位，目前也在国内一所高校任教。是他们赋予了我求学的动力，从小到大，家族成员传递给我的信号就是"学无止境"。"学而不思则罔，思而不学则殆"，我也是通过不同阶段的学习，总能发现若干问题，也非常有兴趣去带着问题进一步地研究和学习。为了开阔眼界、汲取更多知识，感谢父母曾送我至英国攻读硕士学位，归国后工作中同样也会遇到各种问题，我认为唯有不断学习才能解决困扰我的各种问题。

　　我经过两年的复习和努力，终于通过严格的考试与审核的形式，进入梦寐以求的学府，来到中国最好的培育法学人才的摇篮——中国政法大学。在这里学习三年，并顺利完成了我的博士学业，将是我终生的荣誉。有人说学校因为有成功的学子而享誉中外，我只能因为法大的培养而骄傲，又将在法大盛誉的激励下奋发图强。完成法大的博士学业确非易事，如果说攻读博士学位过程中因为法大的严要求、高标准而深感压力的话，现在应以圆满完成学业而感慨收获的不易。

我的收获来自法大的栽培、国际法学院的培养和各方向导师们的悉心教诲。在这里，特别要衷心感谢我的导师，中国政法大学国际法学院博士研究生导师许浩明教授，我的每一篇论文，从命题、到提纲、到成稿，都凝结了导师的心血和智慧；我的学位论文，从选题到构思，从提纲到结构，从撰写到修改，也无不倾注了导师的学术高度和真知卓识。让我仰慕的是恩师在德国明斯特大学获得博士学位，在国际法尤其欧盟法研究方面造诣很深，对法学前沿问题认识深刻、观点鲜明、思路清晰，令我敬佩的是导师深厚的学术底蕴、严谨的治学态度和淡定的为人风范；使我难忘的是恩师在学习条件安排、参与学术交流和学术成果评优申报等方面都给予了关心和帮助。同时感谢在我读博三年期间给予我教诲和帮助的法大老师们。我从老师身上吸取营养，充实自己，让我在知识和能力上有了提升。还要感谢中期考核、开题答辩组的几位专家教授，他们对我论文初期的选题及提纲提出了很多宝贵的建议和意见，让我能够通过校学术委员会及研究生院培养办的审核、申请到中国政法大学博士论文资助项目。

要感谢我的父母，始终对我追求学术进步给予最坚定的支持和鼓励，读博期间由于要全身心投入到学习工作中，是父母承担了家中大大小小的家务事；尤其是我的儿子，他的童年里父亲总是忙碌地没有空余时间陪伴他，为此感到很惭愧，希望今后的人生能够更好地兼顾学习工作及家庭生活，常伴父母、孩子左右。

学业至此本该画上圆满的休止符，完成学业相关科研任务，顺利通过校内外审查评阅和答辩，并如期毕业获得博士学位，对于我个人而言实在是情理之中、意料之外的结局。可是谁也不能轻易熄灭内心沸腾的热血，在中国政法大学国际法学院赵威教授、王传丽教授和吴焕宁教授的推荐下，我得到了对外经济贸易大学法学院丁丁教授的垂青，有幸在其指导下以全日制博士后身份进入对外经济贸易大学博士流动站从事科研工作，参与丁丁教授的国家社会科学基金重点项目《我国在城镇化进程中构建低碳城市的法律保障措施体系研究》的研究。

最后，还要感谢前辈们的研究，你们的研究成果给了我启发，也给我的研究提供了基础性指导，在此对本书中参考文献的作者们一并致谢~！

李　捷
2018 年 3 月 19 日夜
于北京·昌平